浙江文化名人传记精选修订丛书

原 主 编：万 斌

执行主编：卢敦基

风孰与高

于 谦 传

钱国莲 著

浙江人民出版社

图书在版编目（CIP）数据

风孰与高 ： 于谦传 / 钱国莲著． -- 杭州 ： 浙江人
民出版社， 2025．1． -- ISBN 978-7-213-11751-0

Ⅰ．K827=48

中国国家版本馆 CIP 数据核字第 2024SZ2053 号

风孰与高：于谦传

FENG SHUYU GAO YU QIAN ZHUAN

钱国莲　著

出版发行：浙江人民出版社（杭州市环城北路177号　邮编　310006）

　　　　　市场部电话：(0571)85061682　85176516

责任编辑：方　程　杨钰霆　　　　　责任校对：姚建国

责任印务：程　琳　　　　　　　　　封面设计：王　芸

电脑制版：杭州天一图文制作有限公司

印　　刷：浙江新华数码印务有限公司

开　　本：710毫米×1000毫米　1/16　　印　　张：16.25

字　　数：246千字　　　　　　　　　插　　页：2

版　　次：2025年1月第1版　　　　　印　　次：2025年1月第1次印刷

书　　号：ISBN 978-7-213-11751-0

定　　价：62.00元

如发现印装质量问题，影响阅读，请与市场部联系调换。

"浙江文化研究工程成果文库" 总序

习近平

　　有人将文化比作一条来自老祖宗而又流向未来的河，这是说文化的传统，通过纵向传承和横向传递，生生不息地影响和引领着人们的生存与发展；有人说文化是人类的思想、智慧、信仰、情感和生活的载体、方式和方法，这是将文化作为人们代代相传的生活方式的整体。我们说，文化为群体生活提供规范、方式与环境，文化通过传承为社会进步发挥基础作用，文化会促进或制约经济乃至整个社会的发展。文化的力量，已经深深熔铸在民族的生命力、创造力和凝聚力之中。

　　在人类文化演化的进程中，各种文化都在其内部生成众多的元素、层次与类型，由此决定了文化的多样性与复杂性。

　　中国文化的博大精深，来源于其内部生成的多姿多彩；中国文化的历久弥新，取决于其变迁过程中各种元素、层次、类型在内容和结构上通过碰撞、解构、融合而产生的革故鼎新的强大动力。

　　中国土地广袤、疆域辽阔，不同区域间因自然环境、经济环境、社会环境等诸多方面的差异，建构了不同的区域文化。区域文化如同百川归海，共同汇聚成中国文化的大传统，这种大传统如同春风化雨，渗透于各种区域文化之中。在这个过程中，区域文化如同清溪山泉潺潺不息，在中国文化的共同价值取向下，以自己的独特个性支撑着、引领着本地经济社会的发展。

　　从区域文化入手，对一地文化的历史与现状展开全面、系统、扎实、有序的研究，一方面可以借此梳理和弘扬当地的历史传统和文化资源，繁荣和丰富当代的先进文化建设活动，规划和指导未来的文化发展蓝图，增强文化软实力，为全面建设小康社会、加快推进社会主义现代化提供思想保证、精神动力、智力支持和舆论力量；另一方面，这也是深入了解中国文化、研究中国文化、发展中国文化、创新中国文化的重要途径之一。如今，区域文化研究日益受到各地重视，成为我国文化研究走向深入的一个重要标志。我们今天实施浙江文化研究工程，其目的和意义也在于此。

千百年来，浙江人民积淀和传承了一个底蕴深厚的文化传统。这种文化传统的独特性，正在于它令人惊叹的富于创造力的智慧和力量。

浙江文化中富于创造力的基因，早早地出现在其历史的源头。在浙江新石器时代最为著名的跨湖桥、河姆渡、马家浜和良渚的考古文化中，浙江先民们都以不同凡响的作为，在中华民族的文明之源留下了创造和进步的印记。

浙江人民在与时俱进的历史轨迹上一路走来，秉承富于创造力的文化传统，这深深地融汇在一代代浙江人民的血液中，体现在浙江人民的行为上，也在浙江历史上众多杰出人物身上得到充分展示。从大禹的因势利导、敬业治水，到勾践的卧薪尝胆、励精图治；从钱氏的保境安民、纳土归宋，到胡则的为官一任、造福一方；从岳飞、于谦的精忠报国、清白一生，到方孝孺、张苍水的刚正不阿、以身殉国；从沈括的博学多识、精研深究，到竺可桢的科学救国、求是一生；无论是陈亮、叶适的经世致用，还是黄宗羲的工商皆本；无论是王充、王阳明的批判、自觉，还是龚自珍、蔡元培的开明、开放，等等，都展示了浙江深厚的文化底蕴，凝聚了浙江人民求真务实的创造精神。

代代相传的文化创造的作为和精神，从观念、态度、行为方式和价值取向上，孕育、形成和发展了渊源有自的浙江地域文化传统和与时俱进的浙江文化精神，她滋育着浙江的生命力、催生着浙江的凝聚力、激发着浙江的创造力、培植着浙江的竞争力，激励着浙江人民永不自满、永不停息，在各个不同的历史时期不断地超越自我、创业奋进。

悠久深厚、意韵丰富的浙江文化传统，是历史赐予我们的宝贵财富，也是我们开拓未来的丰富资源和不竭动力。党的十六大以来推进浙江新发展的实践，使我们越来越深刻地认识到，与国家实施改革开放大政方针相伴随的浙江经济社会持续快速健康发展的深层原因，就在于浙江深厚的文化底蕴和文化传统与当今时代精神的有机结合，就在于发展先进生产力与发展先进文化的有机结合。今后一个时期浙江能否在全面建设小康社会、加快社会主义现代化建设进程中继续走在前列，很大程度上取决于我们对文化力量的深刻认识、对发展先进文化的高度自觉和对加快建设文化大省的工作力度。我们应该看到，文化的力量最终可以转化为物质的力量，文化的软实力最终可以转化为经济的硬实力。文化要素是综合竞争力的核心要素，文化资源是经济社会发展的重要资源，文化素质是领导者和劳动者的首要素质。因此，研究浙江文化的历史与现状，增强文化软实力，为浙江的现代化建设服务，是浙江人民的共同事业，也是浙江各级党委、政府的重要使命和责任。

2005年7月召开的中共浙江省委十一届八次全会，作出《关于加快建设文化大省的决定》，提出要从增强先进文化凝聚力、解放和发展生产力、增强社会公共服务能力入手，大力实施文明素质工程、文化精品工程、文化研究工程、文化保护工程、文化产业促进工程、文化阵地工程、文化传播工程、文化人才工程等"八项工程"，实施科教兴国和人才强国战略，加快建设教育、科技、卫生、体育等"四个强省"。作为文化建设"八项工程"之一的文化研究工程，其任务就是系统研究浙江文化的历史成就和当代发展，深入挖掘浙江文化底蕴、研究浙江现象、总结浙江经验、指导浙江未来的发展。

浙江文化研究工程将重点研究"今、古、人、文"四个方面，即围绕浙江当代发展问题研究、浙江历史文化专题研究、浙江名人研究、浙江历史文献整理四大板块，开展系统研究，出版系列丛书。在研究内容上，深入挖掘浙江文化底蕴，系统梳理和分析浙江历史文化的内部结构、变化规律和地域特色，坚持和发展浙江精神；研究浙江文化与其他地域文化的异同，厘清浙江文化在中国文化中的地位和相互影响的关系；围绕浙江生动的当代实践，深入解读浙江现象，总结浙江经验，指导浙江发展。在研究力量上，通过课题组织、出版资助、重点研究基地建设、加强省内外大院名校合作、整合各地各部门力量等途径，形成上下联动、学界互动的整体合力。在成果运用上，注重研究成果的学术价值和应用价值，充分发挥其认识世界、传承文明、创新理论、咨政育人、服务社会的重要作用。

我们希望通过实施浙江文化研究工程，努力用浙江历史教育浙江人民、用浙江文化熏陶浙江人民、用浙江精神鼓舞浙江人民、用浙江经验引领浙江人民，进一步激发浙江人民的无穷智慧和伟大创造能力，推动浙江实现又快又好发展。

今天，我们踏着来自历史的河流，受着一方百姓的期许，理应负起使命，至诚奉献，让我们的文化绵延不绝，让我们的创造生生不息。

2006年5月30日于杭州

目录

第一章　湖山灵秀

祖居杭州

明朝洪武三十一年（1398），岁次戊寅，这是一个可以在历史上留下深刻印痕的年份，开国皇帝朱元璋撒手撇下他一手建立并苦心经营的大明王朝，驾崩了。

这一年，另一个值得大书特书的人物——一代英雄于谦诞生了。[①]

于氏家族和朱明王朝之间似乎有着一种前世注定的缘分，于谦的父亲于仁出生于1368年，这一年朱元璋建立了大明王朝，而于谦则诞生于朱元璋驾崩之年，冥冥之中仿佛昭示着于谦就是为这个王朝而生的！

而集英雄、清官和诗人身份于一身的于谦是浙江这块土地孕育出来的。

林语堂先生在论及南人与北人的区别时，下过这样的结论："北方的中国人，习惯于简单质朴的思维和艰苦的生活，身材高大健壮，性格热情幽默，吃大葱，爱开玩笑。他们是自然之子。""在东南边疆，长江以南，人们会看到另一种人：他们习惯于安逸，勤于修养，老于世故，头脑发达，身体退化，喜爱诗歌，喜欢舒适。他们是圆滑但发育不全的男人，苗条但神经衰弱的女人。他

---

① 〔明〕于冕：《先肃愍公行状》，见〔清〕丁丙：《武林掌故丛编》第二三集《于公祠墓录》卷五，光绪戊戌刊本；又，〔明〕王直：《抑庵文后集》卷二六《侍郎于公墓表》，影印文渊阁四库全书本，台湾商务印书馆。

们喝燕窝汤，吃莲子。他们是精明的商人，出色的文学家，战场上的胆小鬼，随时准备在伸出的拳头落在自己头上之前就翻滚在地，哭爹喊娘。"①未知林语堂先生的这番论述是否涵盖了自古以来的全部中国人，如果是，那么他一定忽略了出生并成长于浙江杭州的于谦。

于谦，字廷益，号节庵，祖籍河南考城（在今河南省东部，1954年考城县被撤销，其西部与兰封县合并为兰考县，东部则与民权县合并）。元朝末年，他的曾祖父于九思拜杭州路总管，于是举家迁往杭州；此后，于氏家族世世代代在浙江杭州居住繁衍。

洪武三十一年四月二十七日（1398年5月13日）午时，于谦出生在于氏祖居——杭州府钱塘县太平坊南新街。600多年后的今天，我在春日的阳光里徜徉在于谦诞生的这片土地上，感受繁华盛世之中这座江南城市的富庶与美丽，欣赏鳞次栉比的高楼、车水马龙的街市和万木竞秀的景象。西湖边处处游人如织，杨柳殷勤地向行人展示它的柔美，桃花毫不悭吝地向行人绽放它的笑靥，百鸟争鸣，燕飞雀跃。然而，于谦出生地，也就是现在的浙江省杭州市上城区清河坊祠堂巷42号"于谦故居"，至今仍然在游人的视野之外……

官宦世家

于谦出生在一个世代官宦之家。八世祖为汾州节度使，知开封府；七世祖为延津令；六世祖为定远大将军、沁水令。但由于金末遭逢战乱，于氏宗族谱牒散佚，自六世祖以上仅存官秩而佚其名号。五世祖于伯仪仕元，官至朝列大夫、太常丞兼法物库使，累赠嘉议大夫、礼部尚书、上轻车都尉，追封河南郡侯；四世祖于夔累赠中奉大夫、河南江北等处行中书省参知政事、护军，追封河南郡公；曾祖父于九思历官中奉大夫、广东道宣慰使、都元帅，后拜杭州路

① 林语堂：《中国人》，郝志东、沈益洪译，学林出版社2000年版，第32页。

总管；祖父于文大，明代洪武初任兵部主事，后改工部。①

　　然而，于谦父亲于仁（字彦昭）却选择了不出仕。什么原因使得于仁终其一生都没有步入朱明王朝的官场，因史料阙如，我们无从得知。于仁隐居家中，孜孜于研习经史。据于谦同僚王直撰写的《侍郎于公墓表》，于仁为人沉毅方正、好义乐施，常常周济穷人，虽多不吝。一个雪夜，于仁听到门外有小孩的哭啼声，就派仆人去看看，原来是个小男孩。听他说，父母让他上集市卖木炭，卖了木炭后买米回家，家里等着米下锅。可是他不小心丢了卖炭的钱，又迷了路，就坐在路边哭泣。于仁听后，马上回身取了钱交给他，并让仆人陪着小男孩买了米，护送其回家。于家有一个年迈的侍婢苗氏，于仁待之如上宾，每逢家宴，都将苗氏安排在筵席的上座，并对客人说："彼逮事吾祖，吾敢慢哉？"苗氏病卒，于仁以厚礼安葬。②虽然古人作墓表往往美化逝者，但资助迷路小孩和善待侍婢当属实。于仁的品行无疑对于谦产生了深刻的影响。他也把"修身、齐家、治国、平天下"的家族传统的赓续寄托在后代身上。

　　王直的《侍郎于公墓表》记载，于仁有"二子，长即谦，今为大理寺左少卿；次泰；女一，嫁钱塘朱济"。③于谦为于仁长子，于谦出生时仁已经31岁，在古代庶几可谓"中年得子"了。世代官宦的家世和"中年得子"的喜悦自然使得于仁对于谦有着很高的期待，他希望这个儿子能承绍世业，带来于氏家族的复兴。当然，半个世纪之后，长子于谦给家族带来的至高荣耀及其如此跌宕起伏的人生必定在于仁的预料之外。

"救时宰相"的"预言"

　　在中国古代，那些杰出的历史人物常常会被文人笔记、民间传说，甚至官修正史赋予传奇色彩，于谦就被后世敬仰英雄的人们不断神化，很多关于他年少时期的传说故事就这样产生了。

---

① 〔明〕于冕：《先肃愍公行状》；又，〔明〕王直：《抑庵文后集》卷二六《侍郎于公墓表》。
② 〔明〕王直：《抑庵文后集》卷二六《侍郎于公墓表》。
③ 〔明〕王直：《抑庵文后集》卷二六《侍郎于公墓表》。

在这些故事中，他出生的情状就充满了神异色彩。自称于谦十一世孙的清人于继先①编撰了《先忠肃公年谱》，于继先称于谦的祖父和父亲"常念宋文丞相死极忠烈，奉其遗像甚虔"，于是精诚所至，金石为开，终于在一个夜里，于仁梦见一个着绯袍戴金幞的神对他说："吾感汝父子侍奉之诚，顷即为汝之嗣矣。"于仁逊谢不敢当，不久于谦诞生。于继先还说，于仁为儿子取名为"谦"，就是"以志梦中逊谢之意"。②

于谦六岁时，侍其叔彦时祭扫祖茔，路过凤凰台，其叔随口说："今日同上凤凰台。"于谦即应声道："他年独占麒麟阁。"回家路过癸辛街，其叔便以街名为上联，于谦对以"子午谷"，叔父询问出处，于谦答道："《三国志》内蜀将魏延对诸葛亮进言：'延愿得精兵五千，由陈仓道而东，当子午谷而西，不消十日，可达长安。'"③

于谦八岁时入塾，塾师命其对"手攀屋柱团团转"，于谦对"脚踏楼梯步步高"；塾师又出一对"三跳跳落地"，于谦立刻答"一飞飞上天"。塾师惊叹地说："此子长大非凡器也。"次日，于谦父亲于仁来访，与塾师聊了很久，而于谦则一直端坐读书，塾师就问于谦："子坐父立，礼乎？"于谦起身回答："嫂溺叔援，权也。"④九岁时，于谦身穿红衣骑马过街，邻居调侃他说："红孩儿骑马游街。"于谦毫不谦让，随口应答："赤帝子斩蛇当道！"令听者惊诧。⑤

孙能傅《益智编》记载这样一则故事："于忠肃幼时，谒方伯范公，方看黄历，因命对曰：'二月春分八月秋分，昼夜不长不短。'公对曰：'三年一闰五年再闰，阴阳无错无差。'范公奇其才，以语提学某公。一日，提学谒学宫，见泮池中小蛇浮游，公适至，因出对曰：'蛇游水面斜弯，一似草之形。'公不待思索，即曰：'雁步沙堤倒写，两行真个字。'提学益信其敏捷。"⑥

① 关于于继先的身份之疑详见拙作《于谦年谱》，吉林文史出版社2005年版，第226—227页。
② 〔清〕于继先：《先忠肃公年谱》，见〔清〕丁丙：《于公祠墓录》卷五。
③ 〔明〕冯梦龙：《续智囊》，见〔清〕丁丙：《于公祠墓录》卷十。
④ 无名氏《类对》，见〔清〕丁丙：《于公祠墓录》卷十。
⑤ 〔明〕田汝成：《西湖游览志余》卷二二，上海古籍出版社1998年版。
⑥ 孙能傅《益智编》，见〔清〕丁丙：《于公祠墓录》卷十。

关于于谦少时的传说，最能体现中国古代文化特征的莫过于"他日救时宰相"的"预言"，包括《明史》在内的几乎所有述及于谦生平的史料都对此有所记载。

据现有资料，这则故事最早见于谦儿子于冕《先肃愍公行状》。在行状中，于冕称："公以洪武戊寅四月二十七日生于里第，骨相异常。甫七岁，僧兰古春见而奇之曰：'他日救时宰相也。'"①后，明代郎瑛、陈善、项笃寿、薛应旂、王世贞、张岱等在撰于谦传时均著录了这一传说，大多有所敷衍。如郎瑛《七修类稿》、张岱《快园道古》将此故事演绎为：于谦童年时，母亲为之梳丫髻，僧兰古春看见，就嘲笑于谦："牛头喜得生龙角。"于谦马上回敬说："狗口何曾出象牙？"回到家里，央求母亲梳三角髻，出门玩耍，又被兰古春嘲笑："三角如鼓架。"于谦毫不客气地对道："一秃似雷槌。"兰古春遂断言："此儿救时宰相也。"②王世贞《于太傅公传》记载："谦生而顾晳，美容止，七岁，僧兰古春善相，见而大奇之，曰：'所见人无若此儿者，异日救时宰相也。'"③而《明史》则一句带过：于谦"生七岁，有僧奇之曰：'他日救时宰相也。'"④

其他的关于于谦将来必成大器的记述还有：于继先《先忠肃公年谱》十二岁条称：于谦"读书于慧安寺，先一夜，寺中伽蓝托梦于主僧曰：'明日有丞相至，当起迎之。'次早，赴馆，僧以梦中之语告之，且曰：'此公异日大贵之兆'"⑤。

上述故事大多缺乏史实依据，的确带有神化于谦的意味，但于谦少时就具备颖慧机敏、从容应变、不甘服输等品质和性格是毋庸置疑的。

---

① 〔明〕于冕：《先肃愍公行状》。

② 〔明〕郎瑛：《七修类稿》，见〔清〕丁丙：《于公祠墓录》卷十；又，〔明〕张岱：《快园道古》卷五，浙江古籍出版社1986年版。

③ 〔明〕王世贞：《弇州续稿》卷八五《于太傅公传》，台湾伟文图书出版有限公司1976年版。

④ 《明史》卷一七〇《于谦传》，中华书局1974年版。

⑤ 〔清〕于继先：《先忠肃公年谱》。

笃学少年时

于谦是于家长子，于仁对他期许很高。于谦幼时，父亲就"遣受学邑庠"，"课励尤笃"①。而于谦从小笃学不倦，十岁前后，就悉通经书，对于古文诗词等有着特殊的阅读爱好，少时的他在街坊邻居中已经颇负文名。②于谦后来作《忆老婢》诗，追忆少时苦学之经历："我昔少年时，垂髫发如漆。锐意取功名，辛苦事纸笔。"③

少年时期的于谦曾经就读慧安寺。慧安寺，在今浙江省杭州市上城区十三湾巷。据田汝成《西湖游览志》，该寺建于五代后晋天福年间（936—944），元季被毁。明朝洪武初，有僧人将其移建于钱塘保安坊东。永乐十三年（1415），移至十三湾巷，时年18岁的于谦曾为之记。④这一记载足以证明少年俊才于谦在杭州的盛名。

大约15岁，于谦考取钱塘县儒学生员，来到吴山三茅观潜心求学。⑤距于谦家仅有百米之遥的吴山，左带钱塘，右瞰西湖，由宝月、娥眉、浅山、紫阳、七宝、云居等小山连接而成。天目山的余脉，进入了杭州后就分成了两脉——向西湖北岸延伸即是葛岭、宝石山，向西湖南岸延伸就是吴山。远古时期，这块地方尚沉睡在水底，而南北相对的吴山和宝石山是史前海湾的两个岬角。后来，沉陆上升，人们陆续来到这一带繁衍生息。"吴山，春秋时为吴南界，以别于越，故曰吴山。"⑥据传，吴越两国争霸，吴国胜利在即，越王勾践给吴王夫差送来了绝世佳人西施，夫差从此沉溺美色，斗志丧尽，吴国大将伍子胥力谏无果，还招致杀身之祸。杭州人就在吴山上修建了伍公庙，以此表达对伍子胥

---

① 〔明〕王直：《抑庵文后集》卷二六《侍郎于公墓表》。
② 〔清〕于继先：《先忠肃公年谱》。
③ 〔明〕于谦：《忠肃集》卷一一，影印文渊阁四库全书本，台湾商务印书馆。
④ 〔明〕田汝成：《西湖游览志》卷一八，上海古籍出版社1998年版。
⑤ 〔清〕于继先：《先忠肃公年谱》。
⑥ 〔明〕田汝成：《西湖游览志》卷一二。

的怀念，因而吴山又叫胥山；又传说吴山本名"伍山"，后人讹为"吴山"。①吴山的一草一木、一土一石都蕴涵着深厚的历史文化底蕴。

于谦读书的三茅观位于吴山西南坡。民间传说秦初咸阳人茅氏三兄弟长盈、次固、季衷，在吴山得道成仙。自汉朝以后，历代在此地建观崇祀。元代至元年间（1264—1294）被毁，明洪武年间（1368—1398）重建。相传观中有唐代书法家褚遂良（596—658或659，字登善，钱塘人）小楷《阴符经》墨迹。②在这个汇聚杭州人文和地理精华的地方读书，于谦可以自由酣畅地俯仰古今，沉浸在中国传统文化的濡染中。

明代对学校教育有着各种严格的规定。"（洪武）十五年（1382）颁学规于国子监，又颁禁例十二条于天下，镌立卧碑，置明伦堂之左。其不遵者，以违制论。"③这些学规或禁例对教师和学生的思想钳制和精神束缚无以复加。明代规定国子学课程有《大学》《中庸》《论语》《孟子》《诗》《书》《易》《礼》《春秋》《说苑》及律令、书、数、御制大诰等科。成祖时曾颁发《性理大全》等书，令学生学习。明代规定各府州县学等地方学校除专教一经外，礼、乐、射、御、书、数设科分教。

明代对教育活动的限制和对教师学生的思想钳制渗透了国家的每一个角落，所谓"庠声序音，重规叠矩，无间于下邑荒徼，山陬海涯"④。于谦自然无法置身于这一风气之外，学校规定的教程是于谦学习的主要内容。但是，如果说求学阶段的于谦完全浸淫在朝廷规定的内容里，那么于谦就不会形成卓然立于明代知识分子之上的伟大品格和精神，幸运的是，于谦突破了重重的壁垒，将自己的心灵融进了浩瀚无比的中国优秀传统文化中。

在中华民族浩瀚的优秀文化中，于谦的阅读兴趣更偏重于先秦、两汉的书籍和诸葛亮、苏轼的作品。先秦、两汉的史籍中有太多的关于古今治乱兴亡的

① 〔明〕田汝成：《西湖游览志》卷一二。
② 〔明〕田汝成：《西湖游览志》卷一二。
③ 《明史》卷六九《选举志一》。
④ 《明史》卷六九《选举志一》。

道理，这正是于谦的关注点，这样的阅读经历为于谦日后成为一个杰出的贤臣作了很厚实的铺垫。

诸葛亮作为古代贤臣的典范，身上汇聚着古代为人臣者的卓越品质，《出师表》成为砥砺后人报效国家的名篇。于谦从诸葛亮一生轨迹和为数不多的作品中获得心灵的共鸣，"鞠躬尽瘁，死而后已"成为于谦一生恪守的为官之道。于谦后来作《过南阳挽孔明》诗："三面英雄正角持，孤臣生死系安危。大星不向营前坠，混一寰区未可知。"①

苏轼是中国知识分子的杰出代表，平生在宦海浮沉中经历了常人难以承受的磨难，但是始终坚持自己的志向操守，最终抵达了人格完善的彼岸。在入世和出世的问题上，中国古代知识分子恪守"达则兼济天下，穷则独善其身"的原则，而苏轼无论处于何种境遇之下都能以"兼济天下"为己任。苏轼的可贵之处在于他能够把儒道两家的修养完美地融合于一身，中国古代知识分子如果走不通"兼济天下"之路，往往就在道家超远旷达甚至虚无的境界中找到皈依。然而，苏轼即使在仕途极为困顿的情况下，也对生活充满了热爱，执着于人生的理想和信念。于谦从苏轼那里得到共鸣，除了上述原因，还在于苏轼与于谦的故乡杭州有着特殊的关联，包括于谦在内的所有杭州人仅从碧波荡漾的西子湖就可以解读出苏轼的那种济世爱民的情怀。苏轼两度来杭州，第一次是熙宁四年（1071），他被任命为杭州通判，此时西湖的十分之二三已经淤塞了。元祐四年（1089），苏轼再次来到杭州，担任知州，而眼前的西湖已经缩小了一半，而且还有继续萎缩的趋势。西湖是杭州百姓赖以生存之湖，濒湖的农田靠西湖灌溉，渔民也以在西湖捕鱼采莲为生，而西湖的淤塞，加上连年大旱，使杭州人民备受旱灾和饥荒的煎熬。次年，以苍生为念的苏轼毅然上书朝廷，请求拯救西湖，朝廷很快批准了他的奏疏，荒唐的是，面对这样一个关乎国计民生的浩大工程，朝廷只给了苏轼100道僧人的度牒。即便如此，苏轼没有退缩，因为西湖已经到不治理即亡的地步。因此，苏轼卖掉度牒，到处募捐，义卖自己

---

① 〔明〕于谦：《于肃愍公集·文集》卷六，钱塘丁氏重刊大梁书院本，现存《武林往哲遗著后编》第一九、第二〇册。

的书画作品，终于筹足经费，带领湖区百姓，完成了惠泽杭州人民的西湖疏浚工程。苏轼治理西湖最具创意的天才之举是将挖捞出来的淤泥、葑草就地筑成横亘南北的一条长堤，这就是现在"间株杨柳间株桃"、游人熙熙攘攘的苏堤，古往今来，很少有人能够将这种奇思妙想和实际工作完美地融合起来。于谦也渴望能够像苏轼那样在历史上镌刻下永不磨灭的印迹。

于谦从历代活跃于政治舞台上的杰出人物身上汲取了无数的营养和无限的动力。除了诸葛亮和苏轼之外，于谦对唐代名臣陆贽有着特殊的兴趣。史载陆氏以直言极谏著称，议政"常以百姓为忧"①。陆氏一生写了大量的奏疏，呼吁止乱息兵、体恤民困、薄敛赋税。陆贽奏疏中体现出的民本主义思想强烈震撼着少年于谦的心灵，于谦选择了陆贽奏疏中的重要篇章，手抄成册，朝夕披阅，他用心灵去感悟陆贽那种"以百姓为忧"的崇高境界，内心受到激发，慨然有以天下为己任之志。于谦一生也留下很多的奏疏，直言极谏，辞采酣畅，说理透彻，滔滔雄辩，大有陆贽奏疏之余风，这与他少年时期对陆贽奏疏的精心研读有直接的因果关系。

除诸葛亮、苏轼、陆贽之外，其他的仁人志士，如苏武、岳飞、文天祥等也都是于谦敬仰的英雄。于谦诗集中有很多这样的篇章，如《苏李泣别图》、《题苏武忠节图》六首、《钱塘岳忠武王祠》等诗。《苏李泣别图》曰："啮雪吞毡瀚海头，节旄落尽恨悠悠。孤臣不为一身惜，降将应怀万古羞。虏塞旅魂惊永夜，秦关归兴动高秋。表忠麟阁图形像，未数当年博陆侯。"②《钱塘岳忠武王祠》曰："匹马南来渡浙河，汴城宫阙远嵯峨。中兴诸将谁降虏？负国奸臣主议和。黄叶古祠寒雨积，青山荒冢白云多。如何一别朱仙镇，不见将军奏凯歌。"③

中国历代名臣身上闪耀着古代优秀知识分子理想的光芒，凝结着儒家所倡导的经世精神，多少的坎坷挫折不仅没有销蚀他们的理想和操守，反而使他们

---

① 《旧唐书》卷一三九《陆贽传》，中华书局1975年版。
② 〔明〕于谦：《于肃愍公集·文集》卷四。
③ 〔明〕于谦：《于肃愍公集·文集》卷六。

对天下的责任历久弥坚、对苍生的人文关怀日益深浓。于谦在古代优秀知识分子的人文传统浸染下形成了高尚的人格和精神，于是激荡在胸中的豪情倾泻而出，这就是那首大约写于20岁的《石灰吟》①：

> 千锤万击出深山，烈火焚烧若等闲。
> 粉骨碎身全不惜，要留清白在人间。②

这首诗流泻出少年于谦内心的生命冲动，率真的性情、火热的激情，都在这浓缩的28个字中迸发。为了心中的理想和操守，熊熊烈火的烤炙、粉骨碎身的结局，都可以置之度外。尽管后世对于这首诗的著作权归属尚存争论，但是于谦的一生所为足以印证《石灰吟》的境界正是他孜孜追求并且终于得以实现的人生境界，因而，包括笔者在内的于谦的虔诚追慕者更愿意相信《石灰吟》为于谦所作。即使一些学者作出了《石灰吟》为后人附会于谦名下的论断，也丝毫不会削弱人们对于谦那超人的气度、光辉的人格以及气吞河岳的魂魄的追慕和怀思，在往世、在现世、在未来，于谦的这种"粉骨碎身全不惜，要留清白在人间"的情怀永远让人肃然起敬。

除了理想和操守的养成，于谦在少年时期还表现出能力和性格等方面的优势，有三则记述可以佐证这一点。第一则：于谦求学时，有督学金事恣行威福，对诸生霸道苛刻。某日，拜谒孔庙，诸生群起而鼓噪，互相推搡，趁机将督学推入泮池，然后一哄而散。于谦虽然反感督学的为人，但是此时也同情他的狼狈境地，当所有学生因为怕承担责任都竞相奔散时，于谦走到池边，把督学从水中拉了上来。这个督学金事大概是恣意横行惯了，所以从水中一上来就要问

---

① 关于《石灰吟》的作者问题，学术界一直有争论。多种史书、辞书、于谦作品集（包括选本）及相关研究论著均收录或言于谦有诗《石灰吟》，且称此诗作于谦20岁前后。林寒、王季《于谦诗选》（浙江人民出版社1958年版）认为此诗乃于谦少年时所作。赖家度、李光璧《于谦和北京》（北京出版社1961年版）称于谦18岁时作《石灰吟》。阎崇年《于谦〈石灰吟〉考疑》一文（《于谦研究》第二辑，中国文史出版社2001年版）认为《石灰吟》并非于谦所作。史洪权《〈石灰吟〉：从僧偈到名诗——兼谈〈石灰吟〉的作者问题》（《文学遗产》2006年第5期）认为《石灰吟》不是于谦的作品。

② 〔明〕于谦：《于肃愍公集·拾遗》。

于谦之罪，于谦从容应对："噪公者走，掖公者留，此易晓也。今不罪噪公者而罪援公者，其谓之何？"督学佥事无奈，就此作罢。自此，于谦临危不惊、处事不乱的故事在钱塘少年中就传了开来。①第二则：某日，有巡按御史视学，看到于谦相貌魁伟、言谈举止出众，就令他讲书。于谦整肃衣冠，跪于书案前，准备开始讲书。御史说："讲书无跪礼。"于谦答道："所讲高皇帝《大诰》篇，不敢不跪，各官皆宜跪。"御史以及在场的所有人不得不撤席跪听。②由此可见于谦刚直孤傲的品性，这一品性最终铸就了于谦人生的辉煌，但同时也注定了他的悲剧结局。第三则：于谦在吴山三茅观读书期间，常夜行于吴山道中。当时，钱塘县竟传星宿阁③有邪鬼魅人，然而于谦性格中固有的无所畏惧的勇者胆魄促使其慨然投宿星宿阁。④

乡试中举

永乐十二年（1414），17岁的于谦参加了乡试，然而以失败告终。这对于已经在钱塘县享有文名的少年才俊于谦来说不啻为一次打击。但是，一次乡试不第对于志存高远的于谦来说也许根本算不上什么挫折，何况，科举对于于谦这样的读书人而言是必走的唯一出路，所以于谦更潜心求学，"濡首下帷，足不越户"⑤。又是春秋六易，在经历了十余年的寂寞苦读和丰厚积累后，于谦的人生终于迎来了重要的转机。

永乐十八年（1420）的八月，于谦再次在浙江贡院参加了人生中最重要的考试之一——乡试。

---

① 〔明〕王世贞：《弇州续稿》卷八五《于太傅公传》；又，〔明〕李贽：《续藏书》卷一五，中华书局1959年版。
② 《万历杭州府志》，见〔清〕丁丙：《于公祠墓录》卷十。
③ 星宿阁即英卫阁，在吴山伍公庙前。南宋绍定年间（1228—1233）毁。嘉熙三年（1239）重建，宋理宗赵昀御书"英卫"二字额，安抚赵与欢自撰记文。见〔清〕翟灏：《湖山便览》卷一二，上海古籍出版社1998年版。
④ 〔清〕于继先：《先忠肃公年谱》。
⑤ 〔清〕于继先：《先忠肃公年谱》。

明初的浙江贡院毗邻杭州府学，也就是现在的劳动路杭州孔庙附近。这里距离于谦位于太平坊南新街的家只有数百米之遥。于谦就在这里参加了乡试。

浙江贡院在明英宗天顺三年（1459）迁到盐桥以北、观桥以东的区域，大约就是现在的杭州高级中学贡院校区所在地。这里还保留着从明朝沿用至今的地名——"贡院前"，当年的"登云桥"和"青云街"至今尚存，青云街位于现在的杭州高级中学南边、中河东侧、环北小商品市场旁，是一条仅容一辆车通过的狭窄小巷；登云桥位于青云街中段西侧，这些遗迹如今都湮没在都市鳞次栉比的高楼大厦的夹缝中，很少引起人们的关注。可是，旧时有多少寒窗苦读的学子，梦想着有朝一日乡试中举，能骑着高头大马，披红挂彩，由贡院里的官员带领着，在万人瞩目下，一路吹吹打打地走过青云街，跨上登云桥，尽享荣耀，从此，青云直上，飞黄腾达。

清光绪三十四年（1908）科举制被废除之后，浙江贡院就改为书院，再后来在这里创办了两级师范学堂，校舍是仿照日本东京师范大学的建筑形制建造的，两级师范即两年制的优级师范和五年制的普通师范，再加上七进教学大楼，都在贡院前这一片地方。抗战前夕，杭州还保留了作为文物的数间号舍，可惜仍然没有幸免于战火或自然灾害，如今已经无处找寻乡试考场的遗迹了。唯有"贡院前"这个地名尚出现在路人的视野里，然而大多数的杭州人已经不知道或者根本不会想到去究问"贡院前"这一街名的来历了。

如今，杭州高级中学贡院校区校园内尚有几块清代的碑石记录着当时重修贡院的状况，而更多的碑石则在"文化大革命"中被毁了，学校将残存的残碑断碣集中堆放于校园中，号为"碑冢"。

于谦参加乡试的明初浙江贡院更是没有遗迹可寻了，而贡院乡试那种上千甚至近万考生素衣飘飘、接踵入场的壮观场景如今只能在书本、影视剧看到了。但是，笔者漫步在吴山脚下劳动路上的杭州孔庙边，思绪总是无法遏制地回到600余年前，遥想那个英俊魁伟、踌躇满志、满腹诗书的于谦步入贡院大门的情景；遥想发榜的那一刻，于谦夹杂在争相看榜的人群中看到自己榜上有名后的欢喜雀跃；遥想于谦与其他新举人一起，在贡院的官员带领下，在众人的瞩目中，骑着高头大马、披红挂彩，神采飞扬地走过大街⋯⋯

24岁的进士

永乐十九年（1421），岁次辛丑，这一年对明朝的历史、北京城的发展以及于谦的一生而言，都是值得说道的。

这一年的正月初一，明成祖朱棣将都城从南京迁到了北平，改北平为北京，从此北京成了明清两代的都城。正是因为明成祖的迁都，北京就成了于谦最重要的人生舞台。因为有着这一层关联，笔者不避赘言，对明成祖迁都北京作简要叙述。

元朝末年风云际会、群雄纷争，明太祖朱元璋趁势而起，洪武元年（1368）正月在应天（今南京）称帝。八月，定应天为南京、开封为北京，将元大都改称北平府。朱元璋在很长时间内对定都的问题都犹豫不决，直到洪武十一年（1378）才正式下令以应天府为京师。定都南京后，朱元璋曾经产生过迁都的想法，但是由于种种原因没有付诸实现。建文帝朱允炆即位后，因为忙于处理尾大不掉的藩王割据之弊病，无暇顾及迁都问题。于是，历史就将机遇给了凭借"靖难之役"成为大明皇帝的朱棣。

朱棣（1360—1424）是朱元璋的第四个儿子，勇武善战，智虑过人，颇有其父之风，因而深得朱元璋的偏爱，洪武三年（1370）受封燕王，洪武十三年（1380）就藩北平。朱元璋的长子也就是太子朱标已经在洪武二十五年（1392）病逝，朱标的嫡长子先此夭折；按明制，次子朱允炆继承储位，朱允炆虽然聪慧，却仁柔寡断，且前额平扁，相士称无帝王之相。朱元璋不太喜欢这个孙子，一度想把储位给朱棣，但是嫡长子继承制是自周代以来汉族王朝一直遵循的传统，明朝也不例外。因此，废掉朱允炆、改立朱棣自然难以向天下交代。这样，朱元璋驾崩后，帝位就传给了朱允炆，这就是建文帝。建文帝登基伊始就采纳谋臣黄子澄、齐泰等人的建议，开始实行削藩，这一举措正好给本来就对帝位觊觎已久的朱棣以起兵的借口。朱棣遂于建文元年（1399）七月在北平发动"靖难之役"，在长达四年的叔侄之战后，朱棣于建文四年（1402）攻下南京，夺取了帝位。

朱棣在永乐元年（1403）正月，升北平为北京，北京之名即由此始。二月，改北平府为顺天府。永乐四年（1406），朱棣下诏建北京宫殿，并派大臣到四川、湖广、江西、浙江、山西等地采木备料。而北京宫殿、郊庙的大规模营建开始于永乐十四年（1416），历时四年，北京郊庙、宫殿落成。建成后的宫殿屋宇布局整齐、结构复杂、雕琢精致、金碧辉煌、巍峨壮丽。明永乐十九年（1421）正月，明朝正式迁都北京。

笔者几次去北京故宫都是在天寒地冻的12月，常常选择一个晴朗的下午，去感受这片世界最大的宫殿建筑的雄伟、庄严和深不可测，感受它几百年来虽然经历了无数次战争与火灾的洗礼却依然屹立黄土之上的坚韧与顽强。在冬日温和的阳光里，从故宫博物院的南门步入，直至太阳西落时才从它的北门步出。走在青砖砌成的故宫中轴线上，心里希望自己能够合上于谦的脚印，寻找先贤的痕迹。但是，数百年的漫长岁月和风霜雪雨侵蚀了故宫的躯体，也足以湮没曾经在这里过往的人和发生的事。置身此地，唯有在心里遥想着曾经在这里挽救了大明王朝的于谦。

乡试中举后，于谦拜别父母，乘船沿运河北上，抵达京城。永乐十九年（1421）二月，于谦走进了会试的考场。

北京贡院位于现在的崇文门内观星台西北，始建于明永乐十三年（1415）。由于当时正在修建紫禁城和北京的城墙，朝廷腾不出足够的财力和物力，所以贡院的考棚即"号舍"仅用简单的木板、苇席等物搭建而成。因会试的时间是农历春二月，天气寒冷，每个考生需在号舍中置一盆炭火取暖，所以贡院里着火的事件屡有发生，多次烧伤甚至烧死考生，烧毁考卷。最严重的是英宗天顺七年（1463）的一次"春闱"失火事件，因考生都被反锁在考棚内无法逃生，结果100多名考生被烧死。这些惨死的考生都被埋葬在朝阳门外，号为"天下英才冢"。直到万历年间，因为大学士张居正的提议，贡院才得以改建为砖瓦结构的建筑，并一直沿用至清代科举废止，其间不断扩建。贡院大门前有"天开文运"牌坊，二门正中高悬"龙门"匾，往北依次是明远楼、至公堂，为考官办公之处，还有登高瞭望的哨所，以监督整个考场的秩序。自龙门到至公堂的甬道两侧都是考场，分布着一排排的考棚。到清代嘉庆年间，已有9200多间。

考生在验明身份、例行搜检后方能进场，每人一间号舍。明朝北京贡院的号舍同样狭窄，仅容纳一人，舍内有数块木板，可以活动，这些木板在白天是考试用的桌和凳，晚上拼装在一起即为简易的床。考生在号舍中进行全封闭性的考试，门被反锁，称为"锁院"。除考试外，考生饮食起居全在其中，直至考试结束才被放出。明朝的会试要进行三场，每场三天，从初九日到十七日，共九天。会试正值春寒料峭，为防止考生携带作弊材料，朝廷要求考生的衣着尽量单薄，因此，考生要承受九天的饥寒和寂寞之苦，故历来有"三场辛苦磨成鬼，两字功名误煞人"之叹。

和所有考生一样，于谦就在这样条件极其恶劣的全封闭的考场里度过了为时九天的会试。在低矮逼仄的考棚里，在主题、格式、字数乃至语气等都有严格限制的八股文中寻觅着挥洒才情的缝隙。从昏暗闭塞的号舍走出后，于谦接下来的日子就是等待发榜。

古代的科举制度选拔的是官员，考中举人就获得了为官的资格，会试及第通常就可以直接步入仕途了。因此，对于多数读书人而言，参加科举是唯一的出路，科举及第于是就成为他们唯一的人生目标。所以，可以想见，每逢大比之年，全国各地的举人会聚京城贡院的壮观景象以及考生们等待发榜的焦虑心态。然而，与全国考生数量和读书人的心理期待形成强烈反差的是有限的录取名额，如于谦参加的这届辛丑科会试取进士201名。①从科举制度的实行到废止，无数的读书人虽然穷尽一生于科考，但都以名落孙山的悲剧结局告终。

发榜的日子到了，于谦没有辜负远在杭州的亲人的期待，没有辜负自己十多年的寂寞寒窗——他会试中式了！

明代"（会试）中式者，天子亲策于廷，曰廷试，亦曰殿试。分一、二、三甲以为名第之次。一甲止三人，曰状元、榜眼、探花，赐进士及第。二甲若

---

① 朱保烱、谢沛霖编：《明清进士题名碑录索引》，上海古籍出版社1980年版，第2439页。

干人，赐进士出身。三甲若干人，赐同进士出身"①。农历三月初一，于谦参加了殿试，名列三甲第九十二名，赐同进士出身。这一届的状元、榜眼、探花分别是曾鹤龄、刘矩、裴纶。刘球、任礼、毛纶、王佐、顾源等为于谦同年。②

难以想象这个年仅24岁的年轻人金榜题名时的狂喜雀跃和旁人的歆羡。唐代著名诗人白居易27岁考上进士，是那届进士中最年轻的，诗人喜不自禁，写下了这样的诗句："慈恩塔下题名处，十七人中最少年。"③唐代的刘沧有《及第后宴曲江》诗："及第新春选胜游，杏园初宴曲江头。紫毫粉壁题仙籍，柳色箫声拂御楼。雾景露光明远岸，晚空山翠坠芳洲。归时不省花间醉，绮陌香车似水流。"孟郊考上进士后竟然"春风得意马蹄疾，一日看尽长安花"。由于于谦作品散佚严重，我们已经无法看到于谦进士题名前后的作品，无法真正体味于谦当时的心情，但是那种成就感和对未来的美好构想是可以想见的。

会试尘埃落定后，名落孙山者收拾行囊失意而归，金榜题名者尽享朝廷赐予的荣光——全体进士都得到皇帝的召见，即为"大传胪"；大传胪之后，由礼部赐"琼林宴"；宴毕，到孔庙行祭奠礼，而后由礼部将本科进士的名字镌刻于碑，立于国子监，这就是"进士题名碑"。虽然经过几百年的风雨沧桑，除了极少数在"文革"中遭破坏以致残损，明代的"进士题名碑"基本上保存完好。笔者在位于北京市东城区国子监街孔庙内的首都博物馆内的77块明代进士题名碑中，找到了永乐十九年（1421）的那一块，上面赫然镌刻着于谦的名字，触摸着深深嵌入石头的"于谦"两字，仿佛感受到了于谦进士题名时的兴奋。

更为幸运的是，于谦得到了本届会试主考官大学士杨士奇、侍读周述的赏识，尤其是杨氏的器重对于谦的人生道路产生了积极的影响。

---

① 《明史》卷七〇《选举志二》。

② 朱保炯、谢沛霖编：《明清进士题名碑录索引》，第2439页。

③ 慈恩塔，又称大雁塔，在西安市南四公里处慈恩寺内，建于唐永徽三年（652）。唐代科举取士，进士科录取名额很少，考中进士者先在曲江池举行宴会（称为"曲江会"），再到慈恩寺在大雁塔下题名。新科进士先在纸上写下自己的名字、籍贯，并推选一人写一篇记事文，附在后面，然后刻在大雁塔的石碑上。

第二章　初露峥嵘

出使湖广

明朝规定举人就有入仕资格，进士则是最高一级的科举功名，虽然要经过殿试，但是不再黜落。因此，于谦成为进士后，就步入了仕途。

按明制，一甲3名例授翰林院掌修国史的史官，状元授修撰，榜眼、探花授编修。二、三甲进士经选拔，其中的优秀者进翰林院读书进修，即为庶吉士。选拔庶吉士是明朝的一项创举。洪武十八年（1385）三月，朱元璋以诸进士"未更事俗，优待之，俾之亲政于诸司，给以所出禄米，俟其谙练政体，然后擢任之。其在翰林院、承敕监等近傍衙门者，采《书经》'庶常吉士'之义，俱称为庶吉士。其在六部及诸司者，仍称进士"①。可见此时庶吉士不专属翰林院。永乐二年（1404），授一甲曾棨、周述、周孟简三人官，曾为翰林院修撰，另两人俱为编修。在二甲进士中择文学优等者杨相等50人及善书者汤流等18人，俱为翰林院庶吉士，俾仍进学。庶吉士自此专属翰林院。②明成祖又命学士解缙等，于新科进士中选才质英敏者，就学文渊阁。缙等选曾棨、周述、周孟简、杨相等28人，以合28宿之数。庶吉士周忱自陈年少愿进学，明成祖赞其为"有

①《明太祖实录》卷一七二。
②《明太宗实录》卷二九。

志之士"，命增周忱，遂为29人。朝廷给予他们很优厚的物质待遇，司礼监月给笔墨纸，光禄给朝暮馔，礼部月给膏烛钞，每人3锭，工部就近给他们安排第宅。①其后，"或间科一选，或连科屡选，或数科不选，或合三科同选。初无定限"。选拔亦无定制，"或内阁自选，或礼部选送，或会礼部同选，或限年岁，或拘地方，或采誉望，或就廷试卷中查取，或别出题考试"②。所选多寡无定额，如永乐十三年（1415）选62人，而宣德二年（1427）只选1人。弘治四年（1491），给事中涂旦以累科不选庶吉士，请恢复祖制，明孝宗朱祐樘从其所请；明内阁会同吏、礼两部考选庶吉士，庶吉士之选遂为定制，基本上每科都选，人数一般不超过20。正统（1436—1449）以前，庶吉士多在文华殿、文渊阁或东阁进修，由内阁大臣亲自教习，皇帝也曾亲至训示。正统以后，庶吉士在翰林院公署教习，以翰林院詹事府官高资深者一人为教官。3年卒业，优秀者授翰林院编修、检讨等职，次者出为给事中、御史等职，称为"散馆"。

永乐二年（1404）选拔庶吉士即以"文学优等"为标准。③又，《殿阁词林记》载，正统以后，选拔之事付内阁，例取新科进士平日所作诗文，或翻阅试卷，兼采名实，礼部会同吏部试以古文暨诗，合式者改送吏部进修。如此，文学才能就是选拔庶吉士的主要标准。弘治四年（1491），"令新进士录平日所作论、策、诗、赋、序、记等文字，限十五篇以上，呈之礼部，送翰林考订。少年有新作五篇，亦许投试翰林院，择其词藻文理可取者"④。文学才能于是成为选拔庶吉士的唯一标准。早期的庶吉士得入禁中，间承顾问，以涵养道德、熟悉政体为务。正统以后，还在翰林院公署教习，庶吉士于是"舍大纲，先末艺，以诗文记诵为学，而道德政事则忽弃焉"，"在公署读书者，大都从事词章。内阁按月考试，则诗文各一篇"⑤。可见，正统以后庶吉士仅以从事诗文创作为务。

由翰林院庶吉士到纂修官、掌院官，最后升至内阁大臣，这是明朝多数士

---

① 《明太宗实录》卷三八。
② 《明史》卷七〇《选举志二》。
③ 《明史》卷七〇《选举志二》。
④ 《明史》卷七〇《选举志二》。
⑤ 〔明〕廖道南：《殿阁词林记》卷一〇，影印文渊阁四库全书本。

子最期待的升迁链。明代非翰林不入内阁，新科进士只要被选为翰林院庶吉士，就有入阁的希望。翰林院官员只要深藏锋芒、四平八稳，就可以青云直上；如果他们锋芒毕露，就会葬送政治前程。

明代实行进士观政制度，这是朱元璋对科举制度的改革。洪武三年（1370），朱元璋设科举，目的在于"务取经明行修、博通古今、名实相称者"①。洪武六年（1373），朱元璋以"所取多后生少年，能以所学措诸行事者寡"，"令有司察举贤才，而罢科举不用"。②洪武十五年（1382），复设科举。洪武十八年（1385），定科举之式，朱元璋"命礼部颁行各省，后遂成永制"③。次年殿试后，即"使进士观政于诸司"④，这就是明朝进士观政制度的肇始。

永乐年间，朝廷曾令未选为庶吉士的二、三甲进士返乡进学。永乐二年（1404），礼部尚书蹇义奏称："今年所取进士，诸司无缺诠注。各王府教授、伴读多缺，拟于第三甲内选用，仍令食进士八品之禄。第二甲、第三甲拟量留七十员，分隶诸司观政，遇缺取用，余悉遣归进学。"⑤明成祖朱棣允准这一建议。永乐四年（1406），除少数进士被选为庶吉士，其余均遣归进学。永乐九年（1411）及之后数科殿试后，令未入选庶吉士的二、三甲进士观政诸司。永乐十九年（1421）与永乐二十二年（1424）复令未入选庶吉士的二、三甲进士返乡依亲进学。

于谦参加会试的这一年，也就是永乐十九年（1421），朝廷授状元曾鹤龄为翰林院修撰，榜眼刘矩、探花裴纶俱为编修；在二、三甲中择卫恕、陈融、温良、姚本、张恕、万硕、黄澍、杨鼎、王连、李学、吴得全、朱子福、王振、蒋谦、韦昭等为庶吉士，隶翰林院；其余进士令还乡进学，以待用。⑥

因为没有被选为庶吉士，永乐十九年（1421），于谦回到家乡，依亲进学。

---

① 《明史》卷七〇《选举志二》。
② 《明太祖实录》卷七九；《明史》卷七〇《选举志二》。
③ 《明史》卷七〇《选举志二》。
④ 《明史》卷七〇《选举志二》。
⑤ 《明太宗实录》卷三二。
⑥ 《明太宗实录》卷二三七。

今杭州市余杭区仁和街道普宁村古牡丹公园有一株花龄600余年的玉楼春牡丹，传说为于谦亲手所植。普宁村流传着这样一个故事：永乐十八年（1420）秋八月，于谦中举后，坐船沿运河北上，赴京参加次年的会试。船行至杭州府仁和县域突遇风雨，无法前行，船家只得停船靠岸。于谦上岸后，跟随当地百姓到普宁寺（旧址在今杭州市余杭区仁和街道普宁村）进香祈福，祝祷自己能金榜题名。随后，雨住风歇，于谦一路顺风顺水，抵达京城。次年春，于谦会试中第，因为未被选为庶吉士而返乡依亲进学。沿运河返乡途中，于谦特地再赴普宁寺还愿，并亲手栽种了18株玉楼春牡丹。于谦遭冤杀后，明英宗朱祁镇心生愧念，在获知于谦生前曾在普宁寺栽种牡丹之事后，御赐"大普宁禅寺"金字匾额。此后，普宁寺虽屡经兵燹与灾祸，但当地百姓感念于谦的丰功伟绩与浩然正气，悉心守护牡丹。如今，于谦所植的18株牡丹尚存一株，当地人称为"牡丹王"。

据于继先称，于谦"会试得魁"，但在殿试中"以策语伤时，当轴者置之三甲第九十二名"[1]。这一说法不一定属实，但是从于谦身上的刚烈气质及其作品中所体现的针砭时弊的锋芒来看，他未被选为庶吉士，应该也是情理之中的事情。

"自古雄才多磨难，从来纨绔少伟男"——人们在评述很多杰出人物的人生轨迹时总是爱作这样的论断。当我们梳理于谦的人生轨迹时，我们也作出了同样的判断：因为没有被选为庶吉士，于谦就没有进入上述明代士子最期待的升迁链，一方面没有沾染翰林院官员"媛媛姝姝，俯躬低声，涵养相体"[2]的"女儿官"习气；另一方面，于谦因此被选为外官，在晋豫巡抚任上达18年之久，接触到了明代社会最底层的一面，最终成就了伟大的人生。

永乐二十一年（1423），朝廷命于谦赍金帛出使湖广，从此于谦正式步入了

---

[1]〔清〕于继先：《先忠肃公年谱》。
[2]〔清〕钱谦益：《列朝诗集小传·丁集中·孙承宗》，中华书局1961年版。

可以施展抱负和才情又充满陷阱的仕途。

于谦此次奉命出使的任务是安抚少数民族，兼犒劳官军，这是于谦首次施展他的政治抱负与才能，26岁的于谦表现了超乎他年龄的成熟和干练。于谦的儿子于冕在《先肃愍公行状》中称父亲于谦在湖广地区考察功过，赏罚严明，申明朝廷大义，众心悦服，以廉干著称。①

一年后，于谦返京复命，如实将安抚边远少数民族的情况和对当地官员的考察结果汇报给朝廷，并疏劾部分将官贪图功名妄杀无辜之过。朝廷立刻下旨，责成当地将臣对少数民族要善加安抚，不得邀功妄杀。②

扈从平叛

永乐二十二年（1424），明成祖朱棣在北伐途中病卒于榆木川（在今内蒙古乌珠穆沁东南），他的儿子朱高炽（1378—1425）即位，即仁宗。次年五月，朱高炽驾崩；皇位传给了朱瞻基（1398—1435），明代进入宣宗朝时期，于谦迎来了政治生涯的第一个高潮。

此前出使湖广使于谦崭露头角，加之杨士奇等人的荐引，还未及而立之年的于谦就已经进入了宣宗朱瞻基的视野。宣德元年（1426），29岁的于谦授山西道监察御史。《明史》记载于谦"风骨秀峻，音吐鸿畅，每奏对，明宣宗必为之倾听"③，可见宣宗朱瞻基对这个气宇轩昂又才华横溢的年轻人的赏识。

宣德元年（1426）的汉王朱高煦之叛为于谦施展才能提供了契机。

明成祖朱棣有三个儿子：长子朱高炽，次子朱高煦，三子朱高燧。朱棣自己是一位惯于征战的马上皇帝，长子朱高炽生性端重沉静，言行识度，喜好读书，他的儒雅与仁爱深得皇祖朱元璋的喜爱。不过，由于他过于喜静厌动，身体肥臃，又患有足疾，步行需太监扶掖，显然不善马弓，因此，嗜武的朱棣心里不喜欢这个长子。次子朱高煦却是英勇善战，精通骑射，颇得朱棣倚重。

---

① 〔明〕于冕：《先肃愍公行状》。
② 〔清〕于继先：《先忠肃公年谱》。
③ 《明史》卷一七〇《于谦传》。

　　朱棣发动"靖难之役"，由于朱高炽身体肥臃，不便出征，朱棣遂命其留守北平。如此一来，骁勇善战的朱高煦就走到了前台，他作战勇猛，数次救朱棣于险境之中，为朱棣夺得皇位立下了赫赫战功，朱棣甚至许诺将太子之位给朱高煦。

　　基于上述，朱棣登上皇位后，在立皇太子这个问题上犹豫不决。虽然朱棣曾经许诺将皇位传给次子朱高煦，但是朱高炽凭借其仁爱、儒雅的品质深得文臣们的拥戴，何况他在洪武二十八年（1395）就被朱元璋册封为"燕世子"，现在，既然父亲朱棣登上了皇位，那么他就是皇位的合法继承人，因此最终被立为太子。朱棣同时封朱高煦为汉王，封藩云南；朱高燧为赵王，封藩彰德。朱高煦迟迟不肯就藩，屡屡表达怨愤："我何罪，斥我万里。"①而朱高炽也为之求情，这样朱高煦就得以暂留京城。

　　此后，在朱高煦及其羽翼的谗间下，朱棣常生更储的念头。但是，汉族王朝自周代以来就奉行的嫡长子继承制在很大程度上制约着明成祖，而且朱高炽极为小心谨慎，言行举止从未授人以柄，因而废之无名。

　　朱棣没有废除朱高炽太子位，还有一个重要因素就是朱高炽的长子朱瞻基。朱瞻基敏慧异常，被解缙称为"好圣孙"，深得朱棣的喜爱。有一次，尚为太子的朱高炽与两个弟弟朱高煦、朱高燧谒孝陵，朱高炽失足跌地，朱高煦张狂地嘲笑哥哥："前人失跌，后人知警。"朱瞻基应声回敬："更有后人知警也。"②朱瞻基自永乐九年（1411）立为皇太孙后，"巡幸征讨皆从"，朱棣常常在朱高炽面前称赞他为"他日太平天子"③，朱高炽的太子位由此得以保全。

　　然而，朱高煦并没有就此罢休。留在南京后，请得天策卫为后卫，又请增两护卫，常以唐太宗李世民自比，扬言："我英武，岂不类秦王世民乎？"④他的嚣张跋扈终于引起了朱棣的不满，永乐十三年（1415）被改封青州，朱高煦以"愿留侍左右"为由，不愿就藩。朱棣严厉地斥责朱高煦："既受藩封，岂可常

---

① 〔清〕谷应泰：《明史纪事本末》卷二七《高煦之叛》，中华书局1977年版。
② 〔清〕谷应泰：《明史纪事本末》卷二七《高煦之叛》。
③ 《明史》卷九《宣宗本纪》。
④ 〔清〕谷应泰：《明史纪事本末》卷二七《高煦之叛》。

在侍下？前封云南，惮远不行；与尔青州，今又托故。"并呵斥他："青州之命，更不可辞。"①朱高煦竟依然抗旨不就。朱棣遂于永乐十五年（1417）强令他就藩乐安州（今山东广饶）。朱高煦被迫就藩后，怨望尤甚，异谋益炽，朱高炽数次致书，抚慰这个亲弟弟，但朱高煦夺位之心始终未曾泯灭。

永乐二十二年（1424），65岁的永乐皇帝朱棣在北征返京途中病逝，英国公张辅、阁臣杨荣等大臣缜密部署，避免了朱高煦、朱高燧的叛乱，政权得以平稳过渡到朱高炽手中。然而体弱多病的明仁宗朱高炽在位仅10个月就驾崩了。

朱瞻基获悉父皇驾崩，立刻启程从南京赴京奔丧，朱高煦曾阴谋在半途截杀他，但是仓促未果。朱瞻基到京师后，在众大臣的协助下，一面妥善料理父皇的丧事，一面加紧京城的戒备，防止有人伺机作乱，然后从容登基，改年号为宣德，是为宣宗皇帝。

在从来没有放弃以武力夺取皇位之野心的朱高煦看来，机会终于来了，因为仁宗病逝，宣宗即位，国家局势相对不稳，何况朱瞻基和当年的建文帝朱允炆一样年纪很轻。于是经过精心的策划后，朱高煦也像他父亲当年一样扯起了"清君侧"的堂皇大旗，以索诛老臣夏原吉等"奸佞"为借口，矛头直指皇位。

明宣宗朱瞻基开始打算派阳武侯薛禄征讨，后在杨荣、夏原吉等大臣的建议下于宣德元年（1426）八月十日率五军将士亲征，少师蹇义、少傅杨士奇、少保夏原吉、太子少傅杨荣等扈行。

朱瞻基并不像建文帝朱允炆那样因为妇人之仁而殁于朱棣之手，"高煦之乱"在八月二十一日就以王师的大获全胜和朱高煦的投降而告终。朱高煦父子被执至京师，朱瞻基念其是叔王而网开一面，废为庶人，软禁在西安门内的逍遥城。

29岁的于谦也在扈从之列。②"高煦之乱"这一关乎朝廷命运的重大历史

---

① 〔清〕谷应泰：《明史纪事本末》卷二七《高煦之叛》。
② 〔清〕梁允植：《康熙钱塘县志·列传》，见〔清〕丁丙：《于公祠墓录》卷二。

事件，遂成为于谦初次展现才能的一个平台。当然，其前提是，于谦必须具备内在潜力，才可以在这个平台上向世人展示他的卓越不凡。朱高煦出城投降并跪拜于军前时，明宣宗要找一个合适的官员——这个人的形象、气质、表达甚至声音都必须足以展示出王朝的威势——声讨朱高煦的叛逆之罪，于是于谦就成了这个昭示王朝声威的人。从流传至今的画像来看，于谦身材魁伟，神色严峻，面容刚毅；从"土木之变"发生后于谦在朝堂上多次一语遏止惶恐和混乱的场景来看，他是一个气场强大的人，语气和声音有着非同寻常的威严和震慑力。

宣宗朱瞻基命令于谦到军前口数朱高煦之罪，于谦肆口而成，义正词严，声色震厉。于谦的气势使得曾经张狂一世的朱高煦伏在地上，战栗不止。宣宗龙颜大悦，对于谦眷顾独隆。返京后，身为监察御史的于谦所得赏赐与蹇义、杨士奇、夏原吉、杨荣等大臣相同。[①]这一赏赐的规格表明了宣宗对于谦的器重。宣德五年（1430），明朝始设各省巡抚一职，于谦由宣宗亲自提名，越级提拔为晋豫巡抚，在这里就可以找到合理的注脚了。

巡按江西

宣德二年（1427），于谦奉敕以监察御史之职巡按江西。

御史巡按制是明朝为了肃清吏治、缓和社会矛盾所采取的一项监察制度。

监察、巡视制度在中国由来已久。夏、商、周三代设有负责对称臣纳贡的异姓诸侯和分封的同姓诸侯进行监察的官吏，称为"方伯"。秦始皇统一中国后，将全国分为36郡，每郡置"守、尉、监"。其中"监"就是监御史，又称监郡御史，是中央派往地方的常设监察官员，这样就形成一个较为严密的从中央到地方的巡视系统。汉朝时，汉武帝对监察制度进行了重大改革，废除了自秦朝沿袭而来的御史监郡制，创设了对地方监察的刺史制度，采用巡视的方法

---

① 〔明〕倪岳：《青溪漫稿》卷二一《太傅忠肃于公神道碑》，影印文渊阁四库全书本，台湾商务印书馆。

监察郡县，汉武帝把全国划分为13部，每部置1名刺史，共13个刺史。刺史每年八月起巡视所部郡国，监察郡守、国相、诸王等人的不法行为。工作方法是"乘传（'传'即公家驿站的马车）周流"，年底回朝廷汇报。唐代的监察机构——御史台下辖台院、殿院和察院，长官分别是侍御史、殿中侍御和监察御史，其中监察御史定员10人。这些监察御史虽然品秩为正八品，但他们要对尚书省六部实行监察，还负责巡按郡县，监督地方官吏，因而权力很大。唐中宗神龙二年（706），又置10道巡察使，每道2人，共20人。巡察使与监察御史共同担负监察地方的职责，区别在于：巡察使要经常性地巡察地方，担任巡察使的官员可以是监察御史，也可以是其他行政官员；而监察御史的出巡时间则不定期，往往是地方出了重大案件才出巡。宋代对地方的监察工作是由行政长官兼任的，以监司为主、通判为辅。监司是转运司、提点刑狱司和提举常平司的统称。宋初置15路，每路设转运司。转运使一般由朝臣担任，经略一路财赋，监察各州官吏，向朝廷汇报官吏违法、民生疾苦的情况，是各路的行政长官。提点刑狱司掌管一路司法，并兼管"举刺官吏之事"。提举常平司掌管赈灾、盐铁茶酒兼察吏治。这些衙门的长官都兼管路一级的监察工作。通判与知州共同处理政务，并且负有监督知州的职责。元代出现了固定的地方监察机构，设置了江南、河西、云南诸路和陕西等行御史台，后来仅剩下江南和陕西行台。在行台之下，设有22道肃政廉访司，分别隶属于中央御史台和行御史台，而行御史台又隶属于中央御史台。中央御史台监察中书省和邻近的几个行中书省，行御史台监察其他行中书省，各道肃政廉访司则监察行省以下的路、府、州、县。

　　明代建立后，来自社会最底层的朱元璋对官吏的贪污腐败有切肤之痛，因此他想了很多办法来防堵和惩治官吏的腐败，其中包括派官员出巡。洪武时期，派监察御史出巡为数较多，但是，监察御史出巡没有固定的时间，往往是临时派遣。明成祖朱棣即位后，以御史分巡天下为定制。具体做法是：按当时13省行政区划分为13道，设13道监察御史共110人，其中浙江、江西、河南、山东各10人，福建、广东、广西、四川、贵州各7人，陕西、湖广、山西各8人，云南11人。再从这110个监察御史中选派巡按御史。从13道监察御史中选派巡按御史的规定十分严格，朝廷对选择的标准、职责、时间以及回京考察等都有明确的要求。比如，每名巡按御史的产生，先由都察院选出 2 名候选人，然后引至皇帝面前，请皇帝钦点 1 名，表示是由皇上亲自选派的钦差。在组织形式上，13 道监察御史归中央都察院（即前代的御史台）统辖，但在履行职能时，又不受都察院控制而只对皇帝负责。出巡的时间，开始"定巡按以八月出巡"，称为行部或按部，次年四月回京，后来也不限于此时。巡按御史回京要接受都察院对其工作的考核，称职者仍回 13 道管事，不称职者奏请罢黜。

监察御史一职品秩不高，为正七品，但是权限很大，"主察纠内外百司之官邪，或露章面劾，或封章奏劾。在内两京刷卷，巡视京营，监临乡、会试及武举，巡视光禄，巡视仓场，巡视内库、皇城、五城，轮值登闻鼓。""而巡按则代天子巡狩，所按藩服大臣、府州县官诸考察，举劾尤专，大事奏裁，小事立断。按临所至，必先审录罪囚，吊刷案卷，有故出入者理辩之。诸祭祀坛场，省其墙宇祭器。存恤孤老，巡视仓库，查算钱粮，勉励学校，表扬善类，剪除豪蠹，以正风俗，振纲纪。凡朝会纠仪，祭祀监礼。凡政事得失，军民利病，皆得直言无避。"①

于谦为 13 道监察御史中的山西道监察御史，协管左军都督府，在京锦衣、府军右、留守左、骁骑左、骁骑右、龙虎、龙虎左、大宁中、义勇前、义勇后、英武、水军左 12 卫，晋府长史司，及直隶镇江、太平两府，镇江、建阳、沈阳中屯各卫，平定、蒲州两千户所。②

于谦启程的时间当为宣德二年（1427）的农历二月，虽然北方仍然是春寒料峭，但南方春光明媚，杨柳吐芽，这是一个充满温暖和希望的季节。胸怀期待和激情，于谦以《二月三日出使》诗记录了当时的兴奋之情和拯世济民之心："春风堤上柳条新，远使东南慰小民。千里宦途难了志，百年尘世未闲身。豺狼当道须锄殄，饿殍盈歧在抚巡。自揣匪才何以济，只将衷赤布皇仁。"③由于于谦晚年突遭变故，作品散佚严重，因而除了那首著作权归属尚存争议的《石灰

---

① 《明史》卷七三《职官志二》。
② 《明史》卷七三《职官志二》。
③ 〔明〕于谦：《于肃愍公集·文集》卷四。

吟》，这首诗该是于谦现存诗作中较早的作品了。

　　"豺狼当道""饿殍盈歧"，这是于谦必须直面的现实。应该说，明代前期由于洪武、永乐、洪熙、宣德四朝君主的励精图治，政治相对清明，经济发展速度较快。明太祖朱元璋强调"为国之道，以足食为本"，"若年谷丰登，衣食给足，则国富而民安。此为治之先务，立国之根本"①，采取了一系列安定社会、恢复经济的措施。如承认被农民耕垦的土地归农民所有，并奖励开荒，明朝政府颁发一条法令："各处人民先因兵燹遗下田土，他人开垦成熟者，听为己业。业主已还，有司于附近荒田拨补。"②这一政策局部限制了地主阶级的利益，消除了农民开垦荒地的顾虑，对迅速恢复农业生产起到了巨大的促进作用；在全国大兴屯田，这是战后恢复生产的有效措施；进行大规模的农田水利建设；重视经济作物如麻、棉、桑、枣和漆树等的种植。明朝政府经常出台对农民的鼓励政策，如洪武二十七年（1394）"令益种棉花，率蠲其税"③；洪武二十八年（1395）下令山东、河南农民自洪武二十六年（1393）以后栽种桑枣果树，"不论多寡，俱不起科"④。朱元璋为了防止豪强地主过分压榨农民，对他们采取了限制和打击的措施，明令禁止豪强兼并，杀了一批富豪并没收其财产。永乐一朝基本延续了洪武朝发展生产、繁荣经济的各项政策，至明仁宗、宣宗两朝，明王朝的经济发展到了鼎盛时期，号称"仁宣之治"。

　　尽管从明代建立到于谦巡按江西的这段时期，国家的生产力一直处于上升的态势，但是于谦诗歌中描述的"饿殍盈歧"的惨状仍然不可避免地存在。首先，土地兼并使得百姓丧失土地和家园，饱受流离失所之苦。兼并土地之祸源恰是皇帝对皇亲贵戚和官僚功臣的赐田。洪武初，这种赐田尚有节制，如明太祖分别于洪武三年（1370）和洪武四年（1371）只赐给魏国公徐达、韩国公李善长等田658顷；洪武六年（1373）只赐给亲王土田各百顷，并亲定祖训以约束赐田。可是，几年之后，有节制的赐田就发展成了很严重的土地侵夺，特别

---

① 《明太祖实录》卷一六。
② 《明会典》卷一七《户部·田土》，中华书局1989年版。
③ 《明太祖实录》卷二三二。
④ 《明太祖实录》卷二四三。

是自洪武九年（1376）允许开辟庄田以来所形成的皇庄、王府庄田以及勋戚庄田所占夺土地最甚。总计明代仅王府庄田（不含勋戚庄田和皇庄）就达二三十万顷之巨，而全国耕地面积在洪武二十六年（1393）才850余万顷。居于南昌的宁王朱权就曾经请乞江西南昌府近郭的灌城乡土田，所幸明宣宗朱瞻基还能在一定程度上遵守关于赐田的祖训，抑或是不忍看到百姓失去土地，驳回了朱权兼并土地的请求。其次，百姓的负担亦在无形中趋重，洪武、永乐时的"垦荒田永不起科及洿下斥卤无粮者"，到这时已经悄然"皆核入赋额"。①在土地兼并、赋税日重、自然灾害频发等因素的综合作用下，流民问题此时已经凸现出来。

贪官奸吏是古代永远无法根除的社会毒瘤，也是百姓苦难生活的根源之一。出身贫寒的朱元璋对贪官污吏有切肤之痛，因此他十分重视吏治的整顿，严禁各级官吏玩忽职守、蠹政害民，并用严刑峻法惩治贪官，毫不手软。中书省都事李彬犯法，丞相李善长为其求情，朱元璋不准，将李彬处死。翊戴功臣汤和的姑父席某隐常州田，不输税，朱元璋不仅不顾及汤和翊戴功臣的面子，反而认为席某倚仗汤和势力，才敢违抗国法，即使常遇春一再为之求情，但他还是坚决地处死了席某。洪武十五年（1382）的"空印案"波及全国，受此案牵连被杀的官员有数千（一说数万）人之多。洪武十八年（1385）户部侍郎郭桓因盗卖官粮700万石被杀，受此案牵连被杀的有几百名官员、地主、商人等。朱元璋反贪之坚决在古代帝王中几乎是空前绝后的，最典型的例子是他对驸马欧阳伦走私茶叶案的处理。明朝时茶叶是国家专卖物品，明朝法律规定，内地人潜往边境贩卖私茶，与境外人交易，则不论斤两，连同知情人，一律发往烟瘴地区充军；倘若私茶出境和关隘失察者，并凌迟处死。明朝加强茶法，目的在于保障国家以官茶换取周边少数民族政权的物产。洪武年间，北方边境未宁，朝廷为了组建强大的骑兵队伍，以此与蒙古族军队抗衡，就需要大量马匹。而北方的少数民族以肉食为主，能帮助消化、分解油脂的茶叶就成为日常生活中的必需品，于是明朝政府就采取了以茶易马的贸易策略，为了保证有足够的茶

---

① 《明史》卷七七《食货志一》。

叶换取马匹，政府严禁吏民私自将茶叶运出境外出售。欧阳伦是朱元璋的女婿，而且这个女婿的地位很特殊，因为他是安庆公主的夫婿，而安庆公主乃马皇后所生，因此享有特殊地位，朱元璋本来也很偏爱这个女婿。但是欧阳伦恃宠而骄，胆大妄为，屡次派人私自将茶叶运出境外贩卖以牟取暴利。朱元璋闻讯后龙颜大怒，毅然决然地杀了这个驸马，以正国法。

朱元璋对贪官污吏的惩治之严酷乃至凶残也是历史罕见的，仅"人皮草囊"一例就足以让人触目惊心。他规定官吏贪污钱财60两以上者，就要被斩首示众，还要将贪官剥皮，中间塞进草把，做成"人皮草囊"。府、州、县、卫衙门附近的土地庙即为剥人皮的场所，称为"皮场庙"。"人皮草囊"被置于官衙的大门口，每个官吏进出衙门都得直面。据说，朱元璋曾经将贪官剁成肉酱，其实这种叫做"醢"的刑法自古就有，但是朱元璋的变态在于"醢"了贪官后，还给每个官员"赏"一杯，让他们吃下去，官员不敢不吃。朱元璋的这些做法自然使得大多数官吏胆战心惊，如履薄冰，不敢沾染贪污索贿恶习。

明初的严急政策对整顿吏治起到了很大的作用，但是如果说要根除贪污腐败，那真是痴人说梦。朱元璋对贪官奸吏的严刑峻法的确使得一些官吏规规矩矩、奉公守法，但是总有一些贪念很重的官吏心存侥幸，试着去碰碰"高压线"，因此，即使是在洪武一朝，贪赃枉法的现象仍然存在。洪武十八年（1385），朝廷考核全国布政司及府、州、县来京朝觐官4117人，其中不称职以及贪污的就有785人，自古以来，都不可能将所有贪污不法的官员全部查出，因而真实的数字肯定高于此。更何况，到仁宣时期，政策不再似明初那般严苛，因而贪官奸吏数量势必有所上升，这也就是于谦所说的"豺狼当道"了。兼之明前期经济繁荣、社会稳定，君臣们陶醉于天下升平的景象，而他们奢华的享乐生活自然是以百姓的苦难为代价的。

于谦注定是为拯救百姓和国家而生的。他的目光穿过了"仁宣之治"的繁华表象，关注到了那些沉溺于歌舞升平的大臣们视野所不及的社会危机和人民的深重苦难。在臣僚们的莺莺歌乐之外，于谦听到了赋税重压之下或是自然灾害肆虐之后农夫村妪的深长哀叹和处于饥饿中的婴儿的凄厉啼哭，听到了监狱中冤屈者的幽怨悲鸣……哪怕是以一己之单薄的力量，于谦希望能够解救他们，于谦认为这是上苍赋予他的职责。

"豺狼当道须锄殄，饿殍盈歧在抚巡"，带着对国家和百姓的忠诚，于谦开始履行监察御史的职责。

明朝的江西布政使司辖南昌、瑞州、饶州、南康、九江、广信、抚州、建昌、吉安、袁州、临江、赣州、南安13府，下辖78县。其地域基本等同今天的江西省区，南北长约620公里，东西宽约490公里，土地总面积166947平方公里，区域不可谓不广。《江西通志》载"谦按江西，轻骑简从，遍历所部，延访父老"①，其巡按的辛劳自然不难想象。

然而，让于谦倍感辛劳的不是路途的劳累，而是那些权要和奸吏。

首先是当地庞大的行政机构及其众多的大小官员和错综复杂的人际关系。当时，江西布政使司的最高行政机关为承宣布政使司、提刑按察使司、都指挥使司，三司分别由中央直接节制，分权而治，互不统属。承宣布政使司掌一省行政事务，设左、右布政使各一人，官秩为从二品；设左、右参政若干名，官秩为从三品；左、右参议若干名，官秩为从四品；下设经历司、照磨所、理问所、司狱司、杂造局、军器局、宝泉局、织染局。提刑按察使司掌一省刑名按劾之事，设按察使一人，正三品；设副使若干名，正四品；设佥事若干名，正五品；下设经历司、照磨所、司狱司。都指挥使司掌管一省军事，负责管理所辖区内卫所，以及与军事有关的各项事务，为平时地方最高军事领导机构。设都指挥使一人，正二品；都指挥同知二人，从二品；都指挥佥事四人，正三品；下设经历司、断事司、司狱司。②上述三司众多官员中，就是连承宣布政使司中的经历、理问，提刑按察使司的佥事和都指挥使司的经历等官秩都在从六品以上，而于谦虽然身为巡按，但是品秩仅为正七品，于谦要面对品秩远远高于自己的那些官员们。

其次是那些豪强，其中最大的豪强莫过于皇族宗藩宁王。宁王朱权

---

① 《江西通志》卷五八，影印文渊阁四库全书本，台湾商务印书馆1986年版。
② 《明史》卷七五《职官志四》。

（1378—1448），明太祖朱元璋的第十七子，洪武二十四年（1391）封。朱权就藩巨镇大宁（辽宁锦州），大宁在喜峰口外，东连辽左，西接宣府，为军事重镇。朱权挟兵甲8万，革车6000，数次会诸王出塞，在众多兄弟中以善谋著称。建文元年（1399），朱允炆怕他挟重兵与另一个强悍的叔叔朱棣共谋叛逆之事，于是派人召他到南京，这个朱权和他的哥哥朱棣一样不把懦弱的侄儿皇帝放在眼里，拒不受命，于是被削去三护卫。朱棣见这个弟弟很有智谋，为可用之人，就设计将其挟入燕军，为己所用。朱棣发动"靖难之役"，为了拉拢弟弟，许诺事成之后与他中分天下。朱棣登基后，朱权知道，哥哥当初的许诺已经不足为信了，甚至还会成为祸根，于是知趣地乞封南土，自请苏州、钱塘（今属杭州市）等，朱棣都借口不允，最终在永乐元年（1403）二月改封南昌，这一去就是22载。直到朱棣驾崩，朱高炽即位，朱权以为自己的亲侄儿会顾念自己协助靖难之功及偏居南国22载之苦，于是以南昌非其封国，奏请改封，然而亲侄儿驳回了他的请求，他只能继续待在远离京城的南昌，直至正统十三年（1448）老死在这块土地上。宁王府作为皇族宗藩成为江西的最大势力，根基雄厚，盘根错节，难以撼动，也很少有人敢去撼动。到了明武宗正德十四年（1519），第五代宁王也就是朱权的五世孙朱宸濠，集众十万，起兵反叛，史称"宸濠之乱"。谋反事败，宁王之藩被除。不过蛰居南昌的第一代宁王朱权还是做了一些对文化有益的事情，曾奉敕编纂《通鉴博论》，又有《家训》《宁国仪范》《汉唐秘史》《史断》《文谱》《诗谱》等作。①

　　于谦要面对的是不可一世的皇族宗亲和那个庞大机构中的众多官秩远远高于他的人。他巡按江西时才30岁，刚刚步入官场，未来的仕途还很长，他完全可以以此为契机，构建一个可以为自己的飞黄腾达助推的人际关系网，而不必得罪那些对他的前程起着重要作用的人物，天高皇帝远，对于权要和豪强的所作所为，于谦可以装聋作哑、只字不提；甚至可以予以粉饰美化，锦上添花。事实上，有些御史官就是这样做的，不然也不会养痈为患。但是，于谦身上似乎有一种天性——对强势者的无畏和敢于挑战的胆魄，他在"台阁体"诗风弥

① 《明史》卷一一七《诸王二》。

漫朝廷内外，大臣都在那里称颂清明盛世的时候，敢于放出"豺狼当道须锄殄，饿殍盈歧在抚巡"这样的狠话，已经表明了一种超凡脱俗的气魄，在那个氛围中，慷慨激扬、针砭时弊并不是每一个知识分子都能够做到的，除了对社会的良知、对人民的责任，还需要豪气和胆魄，于谦就是具有上述品质的优秀知识分子，对于"豺狼"，从来都是不懂得也不屑于妥协通融的；而对于百姓，他向来都是心怀悲悯的。

何况于谦是国家的监察御史，他要担当起对国家的责任。于是他单枪匹马，以一个七品官的微弱力量开始向"豺狼"宣战。

于谦甫到江西，即着手兴利除弊。其中最能体现于谦至刚大勇的是对江西宁王府的挑战。宁王朱权府中官属素来恃势骄横，为害一方，常借"和买"之名，掠夺商民的货物。"和买"是唐代以后以购买为名的一种变相赋税，宋代极为盛行。宋太宗赵炅一朝（976—997）春季将库钱贷给农民，夏秋间令农民以绢偿还，名为"预买"。宋仁宗宝元年间（1038—1040），官府和买绢以钱三盐七作价，实际给价极少。宋哲宗元符年间（1098—1100）已演变成重利盘剥。宋徽宗崇宁三年（1104），盐、钱皆不支给。南宋初令和买绢折钱缴纳，名折帛钱，成为田赋附加税。元朝"和买"成为民户负担的重赋。明代建立后，朱元璋规定不准以"和买"扰民，但商铺仍有供应义务。[1]

但是，宁王府的人倚恃自己的特殊身份，骄纵不法，常常以"和买"为借口，豪夺商民，对胆敢违逆者，就扭至王府，乱打致死，江西商民在王府的暴虐之下，忍气吞声，不敢稍作抗争。而江西布政使司、按察使司等衙门却慑于王府威势，没有人敢挺身而出，阻止并惩治王府对商民的豪夺，官府的懦弱纵容了宁王府的骄横，于是其势愈演愈烈，宁王府成为江西的一大祸患。

于谦深知，此害不除，就遑论澄清一方吏治，因此，就策略而言，于谦巡按江西的第一把火就必须烧向宁王府。于是他明察暗访，查清事实，逮捕了近20名宁王府官属中骄纵不法者，将其定罪，并立碑垂戒。于谦此举的意义在于敲山震虎，也给江西百姓出了长期郁结在心头的怨气，于是，颂声满道。那些

---

① 《辞海》，上海辞书出版社2002年版，第648页。

贪官奸吏和豪强恶徒见于谦连宁王府都敢于依法惩处，自然缩气屏息，再不敢胡作非为，于是于谦趁热打铁将诸多扰民害民之举革除殆尽。[①]

于谦所做的另一件为江西人民所称颂的事情是："清理积案，雪冤囚数百人。"数百人至少是数百个家庭，以此推算，于谦堪称造福一方，功德无量，无怪乎江西人感戴于谦，称之为"神明"[②]。当时有一个平民被仇人诬为匪首，匪首之罪轻者死刑，重者满门抄斩，然而毕竟属于诬陷，控方拿不出证据，因而就搁置起来，久悬未决。于谦阅读旧卷，觉得事出蹊跷，何况事关人命，于是仔细勘查，终于查明被告者属于冤枉，并追究诬陷者之罪。[③]

于谦巡按江西的时间约为两年余，他的目光始终注视着处于社会最底层的广大民众，他轻骑简从，踏遍江西的每一寸土地，寻访了无数的父老乡亲，清理了众多的积案，解救了那些备受冤屈而无望的人们。他澄清吏治，革除扰民之举。他对宁王府的抗争让江西百姓看到了正义所在。江西百姓奉祀于谦生主于郡学名宦祠，[④]这是对于谦的最大回报。

宣德四年（1429）于谦巡按告竣，返京复命，之后继续履行着监察御史的使命。但是，一个七品御史，史料中相关的资料自然不会多，然而留下的零星记录也足以体现于谦为官的操守。

一则记录是"率锦衣卫官校查缉长芦一带马快船之夹带私盐者，不避权贵，置之以法，河道为之肃清"[⑤]。明朝为了确保国家的经济收入，和以往的王朝一样对盐、茶等实行垄断经营，而且第一次将"盐法""茶法"纳入国家正式法典。《大明律》首次设立"盐法"及"私茶"专条，[⑥]确立国家对盐、茶经营的垄断地位。明代中央管理全国盐务的机构为户部，地方管理盐务的最高机构为都转运盐使司（简称转运司、盐运司、盐司）和盐课提举司（简称提举司）。洪

① 〔明〕于冕：《先肃愍公行状》。
② 《江西通志》卷五八，影印文渊阁四库全书本，台湾商务印书馆1986年版。
③ 〔明〕于冕：《先肃愍公行状》；又，《明史》卷一七〇《于谦传》。
④ 〔明〕于冕：《先肃愍公行状》。
⑤ 〔明〕于冕：《先肃愍公行状》。
⑥ 《大明律·户律五》，法律出版社1999年版。

武初在全国产盐地设六个都转运盐使司，即两淮、两浙、长芦、山东、福建、河东。还设七个盐课提举司：广东、海北、四川、云南黑盐井、白盐井、安宁盐井和五井。下设分司、盐课司等管理机构。政府核定各地岁办盐课的定额，一直落实到灶户。灶户所缴纳的盐课成为"正盐"，缴纳完盐课多余的部分成为"余盐"。所有余盐也必须交给政府，以200斤为一小引（大引为400斤），官府支给工本米。明初，盐课的数额"仍依旧额"[①]（即元朝的定额），但是此后进行了多次调整，定额不断提高，到洪武末，全国盐课定额总数为"大小引目二百二十余万，解太仓银百万有奇，各镇银三十万有奇"[②]。盐课在明朝政府的财政收入中的比重仅次于田赋。明律规定，盐商必须经过法定手续，取得官方发给的专卖许可证即"盐引"方可经营，否则构成私盐罪。凡犯私盐罪者，处罚杖100并徒3年；若有军器，罪加一等；拒捕者立斩。即使买食私盐者，也要杖100；如果买后又转卖者，杖100并徒3年。朝廷鼓励百姓告发私盐犯和私盐犯自首，并且严厉打击倒买倒卖盐引和盐货的商人。灶户如果将余盐夹带出场及售卖的处以绞刑。如此峻法就是为了确保国家的财政收入不受丝毫损减。

位于渤海岸边的长芦盐场自古以来是中国主要产盐区，所生产的盐就是著名的"长芦盐"。洪武时，岁办盐63100余大引，岁入太仓余盐银12万两。到明仁宗、宣宗两朝，国家对政策和法律的执行不似洪武、永乐时那般严格，因此，在河间长芦一带就常有马快船夹带私盐。马快船本来专门用于运输马匹等军需物资，后来成了专为皇家运送物资的交通工具。当时，长芦一带常常有不法官吏借为皇家运送物资之机私自夹带盐出售，牟取暴利，由于违法夹带者常常是那些握有重权的人，所以有司不敢对其有所整治，致使其愈演愈烈，成为国家盐法顺利执行的一大障碍。

宣宗朱瞻基决定惩治这一腐败现象。他必须选择一个公廉能干、敢作敢当的人，朱瞻基再一次选择了刚完成巡按江西使命回到朝廷的于谦。步入官场两年多的于谦已经初尝官场的险恶莫测，但是他仍然不懂得圆滑、不懂得游刃有

---

① 《明史》卷八〇《食货志四》。
② 《明会典》卷三二《盐法》。

余。他顶住压力，查清以马快船夹带私盐的官吏，肃清了河道。

另一则记录是"疏奏陕西等处官校为民害"①。陕西等处官校行为放纵，不自约束，扰害地方，百姓苦不堪言，当于谦将这一状况上奏朝廷，明宣宗立即遣人查捕那些不法官校。

于谦就是这样坚守着为官的准则和道德。

成家立室

大约在永乐十九年（1421）会试中式至永乐二十一年（1423）期间，于谦迎娶夫人董氏。

于谦娶董氏的确切年份尚有待考证。于冕称母亲董氏"先公（于谦，笔者注）十一年卒"②，如此算来，于谦49岁时董氏病卒。于谦《悼亡诗》其二有"二十余年一梦中"、其三有"二十年前结发心"之语，③他的《祭亡妻董氏文》有"（董氏，笔者注）归于我门二十余年"④之语。以于谦岳父董镛的翰林庶吉士身份来看，于谦娶妻董氏应该是他中进士即永乐十九年（1421）之后的事。而于谦和董氏的长子于冕生于永乐二十二年（1424）三月初五，因而于谦娶董氏至迟在永乐二十一年（1423）。因而，推测董氏归入于门的时间在永乐十九年（1421）至永乐二十一年（1423）期间。于谦和岳父互为激赏，翁婿两人严正刚直的个性很相似。董镛曾经因为直言忤逆权贵，降为济南教授，升山东永丰县令。在这种清明澄澈的家风中成长起来的董氏温柔贤淑，知书识礼，据于谦《祭亡妻淑人董氏文》称董氏"女红之暇，诵读诗书，每有所得，辄为文辞"⑤，可惜董氏所作特别是她和于谦的往来书信没有能够流传下来。董氏上奉公婆，下睦邻里，庭无闲言。于谦倾全部精力尽忠于国家和百姓，无暇顾及父母、孩

---

① 《明史》卷一七〇《于谦传》。
② 〔明〕于冕：《先肃愍公行状》。
③ 〔明〕于谦：《忠肃集》卷一一。
④ 〔明〕于谦：《忠肃集》卷一二。
⑤ 〔明〕于谦：《于肃愍公集·文集》卷八。

子，而董氏则始终尽心打理着家庭。关于于谦和董氏的感情本书将在第三章叙述。

儿子于冕和女儿于璚英的出生给于谦带来了无限的欢乐。

永乐二十二年（1424）农历三月初五日，27岁的于谦有了长子。于谦给这个期待已久的儿子取名为冕（字景瞻）。于继先《先忠肃公年谱》称于冕生于永乐二十年（1422），而据笔者考证，于冕当生于永乐二十二年（1424）。证据有二：其一，于冕因为没有嫡庶子嗣，便在弘治十年（1497）上疏朝廷请求将同族直隶新安卫千户于明之子于允忠过继于自己门下，疏中称是年74岁，[①]以此推算，于冕生年当为永乐二十二年；其二，倪岳《京兆于公七十诗序》一文中有"应天府尹致仕钱塘于公景瞻，以弘治癸丑三月初五寿跻七十"[②]之语，弘治癸丑年即1493年，以此推算，于冕生年也是永乐二十二年（1424）。于谦要求儿子恪守名节，于冕一生无愧为名家子弟，关于这一点本书将在第六章叙述。

宣德四年（1429），女儿出生。于谦希望这个女儿长大后能够操行清白，于是给她取了一个很美好的名字——璚英。

于谦对女儿璚英真是宠爱有加，中国古代父权文化语境下的很多父亲在子女面前有着双重面孔——他们在儿子面前往往很严厉，希望儿子能够建功立业，至少是继承家业或者振兴家族；可是面对女儿则总是很慈祥和蔼，于谦好像也是这样的父亲。于谦述及儿子于冕的诗作中都是那些要求他勤于学业、砥砺名节之类的话语，可是描述女儿的作品则风格迥异。

于璚英后来嫁给了千户朱骥。关于于谦嫁女之事，史书有所记载，如《明史》称兵部右侍郎吴宁"为谦择婿，得千户朱骥"[③]，于冕称自己的妹妹璚英"适锦衣千户朱骥"[④]，都极为简略。倒是王世贞《锦衣志》的记载较为详细且颇有情趣："锦衣卫都指挥使朱骥始以父任百户，家贫未娶，落魄不为人所知。尝给事少保于谦门下，晨伺而候扫。少保出见，奇其貌，谓之曰：'家有弱息，

---

① 《左军都督府为于允忠乞恩继绝疏》，见〔清〕丁丙：《于公祠墓录》卷三。

② 〔明〕倪岳：《青溪漫稿》卷一九。

③ 《明史》卷一七〇《吴宁传》。

④ 〔明〕于冕：《先肃愍公行状》。

以奉箕帚，可乎？'骥异，谢不敢。夫人恚曰：'老悖生女不嫁官人，乃得穷军耶？'少保笑谓：'非儿女子所知。'卒以归骥。"①

如果真如王世贞所言，那么于谦在择婿这件事情上也表现出了他的个性。在古代，一些父母特别是有一定社会地位的父母为儿女选定配偶时往往以门当户对、家族的政治或经济利益为考量，男女当事人是否两情相悦、情投意合则是次而又次的因素。在这一语境下，古代女子的婚姻常常就成了家长谋求政治或经济利益的工具，古代以女人作为政治筹码的例子很多，典型者如西施、王昭君、文成公主等。唐太宗为了和吐蕃建立和平外交关系，将宗室之女文成公主嫁到了当时非常偏远和落后的西藏地区，就是上述观点的最好明证。当然，文成公主是唐太宗谋求国家利益的工具，而一些显贵、望族往往把择婿作为一次谋求家族的政治或经济利益的契机，这类例子在古代多如繁星。于谦完全可以以女儿的婚姻大事为契机建立一个较为稳固的社交网络，至少也应将女儿嫁入一个门当户对的人家。可是他不顾妻子董氏的反对，全然不管什么"门当户对"，将独女嫁给了当时家庭贫困、身份卑微的朱骥，也难怪董氏很生气。于谦此举既出于不愿意将宝贝女儿作为谋取政治利益的工具的慈父之心，也是因为不舍得让女儿嫁给一个纨绔子弟，他只是希望把宝贝女儿嫁给一个人品可靠、能够呵护她的人。

于冕和王世贞都记述朱骥后来官指挥佥事。天顺元年（1457）朱骥"坐累戍边。还，累迁都指挥使，治锦衣者二十余年，贵矣"②。朱骥、于璚英夫妇"后公（于谦，笔者注）三十余年相继卒"③。璚英大约出生于宣德四年（1429），于冕说妹妹在父亲遇害后30余年去世，那么璚英享年当为60余岁。从以上文献可见，除了父亲遇害，夫婿和哥哥远戍龙门的几年外，璚英后半生的生活过得应该是安定祥和的，于谦若是泉下有知，一定会很欣慰。当然这是后话了。

---

① 〔明〕王世贞：《锦衣志》，见〔清〕丁丙：《于公祠墓录》卷九。
② 〔明〕王世贞：《锦衣志》。
③ 〔明〕于冕：《先肃愍公行状》。

第三章　行走晋豫

不能被漠视的18年

宣德五年（1430），于谦进入了人生重要的阶段——漫长的巡抚晋豫生涯。

笔者一直惊叹于于谦的被漠视，这并非完全出于对研究对象的偏爱，而是主要基于两大理由：一是太多的后人不知于谦为何人；二是一些人即使知道于谦其人，也仅限于大致了解于谦在北京保卫战中的事迹。至于对于谦的其他功绩和众多的作品则一概不知了。

如果说保卫北京、抗击瓦剌的于谦就像流星划过天际般壮观惊人，给予世人太多的惊心动魄；那么，巡抚晋豫期间的于谦则如绵延不绝的泉水悄无声息地流淌在中原大地上，润泽了无数的生灵。在于谦巡抚晋豫18年的经历中，几乎找不到什么惊心动魄的场景，但是其中所体现的于谦的人格和精神永远给后人以无比丰富的滋养。

超迁巡抚

"巡抚"亦名"抚台"，乃"巡行天下，抚军济民"之意。洪武二十四年（1391），朱元璋遣太子朱标巡抚陕西，这是明朝设置巡抚之肇始。"永乐十九年（1421）遣吏部尚书蹇义等二十六人巡行天下，安抚军民。以后不拘尚书、侍郎、都御史、少卿等官，事毕复命，即或停遣。"①于是形成了巡抚制度。但在宣德以前，巡抚非专设之官，有事则遣，事毕即还，官员巡行也没有固定的范围。

宣德五年（1430），明朝遭遇了严重的自然灾害，河南、山西、江西、浙江、湖广、山东、直隶等地，或遇水灾，或遇旱灾，或遇蝗灾，饿殍遍野，流民盈路。如此之广的地域受灾也使得朝廷税粮收入骤减，国家仓廪空虚。这一严重的社会问题引起了明宣宗朱瞻基的担忧和重视，他决定派重臣前往各省巡抚，于是，作出了如下安排：于谦巡抚河南、山西，赵新巡抚江西，赵伦巡抚浙江，吴政巡抚湖广，曹弘巡抚北直隶府州县及山东，周忱巡抚南直隶、苏松等县。自此，明朝在各省专设巡抚。

明宣宗朱瞻基本来的决定是增设各部右侍郎为巡抚，替他"巡行天下，抚军济民"。但是于谦当时为监察御史，官秩仅七品。史书记载宣宗御书于谦之名授予吏部，将他升迁为官秩为正三品的兵部右侍郎，委以巡抚河南、山西之重任。②

于谦仕途上这次三级跳远式的越级升迁，首要原因是于谦在平高煦之乱、巡按江西中的卓越表现博得了宣宗朱瞻基的欣赏和高度信任，正如《明史》所载："帝（宣宗）知谦可大任。"③

其实，于谦的这次升迁还和另一个人物有着密切的关系——都察院右都御史顾佐。

顾佐，字礼卿，太康（今河南省太康县）人。建文二年（1400）进士，授庄浪（今甘肃省庄浪县）知县。永乐元年（1403），入为御史，后迁江西按察副使，召为应天尹。明朝迁都北京后，改顺天尹。后出为贵州按察使。洪熙元年（1425），召为通政使。宣德三年（1428），擢为右都御史。五年后，因染疾，乞归，不许。宣宗体恤其病，令免朝贺，视事如故。后致仕。正统十一年

---

① 《明史》卷七三《职官志二》。
② 《明史》卷一七〇《于谦传》。
③ 《明史》卷一七〇《于谦传》。

（1446）卒。①

仅仅从《明史》对顾佐的评价，我们就可以找到于谦和顾佐意气相投的内在关联，这就是两人在性格与精神上的诸多共通之处。

顾佐刚直不阿，为官廉正，很受百姓的欢迎，在永乐朝先后担任应天（今南京）府尹和顺天（今北京）府尹，将两地治理得政清弊革，被百姓比为"包孝肃"（包拯），但是这样的为官作风很招权贵嫉恨，永乐时顾佐就被人陷害，一夜之间从顺天尹出为贵州按察使。但是，顾佐依然故我。好在杨士奇、杨荣欣赏他的为官廉正，在明宣宗朱瞻基面前力荐，朱瞻基遂将其提拔为右都御史，"命察诸御史，不称者黜之，御史有缺，举送吏部补选"②。

大凡为官者，其为官的目的不外乎几种：境界高者当属那些"先天下之忧而忧，后天下之乐而乐"的人，怀着这一为官目的的人，大多有为天下苍生计的理想与操守，如包拯、苏轼、于谦等；当然其中也有一些人为官仅仅对朝廷和君王负责。次者就是为了名声，为了光耀门庭；但是不排除一些主观上为了名声，客观上好好做官的人，他们不贪婪，不害人。再次者就是那些为利和为权势者，为利者把做官当作发财致富之道，这样的人一旦手中握有权力就要借此大肆聚敛财富，甚至对百姓敲骨吸髓；为权势者照样很可怕，因为这些人时刻想着控制和支配别人，他们一旦掌握权力就会大耍手腕，设法奴役别人，并从中得到快感，不过为利和为权势者往往结合在一起。明宣宗给予顾佐的这一岗位在那些为利和为权势者看来一定是个肥缺，但是顾佐是一个不为利不为权势的人，胸怀通达，光风霁月。

古代的御史对于朝廷的政策和人事起着重要的作用，他要对皇帝进诤言，向皇帝反映舆情，特别是要替皇帝考核官员，当然御史发挥上述作用的前提是皇帝的开明和御史高度的责任感。除了责任感以外，御史还必须具备很多品德，如胸怀坦荡、公正廉明等。御史还必须有一颗勇敢的心，虽然中国历朝都有保护御史的机制，但是忠于职守的御史也并非完全是安全的，因为一个尽其职责

① 《明史》卷一五八《顾佐传》。
② 《明史》卷一五八《顾佐传》。

的御史一定会得罪很多官员，甚至皇帝。因此，他必将成为众矢之的，可能会遭到打击报复、诬陷诋毁，有些时候甚至会因为直谏而受皮肉之苦、鞭笞之痛乃至砍头之烈，景泰朝御史钟同因为建议恢复朱见深太子位而死于杖下即为一例。

明宣宗让顾佐来代替此前因贪污被黜的都御史刘观是一个很明智的选择，顾佐在都御史任上不折不扣地履行着职责，视事期间，纠黜贪纵，奏黜贪官奸吏20余人，荐举堪任御史者40余人，朝纲肃然。其间顾佐一直受到被他奏黜者的诬陷，好在宣德一朝有杨士奇等阁臣的保护，才得以让他在较长一段时间内发挥都御史的作用。①

以这样的刚直和毫不通融置身于官场中，顾佐一定是一个特立独行者，他因此得了个"顾独坐"的雅号，因为他在担任都御史期间"每旦趋朝，小憩外庐，立双藤户外。百僚过者，皆折旋避之。入内直庐，独处小夹室，非议政不与诸司群坐"②，因而得此雅号。官员们对这个力持风纪、待人严厉、不苟言笑的都御史避之唯恐不及，自然谈不上成为知交。

但是，顾佐还是在这个朝廷上找到了和他意气相投的人——年轻的于谦，他们彼此赏识，颇有交往。他们都是孤清、倨傲、刚直的人，他们坚守着古代知识分子的仁、义、礼、智、信以及不入俗流的操行。于谦从政之初，以一种崇敬的心态仰视顾佐，即使后来于谦在朝廷中的地位可以和顾佐平起平坐时，对顾佐仍然充满着仰慕之情。正统年间，顾佐因受到明英宗的指责不得已上章致仕，于谦写了一首题为《都御史顾公致政有喜》的诗歌安慰老朋友："天上归来两鬓苍，故园草木尽辉光。功成却喜恩荣厚，身退从知姓字香。林下且消闲岁月，台端犹忆旧冰霜。春风诗酒从容处，重睹群英会洛阳。"③顾佐虽然对僚属甚严，却"未尝毁誉僚属，并称：'我知善则当举，我知不善则当去，我何可徒言哉'"④。但是对于谦是例外，顾佐在这个年轻人身上看到很多良臣的潜

---

① 《明史》卷一五八《顾佐传》。
② 《明史》卷一五八《顾佐传》。
③ 〔明〕于谦：《于肃愍公集·文集》卷三。
④ 《明史》卷一五八《顾佐传》。

质，比如胸怀坦荡、公正廉明、不徇私情、有胆有识、敢作敢当等等，他料定于谦的才能与品德都胜过自己，将来一定会大有作为，因而很看重他。宣德初，顾佐就奏请遣于谦为江西巡按，正是顾佐的这一举荐让于谦的政治才华得以展示，此后顾佐对于谦总是褒誉有加。①顾佐的赏识和举荐是明宣宗对于谦委以重任的重要因素之一。

并非每一个皇帝都具有敏锐的目光，能洞穿那些诋毁诽谤者的谎言。到了正统一朝，顾佐终于被迫上章致仕，离开了这一充斥着是是非非的朝廷，不久病逝于郁闷和孤独之中。于谦失去了一个挚友。于谦一生不刻意于人际交往，加上耿直的个性，堪称知己者并不多，顾佐即为其中之一。

于谦、赵伦、吴政、曹弘、周忱等为明朝在各省专设巡抚后的第一任巡抚，朝廷对他们寄予了厚望。宣宗赐敕于谦等曰："今命尔往总督税粮，务区划得宜，使人不劳困，输不后期。尤须抚恤人民，扶植良善。遇有诉讼，重则付布政司、按察司及巡按监察御史究治，轻则量情责罚或付郡县治之。若有包揽欺侵及盗卖者，审问明白，解送京师。……尔须公正廉洁，勤谨详明，夙夜无懈。"②为此，明朝赋予巡抚以高于三司（都指挥使司、布政使司、按察使司）的权力，于谦于是成为山西、河南两地的最高行政长官。

"单车赴任"

带着宣宗的知遇之恩和厚望，带着满腔的自我期许和渴望，于谦出发了。史书上用了一个词叙述于谦赴任的情形——"单车赴任"③——因为除了带着养子于康，没有任何家眷相伴；也没有什么辎重，只有随身携带的几件换洗衣物和几本书而已。

将妻子、七岁的儿子以及不满周岁尚在襁褓中的女儿留在了京城的家里。

---

① 〔明〕叶盛：《水东日记》卷二，中华书局1980年版；又，《明史》卷一七〇《于谦传》。

② 《明宣宗实录》卷七〇，台湾研究院历史语言研究所1983年版。

③ 〔明〕李贽：《续藏书》卷一五；又，〔明〕王世贞：《弇州续稿》卷八五《于太傅公传》。

孤身远赴千里之外，于谦心中难免伤感：

> 远别离，何时归？出门子女争牵衣。借问此行向何处？底事欲留留不
> 住。父子恩情深更深，可怜不得恒相聚。远别离，无限愁，山行骑马水乘
> 舟，行人一去早回头。（《远别离》）①

在经过一个多月日夜兼程的跋涉后，于谦踏上了陌生的晋豫大地。这一去，就是整整18年——于谦33岁时开始巡抚晋豫之旅，正统十二年（1447）结束使命时，他已经是知天命之年。于谦将一生中最宝贵的岁月都给了晋豫大地以及这块土地上的人民。

河南位于黄河中下游，因大部分地区在黄河以南，故名河南。古为豫州，故简称"豫"，且有"中州""中原"之称。元朝以河南境内黄河以北地区直隶中书省，黄河以南地区置河南江北行中书省。中书省在河南管辖的有大名、彰德、卫辉、怀庆等路和濮州。河南行省下属河南府路、汴梁路、南阳府、汝宁府、归德府。明洪武九年（1376）改行中书省为承宣布政使司，治所在开封府。河南承宣布政使司下辖开封、归德、河南、南阳、汝宁、彰德、卫辉、怀庆等府和汝州直隶州及京师之大名府，山东之东昌府的一小部分县。共计府属州31，县96，里3380有余。当时的河南承宣布政使司所辖区域北至武安，与北直、山西交界；南至信阳，与江南、湖广相接；东至永城，与江南、山东毗邻；西至陕州，与山西、陕西为邻。距北京700余公里之遥。

山西以地处太行山之西而得名，春秋战国时期属晋国之属地，因而简称"晋"。公元前453年，赵、魏、韩三分晋国，故又别称"三晋"。元朝置河东山西道宣慰使司，直隶中书省。明初置山西行中书省，洪武九年（1376）改山西行中书省为山西承宣布政使司，治所在太原路。下辖太原、平阳、汾州、潞安、大同5府，辽、沁、泽3个直隶州，属州16，县79，里4400有余。东至真定，

---

① 〔明〕于谦：《于肃愍公集·文集》卷一。

与北直隶相接；北至大同；西南与陕西、河南以黄河为界。距北京约600公里之遥。

"一年两度太行山"

于谦同时为河南、山西两省巡抚，当时，河南省的治所在开封，山西省的治所在太原。为了兼顾两地的政务，于谦必须每年在两省之间来回跋涉，一般情况下冬春时节山西冰封雪冻，粮食青黄不接，他必须缓解山西百姓的饥渴之苦，庇护那里的饥民，于是就在太原；而夏秋两季河南境内黄河泛滥成灾，于谦要在河南治理水患，安抚因黄河肆虐而流离失所的百姓，于是就在开封。

这样一来，于谦就必须每年至少两度翻越太行山。

巍巍太行，如一条腾展于燕赵大地上的桀骜长龙，雄踞于河北、河南和山西三省之间，是黄土高原和华北平原的天然分界线。全长550公里，北起拒马河畔，南至黄河北岸，从东北向西南绵延。雄奇峥嵘，气势恢宏，一如陈毅《过太行山书怀》所描述的那样——"太行山似海，波澜壮天地。山峡十九转，奇峰当面立。"群峰列嶂，大多在海拔1000米以上。北部的小五台山是太行山脉的最高峰，高达2870米。邢台西部的三峰山、老爷山等，是太行山中部的著名高峰，海拔都在1000米以上。

今天的文人骚客或是游人过客借助现代化的交通工具，偶尔一登太行，一定会陶醉于它的壮丽景色和磅礴气势。然而，古人翻越如此崔巍艰险的太行山却非易事。曹操《苦寒行》云："北上太行山，艰哉何巍巍！羊肠坂诘屈，车轮为之摧。"

近600年前的于谦，仅仅靠着一匹瘦马，每年至少两次在太行山的陡峭山壁、深沟巨壑之间跋涉。冬春时节，太原天寒地冻；夏秋两季，开封酷热难耐，两翻太行山，一趟正遇"三晋冲寒到"，越走越冷；另一趟则是"中州冒暑回"，越走越热，何况每趟都需要一个多月的时间，其间所经历的风刀雪剑的侵袭、风餐露宿的艰辛、披星戴月的劳累，常人是难以想象也是不堪承受的。

何况还有猛兽和强盗的威胁！《本朝分省人物考》就记载着于谦在太行山上

遇强盗之事：一日，于谦"以轻骑自河南往山西，夜经太行山，有群盗各持兵戎呐喊而前，从者相顾骇惧，于谦厉声曰：'汝何为者？'"好在于谦声望威重，名震晋豫。"群盗知是于谦，竟惊慌而散"①。

在这条路上，于谦坚持了整整18个年头，这需要怎样的意志和毅力！

让后人感动和震惊的是，于谦从来没有把一年两度翻越太行山当作是一种不得已要承受的苦难，即使在年岁老去、体力衰退时，也只有对亲人的思念和对身心疲惫的叹息，而从来没有流露出放弃的情绪。于谦本人的诗歌是这种坚忍意志的最好注脚：

马足车尘不暂闲，一年两度太行山。庭闱缥缈孤云下，游子思亲几日还。（《登太行思亲》）②

东风浩荡吹花柳，春风熏人如醉酒。草生满地绿敷茵，桃李无言也笑人。笑人年年常是客，底事欲归归未得。归未得，可奈何？太行南北千条路，不似离肠婉转多。（《春日吟》）③

朝在太行南，暮在太行北。问予何事苦匆匆？鞍马驱驰常是客。笑而不答心自知，眷恋浮名好是痴。昨日朱颜好斮酒，今朝白发已成丝。远离乡国空老梦，怅望庭闱有所思。君宠亲恩俱未报，窃禄无功补盛时。太行山，不可攀，谁似山头白云好，才成霖雨便知还。（《无题（二）》）④

我生四十余，已作十年客。百岁能几何，少壮难再得。今朝太行南，明朝太行北。风雪敝貂裘，尘沙暗金勒。寒暑互侵凌，凋我好颜色。齿牙渐摇脱，须发日已白。位重才不允，况此迟暮迫。为上乏勋劳，为下无德泽。揣分宜退休，非惟慕奇特。早赋归去来，庶免清议责。（《自叹》）⑤

行行度山岗，望望指城郭。云收雨意散，天晚日色薄。万籁鸣笙竽，

① 〔明〕过庭训：《本朝分省人物考》卷四二《于谦》，天启二年刊本。
② 〔明〕于谦：《于肃愍公集·文集》卷六。
③ 〔明〕于谦：《于肃愍公集·文集》卷一。
④ 〔明〕于谦：《于肃愍公集·文集》卷一。
⑤ 〔明〕于谦：《于肃愍公集·文集》卷一。

清风满岩壑。虽云路途远，此景殊不恶。（《日暮绛州道中》）①

信马天将暮，离山路转平。穿萦太行驿，树绕泽州城（今山西省泽州县）。落日翻旗影，长风送鼓声。孤云在天际，回首若为情。（《到泽州》）②

三晋冲寒到，中州冒暑回。山川元不改，节候自相催。绿树连天暗，红葵向日开。太行云缥缈，搔首意徘徊。（《暑月将自太行巡汴》）③

碗子城（今属山西省晋城市）边路，年来几度过？山川认行色，花鸟熟鸣珂。恋阙情向限，瞻云思转多。壮怀成激烈，弹剑欲高歌。（《太行途中杂咏》）④

日落千山暝，风高万木凋。深沟通曲径，独木架危桥。客路空迢递，离情转寂寥。驿楼看渐近，时听马萧萧。（《秋晚山行》）⑤

月落日未出，东方隐又明。云连怀庆郡，雾绕泽州城。道路淹归计，关河动客情。故乡不可见，搔首望神京。（《太行山中晓行》）⑥

才离汴水又并州，马上光阴易白头。出处每怀心耿耿，是非谁较论悠悠。貂裘不畏三冬雪，燕颔终封万里侯。珍重晚来风景好，黄花老圃殿高秋。（《遣怀》）⑦

峰峦重叠树微茫，回首清源道路长。僧屋数椽临野水，人家一半住山乡。龙归洞口云烟湿，麝过林间草木香。随处停骖问民俗，不知归鸟背斜阳。（《交城道中》）⑧

鸣驺拥道出边城，月淡星疏骑火明。驿路经行三十里，漏声犹自报残

① 〔明〕于谦：《于肃愍公集·文集》卷一。
② 〔明〕于谦：《于肃愍公集·文集》卷二。
③ 〔明〕于谦：《于肃愍公集·文集》卷二。
④ 〔明〕于谦：《于肃愍公集·文集》卷二。
⑤ 〔明〕于谦：《于肃愍公集·文集》卷二。
⑥ 〔明〕于谦：《于肃愍公集·文集》卷二。
⑦ 〔明〕于谦：《于肃愍公集·文集》卷三。
⑧ 〔明〕于谦：《于肃愍公集·文集》卷三。

更。（《晓发太原》）①

湿云拖雨过前山，远树冥冥烟雾间。碎石乱流人不渡，晚来惟有一僧还。（《雨中山行》）②

西风落日草斑斑，云薄秋空鸟独还。两鬓霜华千里客，马蹄又上太行山。（《上太行》）③

信马行行过太行，一川野色共苍茫。云蒸雨气千峰暗，树带溪声五月凉。世事无端成蝶梦，畏途随处转羊肠。解鞍盘礴星轺驿，却上高楼望故乡。（《夏日行太行山》）④

诗歌中的民情与足迹

太行山的崎岖山路、陡峭悬崖、盗匪、猛兽并不足以使于谦身心疲惫，真正让于谦耗尽心力的是两省艰难的民情和处于深重灾难中的黎民。在同时任命的各省巡抚中，于谦的担子不可谓不重，因为山西、河南地域辽阔，而且是自然灾害多发地区，旱灾、水灾、蝗灾、霜灾等频仍相接，笔者查阅《明实录》和一些地方志时，几乎找不到这两个省份没有自然灾害记录的年份。

先来看看山西省。山西省全省位于黄土高原，是一个被夹峙在黄河中游峡谷和太行山之间的高原地带，这里大部分地区海拔达 1000 米以上，山区面积占全省总面积的 70% 以上，以山西平面地图看，是一个斜四边形，由东北斜向西南，是一个由许多复杂山脉构成的高台地。山西是干旱高发省份，特别是晋西沿黄河的黄土高原丘陵地区、海河流域的朔州等地重旱灾的发生频率很高，此外，临汾和运城盆地、大同盆地、忻州盆地、太原盆地等地区也是旱灾频发地段。干旱缺水的气候，极易滋生蝗虫，因而又会发生蝗灾。同时，山西的降水

---

① 〔明〕于谦：《于肃愍公集·文集》卷六。
② 〔明〕于谦：《于肃愍公集·文集》卷六。
③ 〔明〕于谦：《于肃愍公集·文集》卷六。
④ 〔明〕于谦：《于肃愍公集·文集》卷三。

集中在夏季，因而又易引起洪涝。此外，还有霜灾、雪灾、雹灾等。

再来看看河南省。从山西到河南，就能够真正理解什么叫"旱水两重天"。河南最严重的是洪涝灾害。河南横跨黄河、淮河、海河等几大水系，境内1500多条大小河流纵横交织，尤其是黄河横亘河南，黄河的泛滥和决堤是河南最严重的水灾。

还有甚于天灾之人祸。于谦巡抚晋豫的前几年为宣宗执政时期，朝廷实行了蠲免税粮、安置流民、赈灾救荒等一系列减轻民困的措施。正统初年，太皇太后张氏健在，杨士奇、杨荣、杨溥在朝廷中还有很高的威望，仁宗、宣宗朝的各项政策得以延承，社会局面相对清平。正统七年（1442），太皇太后张氏病故，三杨或死或病，朝廷大权由大太监王振一人独揽，明朝政治趋于黑暗。本书前文已经述及，土地兼并作为明朝社会的一大痼疾，到正统年间已经愈演愈烈，致使越来越多的百姓失去土地、背井离乡。王振擅权之后，大兴土木，连年用兵，税赋日增，饥民、流民问题凸显，山西、河南自然不能幸免。

于谦奔波晋豫大地上，眼前所见并非那些朝廷大臣每日奏报或台阁体诗人所吟咏的歌舞升平、天下大治的景象，他所见的是经济之萧条、农村之凋敝、生灵之涂炭。还是用于谦的诗歌来描述他当时面对的状况吧：

> 无雨农怨咨，有雨农辛苦。农夫出门荷犁锄，村妇看家事缝补。可怜小女年十余，赤脚蓬头衣褴褛。提筐朝出暮始归，青菜挑来半沾土。茅檐风急火难吹，旋蒸山柴带根煮。夜归夫妇聊充饥，食罢相看泪如雨。泪如雨，将奈何，有口难论辛苦多，嗟而县官当抚摩。（《悯农》）[1]

责任、良知以及对天下苍生的关怀使得于谦无法安心待在可以躲风雨避寒暑的官衙，每年他都将大量的时间花在视察民情、问民疾苦上，太行东西、黄河南北，他不知疲倦地奔波着，正如史书所记载：于谦"遍历梁、晋诸郡邑，

---

[1] 〔明〕于谦：《于肃愍公集·文集》卷一。

问民疾苦，而赈恤之"①。现存不多的于谦作于巡抚晋豫期间的诗篇可以让后人听到他18年中未曾停歇的脚步声：

溪明寒日至，树暝夕烟生。飞鸟随人语，长风扰树声。鼓笳悲远戍，车马厌修程。骑火前村起，山城候吏迎。（《日晚至文水》）②

县治萧条甚，疲民疫病多。可堪官失职，况是岁伤和。空廪全无积，荒天更起科。抚安才智短，独立奈愁何。（《延津县》）③

萧然山馆似僧房，三尺寒檠一炷香。风卷松涛清入梦，窗涵月色冷侵床。倦来不觉良宵短，明发从教去路长。但愿两藩民物阜，不知何处是他乡。（《夜宿山馆书怀》）④

茫茫烟树绕孤城，千载犹传孝义名。郭巨⑤墓荒村草合，比干台古野烟生。落花飞絮迷征笳，剩水残山恼客情。鞍马匆匆无限意，不堪回首暮云平。（《孝义县怀古》）⑥

荒村古路人烟少，零落邮亭屋数椽。野渡冰生寒雪后，遥山鸟没夕阳边。思家怅望频回首，信马徐行懒着鞭。归计不知何日定，眼前风景又残年。（《余吾道中》）⑦

鸿沟迢递接荥阳，芳草弥漫古战场。说尽兴亡无限事，数声啼鸟在垂杨。（《过荥阳》）⑧

---

① 〔明〕陈善：《于廷益传》，见〔清〕丁丙：《于公祠墓录》卷二。
② 〔明〕于谦：《于肃愍公集·文集》卷二。
③ 〔明〕于谦：《于肃愍公集·文集》卷二。
④ 〔明〕于谦：《于肃愍公集·文集》卷三。
⑤ 郭巨，晋代隆虑（今河南林县）人，一说河内温县（今河南温县西南）人。他原本家道殷实，父亲死后，他把家产分作两份，给了两个弟弟，自己独自供养母亲，对母极孝。郭巨有一儿，他担心孩子必和母亲分食，遂和妻子商议："儿子可以再有，母亲死了不能复活，不如埋掉儿子，节省些粮食供养母亲。"挖坑时，忽见一坛黄金，上书"天赐郭巨，官不得取，民不得夺"。夫妻得到黄金，得以孝敬母亲，兼养孩子。
⑥ 〔明〕于谦：《于肃愍公集·文集》卷三。
⑦ 〔明〕于谦：《于肃愍公集·文集》卷三。
⑧ 〔明〕于谦：《于肃愍公集·文集》卷六。

除了上文所引的作品外，尚有《到泽州》《绛州分司漫兴》《题古寺》《山行》《客途春阴》《秋晚山行》《过中牟鲁恭祠》《过五攒山》《盘陀驿道中》《过皋陶庙》《过韩信冢》《过夏县挽司马文正公》《过方山》《水村》《徐沟道中》《清化镇道中》《舟中漫兴》《许昌怀古》《秋晚行山西道中》《秋日经太行》《豫让桥怀古》《平阳道中》《过汜水睹曾典史所种树感怀》《过汜水》《横望巡检司》《山行驻马》《宿徐沟》《黄河舟中》《汝宁怀古》《题光武扳倒井》《过彭祖店》《宿仁义驿》等诗歌都记录了于谦在晋豫大地上留下的踪迹。

为民请命的勇者

朱瞻基在各省专设巡抚的根本原因在于各地自然灾害频发，而官吏收缴税粮不力，朝廷的财政受到严重损害，因而巡抚们的首要任务就是设法收缴税粮，从而增加朝廷的财政收入，巩固中央集权的统治。但是于谦巡抚晋豫的18年间，并没有将收缴税粮作为自己的第一要务。

如前文所述，明代发展至正统时期特别是正统后期，皇室、勋戚和宦官倚恃特权大肆掠夺土地，建立庄园，官僚地主也疯狂兼并土地，而上述这些集中占有土地者又通过各种手段免除了本该承担的赋税份额，政府的税田总额日益减少，而政府的赋税总额却不能因此大打折扣，这样一来，被皇室、勋戚、宦官、地主等占有的土地应缴纳的赋税就转嫁到了普通百姓头上，因此，百姓的赋税负担与明初相比大大加重了。明朝征收折色银①的做法也加重了农民的负担，本来，缴纳银子可免除缴纳"本色"的运输之苦，而且可以使一部分农民从对土地的依附关系中解放出来，问题就在于政府在本色和折色的折算率上设法加重了对农民的剥削。乡绅、豪强还用"飞洒""诡寄""包纳"等手段逃避政府分派的赋税，并将其转嫁给农民。"飞洒"就是地主把自己应该缴纳的赋税分派到在籍的农民头上；"诡寄"就是地主将自己的土地假托于逃户、绝户的名

---

① 纳米麦者称为"本色"，纳钱、钞、绢或以其他物产代输者称为"折色"。

下；"包纳"就是地主虽然买了农民的土地，但这部分土地应该缴纳的赋税仍由出卖土地者承担，这些做法又加重了农民的负担。在土地兼并中失去土地的农民只好向地主租种土地，沦为佃农，地主对佃农的地租剥削也日益加重。此外，还有日益繁重的徭役。①

在如此苛重的赋税之下，百姓的生活越来越困苦。山东、山西、河南、陕西、北直隶等地"佣丐衣食以度日，父母妻子啼饥号寒者十有八九"②。山西平定、岢岚、朔、代等州，寿阳、静乐、灵丘等县百姓，"往往车载幼小男女，牵扶蹩疾老赢，采野菜、煮榆皮而食，百十为群"③。于谦的奏章和作品中对山西、河南两省百姓沉重的赋税负担以及由此造成的困苦也多有描述，如《村舍耕夫》："倚门皓首老耕夫，辛苦年年叹未苏。椿木运来桑柘尽，民丁抽后子孙无。典余田宅因供役，卖余鸡豚为了逋。安得岁丰输赋早，免教俗吏横催租。"④再如《路旁老叟》："路旁遗老亦堪悲，问者仓皇只泪垂。恒产卖余无业次，比邻逃尽少亲知。"⑤

于谦首先要做的，是让那些被赋税压得喘不过气来的百姓能够得到喘息，轻税养民是他竭尽全力在山西、河南推行的做法。

宣德五年（1430）和宣德六年（1431），于谦上任伊始，黄河连续两年肆虐泛滥，河南开封府所属的祥符、中牟、阳武、通许、荥泽、尉氏、原武、陈留等8个县的民居、土地和庄稼几乎悉数被淹没在洪水之中，百姓被迫踏上了流亡之路，于是流民骤增。在这种情形下，如果朝廷仍然坚持照收税粮，那么无疑是将他们逼上绝路。于谦走遍这些受灾区域，统计受灾的民户和田地上报朝廷，又请求朝廷减免税粮，朝廷最终同意将河南省受灾地区的一半秋粮折收布绢（明朝的赋税征收基本上沿用唐宋以来的两税法，田赋分夏税、秋粮两次缴

---

① 南炳文、汤纲：《明史》（上），上海人民出版社1985年版，第325页。
② 《明英宗实录》卷三四。
③ 《明英宗实录》卷六六。
④ 〔明〕于谦：《于肃愍公集·文集》卷四。
⑤ 〔明〕于谦：《于肃愍公集·文集》卷四。

纳）。①宣德七年（1432）山西省太原府、平阳府、汾州及沁州等处遭遇霜灾，过早降临的寒霜使得秋田颗粒无收，于谦向朝廷陈述后，朝廷理解了于谦对百姓的忧念，停征了上述州府之粮草。六月，于谦又上疏朝廷，开封府所属祥府、中牟、尉氏、扶沟、大康、通许、阳武、夏邑等县因为上一年黄河决堤，5000余顷农田被淹没，他请求朝廷免去上述8县该纳秋粮5.6万余石，马草7.6万余束，以苏民力。②宣德十年（1435）三月，于谦以河南连年灾害，百姓困窘艰食，奏请朝廷将营建山陵起取河南民夫1.7万余人削减一半。朝廷遂免去河南1.7万人营建山陵之劳役。③同年六月，河南彰德等府逃民复业者达5万余户，而有司不顾民情，追收他们历年所欠税粮，致使民不聊生。于谦将此奏明朝廷，朝廷下诏悉免逃民复业者所欠税粮。④七月，朝廷在得悉山西灾情后，下诏免除山西一半夏税。⑤接着，于谦又上奏陈述山西、河南各处逃民虽已招抚回还，但多系家道艰难、粮差无力者，请求蠲免税粮1年、差役2年，以后税粮只分送附近官仓，纳差役比现在人口减半。朝廷对于谦所奏全部予以采纳。⑥十月，于谦奏准山西都司并行都司操备官马每匹日支豆4升，官军自备驴匹日支1升，费用浩繁，百姓不堪重负，请求减免费用，官马日支3升，驴匹不支，以苏民困。⑦

正统元年（1436），朝廷从于谦所奏，裁革各处既无军卫又不当冲要而设置的仓局及每年收粮不足5000石、收钞不及5万贯之课司局，以免烦扰百姓，且减职役俸禄。⑧正统二年（1437）四月，河南开封、彰德等5府所属州县自上年闰六月以来天雨连绵，河水泛滥，田地被淹没，于谦奏请免受灾田地粮草，朝廷收到于谦奏章后随即免除了河南受灾地区的田粮。⑨次月，于谦奏明河南诸处

① 《明宣宗实录》卷七六、卷八二。
② 《明宣宗实录》卷九一。
③ 《明英宗实录》卷三；又，《明史》卷一〇《英宗前纪》。
④ 《明英宗实录》卷六。
⑤ 《明英宗实录》卷七。
⑥ 《明英宗实录》卷七。
⑦ 《明英宗实录》卷十。
⑧ 《明英宗实录》卷一七。
⑨ 《明英宗实录》卷二九。

连年遭遇蝗虫水旱等灾害，请朝廷暂且停征税粮丝绢，获允。①十一月，于谦陈述河南所辖各府州县先是春旱伤麦，五月以来又河水泛滥，田禾尽损，颗粒无收，朝廷命于谦等前往各府州县，核实受灾田亩，查明确系缺粮民户，免去税粮。②正统三年（1438）二月，于谦奉命督同巡按监察御史等官视察河南开封等7府所属州县遭水灾的情况，查明淹没田地总数为7万余顷，并奏准朝廷免粮76.3万余石，免草97.5万余束。③三月，于谦奏请免去河南开封等7府所属受灾州县之税粮。④六月，经于谦奏请，朝廷蠲免河南受灾州县2年食盐。⑤正统四年（1439），由于山西百姓饥饿困窘，于谦奏准将应纳夏税当半纳米、半折布。⑥正统五年（1440）三月，由于山西百姓所纳折粮金银本已难得，而大同府官员竟然不顾百姓困窘，以金银成色不纯为由，强迫百姓重新煎销，这一蛮横做法既增加了百姓的负担，又耽误了农时，于谦奏准以银1两折米2石，金6钱折银1两收库支用。⑦同月，山西太原等府部分州县遭遇旱灾，田禾无收，黎民流徙，于谦奏请免山西正统四年夏税和秋税未征之数及正统四年以前拖欠之数，蠲免逃民所欠税粮马草。⑧十二月，朝廷在了解河南灾情后，下诏免去河南彰德、南阳、开封、卫辉、怀庆等被灾诸府的税粮。⑨

正统六年（1441），于谦因得罪王振在狱中度过了3个月，但在各方的努力下，重新回到了晋豫大地，他没有丝毫惧怕和后悔，继续为民请命。于谦刚刚回到山西，就遇到了必须得罪皇室宗亲的事情：朱元璋三子晋王朱棡的后裔晋宪王朱美圭死了，朝廷为之营葬，调拨了4000军夫，派买物料繁多，绘饰房屋过侈。虽然事关皇室宗亲，但于谦仍然向朝廷陈明山西地瘠民贫，何况正统六

① 《明英宗实录》卷三〇。
② 《明英宗实录》卷三六。
③ 《明英宗实录》卷三九。
④ 《明英宗实录》卷三九。
⑤ 《明英宗实录》卷四三。
⑥ 《明英宗实录》卷五八。
⑦ 《明英宗实录》卷六五。
⑧ 《明英宗实录》卷六六。
⑨ 《明英宗实录》卷七四。

年春夏旱蝗，秋月霜旱，田禾薄收，饥窘逃移者众，请求从简营葬晋宪王，军夫减半，物料、房屋应适可而止。诏令房屋仍当藩王旧制，其余悉照于谦所言办理。①正统七年（1442）四月，在于谦的呼吁下，朝廷下令免除山西平阳府所属州县正统六年因为旱灾未能缴纳的税粮；②同年七月，于谦又以河南水灾、旱灾、蝗灾频仍，请求免去河南该征之租税；又以山西夏麦薄收，奏请朝廷布麦兼收，此议遭到了户部大员的阻扰，英宗却诏令全部从于谦所言，并对朝廷大员说要像于谦那样以养民为本。③正统九年（1444）五月，河南、山西遭受旱灾，于谦奏请免征两省的夏税。一个多月后，朝廷减征河南开封、卫辉、南阳、怀庆、彰德等府被灾州县上一年凡30万余石的税粮。④正统十年（1445）六月，朝廷免去山西平阳、太原等府的夏税。⑤七月，于谦上奏朝廷山西平阳府并潞州、汾州、沁州所属地方自入夏以来久旱不雨，庄稼无法入种，收成难期，请将上述地方当年该征布花减免二分，秋粮本色折色亦合减免三分，以缓民力。⑥正统十一年（1446）四月，由于山西连年旱灾，逃民日增，且多负欠税粮，于谦奏准暂停征收逃民所欠税粮；⑦八月，朝廷从于谦奏，诏免河南开封、卫辉两府被水田地之粮草二分，其余八分准令折钞缴纳，1石粮折钞60贯，1束草折钞3贯。⑧正统十二年（1447），为了给上年死去的朱元璋十三子代王朱桂营造陵墓，有司广占田地，费用浩繁；大同总兵官朱冕奏请将原定陵墓占地减半并改饰以黑瓦，于谦支持朱冕，进而奏请朝廷，从今往后诸王及嫔妃死后陵墓皆须从简从省，朝廷同意了朱冕和于谦的请求。⑨这年五月奏准免去山西、河南受灾地方之税粮，并停免历年拖欠之税粮、马匹各项买办等，以苏民力。⑩

---

① 《明英宗实录》卷八五。
② 《明英宗实录》卷九一。
③ 《明英宗实录》卷九四。
④ 《明英宗实录》卷一一六。
⑤ 《明英宗实录》卷一三〇。
⑥ 《明英宗实录》卷一三一。
⑦ 《明英宗实录》卷一四〇。
⑧ 《明英宗实录》卷一四四。
⑨ 《明英宗实录》卷一五三。
⑩ 《明英宗实录》卷一五四。

正统年间，农民往往被税粮所逼而背井离乡，地方政府竟然用里甲赔纳的手段，将逃亡者的税粮旧额，摊派到没有逃亡的农户头上，这就是祸害百姓的"逋赋"，被摊到"逋赋"的农民不堪重负，也踏上逃亡之路，这种恶性循环催生出了庞大的流民群体。于谦奏请免征流民的"逋赋"，减轻了许多农民的赋税，一部分农民因而留在家乡，不至于流离失所。

明朝自洪武八年（1375）开始发行"大明宝钞"，命民间通行。永乐末年，朝廷无节制地发行"大明宝钞"，致使物价腾涌，民间交易一般用金银铜钱。在这种情况下，政府竟推翻原来可以以"大明宝钞"纳税的做法，规定百姓纳税要以米和银钱当钞。宣德四年（1429），"大明宝钞"的流通几乎停滞，政府为了盘活"大明宝钞"，一面下令民间交易必须用钞，用银一钱者罚钞1000贯；一面在漷县、济南、徐州、淮安、扬州、上新河、浒墅、九江、金沙洲、临清、北新关等地设置钞关，征收船税和货税，让百姓用钞缴税，同时又将商税和门摊税征钞额提高到原先的5倍。而于谦就在"大明宝钞"贬值、政府又欲盘活它的情况下，奏准在山西、河南境内各州县官仓储粮数多的地方，允许百姓用钞50贯折纳秋粮1石。于谦推行的轻税养民政策让两省的黎民百姓广受恩泽。

笔者在此不揣烦冗，叙述于谦巡抚晋豫的18年间为两省百姓请命的史迹，旨在展示其为民请命的胆魄与以民为本的情怀。他对晋豫两省百姓的生存状态可谓了然于胸，面对无数苦难的百姓，他无法保持沉默，无法向朝廷报喜不报忧，更不会违背良知大唱溢美赞誉之词。

于谦从来就没有沉默过，他一直都是一个勇者。

虔诚的祈雨者

于谦在晋豫大地的18年，留下了太多让当时的百姓感激，也让后代的河南、山西人永远感怀的故事，以至无法一一道来，然而，"祈雨"是本书一定要叙述的内容。

老天是否下雨和你是否求雨本来是没有任何关联的。但是，古人实在无法理解老天的反复无常，对自然灾害束手无策，他们总觉得有一种莫名的力量在支配着大自然，操纵着晴与雨，决定着人类的祸与福。于是，就幻想出了神灵，天不下雨，那就要祈求神灵降雨，这就是祈雨。祈雨是中国古代的重要祭祀形式，甲骨文中就有关于求雨乐舞的片段文字，"雩"就是求雨的祭祀性乐舞。多数地方将龙王作为掌管降雨的神灵，因而大旱之年就祈求龙王降雨。

旧时，河南的祈雨风俗很盛。很多地方都建有龙王庙，按期祭祀，遇旱灾时就祈祷龙王早降霖雨。主司祈雨的人叫"善雨"，如果久旱不雨，并延至五月二十三之后，那些善雨便商议求雨。一经议定，善雨就上龙王庙撞钟，将村民召集到庙中，宣布启动祈雨。自此日起，善雨轮流向龙王"跪香"，即将香点燃，昼夜跪拜。跪至三五日，仍不下雨，就要取水。两三个善雨持一瓷瓶到水草丰盛之地拜水，拜水时，将瓷瓶置于地，瓶内插一炷香，善雨昼夜轮流叩拜于地，口中念念有词，跪到香瓶底部湿润了，就算取水成功了，然后返回。知县和乡绅们得报，要马上结队出城迎水，将瓶供于龙王庙中。接下来就是举行祈雨仪式了。首先将青壮年齐集庙中，分配角色。参加者俱赤膊赤足。其仪式为：前队二至四人，持顶端有柳枝的长竿，念诵着祈祷词——"叫雨"，紧随其后的一干人也是口中念念有词，祈求龙王显灵，普降甘霖。再一队抬着龙王轿子，四人抬一乘，大村抬三至五乘轿子，小村则只抬一乘轿子，祈雨队伍按预定的路线行进，并提前通知所经村庄，村庄做好迎接龙王的各项准备，给龙王摆供，并给祈雨队伍提供饮食。祈雨期间，村民要到龙王庙上摆供。也有只焚香不上供的，还有"领牲"的，将猪羊牵到龙王庙中，将水浇其身上，牲畜将水抖落就叫"领了牲"。地方官员为了顺应民心，在百姓祈雨时，多有随众祈雨、取水和到郊外迎接水神的。

河南、山西是旱灾多发地带，山西尤甚。查阅《明实录》等有关史书，于谦担任晋豫巡抚18年即宣德五年（1430）至正统十二年（1447）之间，有关旱灾的条目很多。宣德八年（1433）、正统元年（1436）、正统二年（1437）、正统四年（1439）、正统五年（1440）、正统六年（1441）、正统七年（1442）、正统九年（1444）、正统十年（1445）、正统十一年（1446）等年份，或山西或河南或者两省同时有严重的旱灾。

　　地里禾苗抽青，可是老天就是吝啬雨露，旷日持久的干旱带来的是土地龟裂、河流干涸、庄稼枯萎，灼热的太阳烤干了百姓对丰收的期待，也烤得于谦忧心如焚。黄河决堤，于谦可以筑坝、植树，甚至跳入黄河以血肉之躯去阻挡汹涌的水流；蝗虫肆虐，于谦可以率领下属和百姓一起下地捕捉；但是，老天不下雨，除了求助神灵于谦别无他法，于是只要逢旱灾于谦就频频祈雨，他希望以自己的赤诚之心感动上苍，拯救百姓于苦难。

　　无法统计于谦祈雨的次数，但从他的作品中可以知道祈雨是他常常要做的一件事情。于谦很虔诚，为了祈雨，他甚至十余日吃斋饭、戒酒，他的《祈雨蔬食》曰："苜蓿盘中意味长，经旬不近酒杯香。亦知厚禄惭司马，且守清斋学太常。客底情怀空抑郁，冥中感应岂微茫。黄齑百瓮皆前定，助我平生铁石肠。"①

　　有一年河南大旱，首次祈雨后，仍然是天气亢阳、旱气郁蒸、蝗蝻生发，于谦率众再次祈雨，并以他的滔滔文才作《祈雨丹诚文》，恳求老天普降甘霖：

　　　　天以一气而为根，发育万物；人以五谷而为命，并列三才。匪蒙鼓舞之劲，曷遂生成之妙？钦惟玉皇大帝纲惟万类，统摄群生，运化机于无声无臭之间，寓大道于不动不言之表，端拱红云之阙，虽真仙莫睹其容；高居白玉之京，纵鬼神莫测其妙，遂欲称颂，莫既揄扬。以性情而言谓之乾，刚健不息；因主宰而言谓之帝，崇高无伦。凡有气而有形，咸资生而资始，春生秋杀，化权不爽于毫厘；日照月临，明德弗遗于微小。兹者河南天气亢阳，夏麦不能全收，秋天亦多枯槁，爰因旱气之郁蒸，遂致虫蝻之生发，虽已祈祷，未蒙感应。是皆臣等菲才薄识，窃禄旷官，惟巡抚不合于群情，故叩请难回于和气，措躬于地，获罪于天，不避干冒之诛，庸申恳切之悃，伏愿俯垂示听，下鉴微忱，赦民累劫之愆，宥臣等旷官之罪。请颁恩命，普救生灵，云垂四野而梵气泓罗，雷震八荒而初风静默。挽回和气，天降

────────────

　　① 〔明〕于谦：《于肃愍公集·文集》卷三。

甘霖，涤虫螟以消除，润田苗而遂茂。闾阎鼓舞，均风调雨顺之祥；海宇奠安，享天长地久之福。臣等无任瞻天祈恩俟命激切屏营之至。①

在山西，他率官吏赴山西治所太原附近的晋祠、烈石祠、城隍庙等处祈雨。

晋祠，亦作王祠，在山西太原悬瓮山下，系纪念晋开国君主唐叔虞而建。现存晋祠始建年代不详，由圣母殿、唐叔祠、关帝庙、水母楼等建筑，及周柏、唐槐和"难老泉"（泉水不因涝旱而增减）等组成。晋祠也是历代祈雨之所。于谦多次率众在晋祠祈雨，从他的很多诗作中可以得到印证：

晋祠风景好，览胜结幽亭。水绕阑干碧，山环坐榻青。衣冠祠下集，车马柳边停。风木混疑雨，萧萧不厌听。（《因祈雨，与宫都帅王大参林宪副同坐晋老亭，有赋》）②

晓行数里未天明，路绕汾河听水声。斜月带星横远汉，清风传漏报残更。中心但愿灵祇格，远道何须父老迎。好挽银潢化甘雨，溥沾率土润苍生。（《晋祠祷雨晓行》）。③

悬瓮山前境趣幽，邑人云是小瀛洲。群峰环耸青螺髻，合涧中分碧玉流。出洞神龙和雾起，凌波仙女弄珠游。愿将一掬灵祠水，散作甘霖遍九州。（《忆晋祠风景，且以致望雨之意》）④

烈石祠，亦作英济侯祠、窦大夫祠，在今山西太原上兰镇，为纪念春秋时晋大夫窦犨而建，也是历代地方守臣及百姓的祈雨场所。始建年代不详，现祠创建于宋元丰八年（1085），重修于蒙古世祖至元四年（1267），现存建筑由赵戴文公馆、观音殿、保宁寺、窦大夫祠、烈石寒泉五部分组成，占地25000平方米。祠堂坐北朝南，中轴线上依次布列着乐楼、南殿、献殿、后殿。后殿两

---

① 〔明〕于谦：《于肃愍公集·文集》卷八。
② 〔明〕于谦：《于肃愍公集·文集》卷二。
③ 〔明〕于谦：《于肃愍公集·文集》卷三。
④ 〔明〕于谦：《于肃愍公集·文集》卷二。

侧建有耳房、配殿，南殿两侧建钟、鼓二楼。宣德八年（1433），山西大旱，镇守山西都督李谦等在烈石祠祈雨后，雷电交加，大雨倾盆，于是要立碑纪念，于谦写下了《烈石祠祷雨感应碑记》，以感激神灵对苍生的眷顾，记曰：

阴阳不测之谓神，真实无妄之谓诚，诚为神之实体，神为诚之妙用，故有其诚则有其神，无其诚则无其神，断断乎其不可诬也。然神之灵不一，有因山川毓秀、人心景慕而灵者，名山大川，能出云雨以利天下者是已；有生立名节、死享血食而灵者，古之忠臣烈士，载在祀典而能利国庇民者是已。要皆以诚感之，而后有以致其灵，不然，则幽显之间，漠然而不相通矣。宣德癸丑岁，自春徂夏，山西阖境不雨，众咸以岁事为忧，钦差镇守山西都督李公谦，询于部使者及藩臬诸公若郡邑吏，涓吉备礼，斋沐致祷于郡城西北之烈石祠。祠为赵简子臣窦鸣犊血食之所，屡著灵验而为郡人所宗。其地山川环抱，树木蓊郁，朝云暮霭，恒出于檐楹栋宇间。祠之右有池，林源浚发，澄波浤漾，穹甲巨鳞出没于天光云影中，隐现恍惚，若有神以凭之者。当致祷之初，灵风振衣，微霭触石，而光景为之渐伏；神之听之，若响若答。比旋车而云阴四垂，雷电交作，甘霖诞降若六丁挽天，瓢而下注之，沛然莫之能御。于是焦者以沃，仆者以起，凡昔之憔悴而频蹙者，举欣欣然而有喜色矣。是虽神之灵，亦诚意之所感也。诸公将立石以昭神贶，会予奉命出抚河南、山西，而弭节太原，遂属笔于予。予惟神之遗烈，载在信史而无庸书，惟圣朝深恤民隐，故居官者咸以救灾恤患为念，匪神之灵，亦安能转亢旱而为丰穰也哉？受神之赐，旌于石以报之，礼也，乃著其感应而复为之铭。铭曰：有翼者祠，峙于西北。厥神之灵，既显而赫，生著英烈，死享庙食。岁惟亢旱，民忧菜色，有嘉阃帅，时用悯恻。询谋佥同，臬司方伯，斋沐致虔，罔不精白。祇祷于神，神应靡忒，如问而答，如求而得。法云构阴，爰降甘泽，以慰士女，以滋稼穑。病者以苏，愁者以怿，降福穰穰，曷其有极！神不我违，敢稽报德，树石庙门，表表奕奕。自今伊始，神人咸适，岁获丰穰、民遂生殖。粢盛修洁，以享以格，永戴神休，万古无斁。①

有一次，于谦在新城龙王庙请水祈雨，现场举行了很隆重的仪式，新城的父老乡亲都来了，于谦和百姓一起燃香叩拜，手持蘸了水的柳枝，向龙王求雨。巧合的是，祈雨仪式一结束，新城的上空阴云密布，顿时暴雨滂沱，新城大地，普沾恩泽，枯萎的庄稼又恢复了生机，于是欢声遍野。于谦很兴奋，写下了一首《新城请水祈雨有应》：

> 缄香百里叩龙祠，乞得灵泉浸柳枝。酌水献花罗父老，吹箫击鼓走童儿。神风静默云生石，和气熏蒸雨应时。顷刻寰区生意足，从知天地本无私。②

世上本来就没有什么神灵，因而，祈雨也就不存在是否灵验的问题，新城祈雨之后暴雨突降的情况只是巧合，一次甚至是几次祈雨之后依旧烈日当空、滴雨未落是经常有的事情。于谦总是愁苦不堪，继续虔诚地祷告，一再请求神灵将灾咎归于他一身，普降恩泽于百姓，大多数时候，于谦相信神灵必然会被他和百姓的虔诚所感动，能够竭其所能为人类弭灾造福。当然，偶尔也有对神灵的怀疑：

> 泼墨浓云布，漫空雨意悬。斯须露红日，依旧睹青天。祈祷知何益，焦枯亦可怜。菲材膺重寄，值此更凄然。（《次日阴云密布不雨复散》）③

以于谦刚烈的脾性，自然会愤怒于神明置无数生灵的灾难处境于不顾的冷漠，尤其是那些享人血食、受人祈祷，却不赐福于生灵的所谓"神灵"，他有一篇《祭蛤蟆石文》，讲述了当时的这种愤怒：

---

① 〔明〕于谦：《于肃愍公集·拾遗》。
② 〔明〕于谦：《于肃愍公集·文集》卷三。
③ 〔明〕于谦：《于肃愍公集·文集》卷二。

日汝以顽然之石，弃于道旁，固无以异于凡物也。故老相传，以谓昔人有欲取汝以为用者，重不能致，遂以为神，且因以形状之似而命以蛤蟆之名，固不雅矣。然物不自灵，因人而灵，自是遂能作云雨以利一方，出影响以受祭祀。物有神以凭之，能为祸福，理或然也。且异举必待于妇人，感应必俟于血食，未免喜好淫亵，邀求祭祀，神之聪明正直者，固如是乎？况今天久不雨，汝享人血食，受人祈祷，或虽近而不及远，或冥然而无所感，徒有害于生命，徒狎近于妇人，是则为物之妖，而非谓神矣。今遣本州牧民官，再遣汝一祭，仍晓以此义，享祀以后，如甘雨施降，远近沾足，则汝得以安居故处，永享血食。如一昼夜不雨，将积薪以焚汝，使之形灭体碎，以绝妖妄。吾言不虚，汝宜听受。①

于谦的刚直贯穿于他的一生。即使是被人们奉以为神的东西，如果不能给百姓带来福祉，也要遭到于谦犀利的怒骂。于谦斥责这块被奉以为神的蛤蟆石，甚至斥其好色贪食，向它发出最后通牒。

于谦祈雨，不是为了给自己脸上贴金，不是为了捞取政治资本，于谦完全不是那种将政治玩于股掌之间的人。他所有的情感都是和苍生之命运联系在一起，"所期民物阜，此外复何如"（《春日即事》）②，谷日晴明，丰年可期，于谦"忧民无限意，对此暂舒眉"（《谷日喜晴》）③。于谦在这一时期写下的诗歌，让后代的官员们知道百姓的父母官就必须为百姓之乐而乐，为百姓之忧而忧。

和气成甘雨，沾濡意转深。一犁通地脉，万物识天心。花柳知春意，山川起夕阴。农夫咸喜悦，点滴值千金。

---

① 〔明〕于谦：《于肃愍公集·文集》卷八。
② 〔明〕于谦：《于肃愍公集·文集》卷二。
③ 〔明〕于谦：《于肃愍公集·文集》卷二。

花外锦鸠啼，催来雨一犁。眼前生意足，头上暖云低。红透花枝重，青涵草色齐。明朝出城郭，走马踏春泥。

日入千山黑，层云构夕阴。一声雷送雨，万国土成金。品物回生意，闾阎诵好音。天公应有在，知我爱民心。（《喜雨三首》）①

连日东风唤锦鸠，应时甘雨散群忧。两间草木沾余润，万里江湖总细流。生意无边回地脉，欢声随处戴天休。客边怀抱从舒展，聊向花前捧玉瓯。（《郑州喜雨》）②

风调雨顺，物阜民康，这是于谦的愿望，也是于谦的快乐所在。但是，满眼都是龟裂的土地、枯死的禾苗和饥饿的百姓，对于喜怒无常的老天，于谦感到无能为力，不止一次地表白，"愿将一掬灵祠水，散作甘霖遍九州"（《忆晋祠风景，且以致望雨之意》）③，"安得天瓢都挽取，化为甘雨润苍生"（《春水》）④。他甚至常常陷入深深的自责与愧疚：

朔风怒号不得止，漠漠埃尘涨天起。入春已是一月余，翻觉貂裘薄如纸。前朝飞雪天上来，问绩郊原不盈指。垄间宿麦正青青，无雨安能勃然起。圣皇爱民如赤子，诏旨丁宁在人耳。轻徭薄赋更恤刑，天意云何乃如此？抚巡失政固予罪，窃禄偷安心独愧。愿移灾咎及予躬，免使苍生受憔悴。（《入春狂风大作，加以久无雨雪，因以自咎》）⑤

闻鸡推枕起，曙色渐分明。树映旌旗影，风传鼓角声。云霓常在望，天地岂无情。坐待甘霖降，群黎各遂生。（《望雨无寐晓起偶题》）⑥

现存于谦关于祈雨的诗文尚有《夜四鼓城隍庙合祭群神》《祈雨文》《鲤鱼

---

① 〔明〕于谦：《于肃愍公集·文集》卷二。
② 〔明〕于谦：《于肃愍公集·文集》卷五。
③ 〔明〕于谦：《于肃愍公集·文集》卷三。
④ 〔明〕于谦：《于肃愍公集·文集》卷三。
⑤ 〔明〕于谦：《于肃愍公集·文集》卷一。
⑥ 〔明〕于谦：《于肃愍公集·文集》卷二。

图》等。①

今天之持唯物论者必定不齿于古人的祈雨之举，而且祈雨的官员中也不乏作秀的人。但是，所有关于于谦祈雨的叙述文字和于谦本人的作品都蕴涵着他对百姓命运的深沉忧思，这种爱民情怀永远令人敬仰、怀念和追思！

铁犀镇河

书写黄河的文字大多与神往、崇拜等美好的情感联系在一起。黄河流域是华夏文化的发祥地，在相当长的历史时期内，它是我国政治、经济、文化的中心，滋养了这块土地上一代又一代的人们，中华民族因此得以绵延不绝。因此，黄河总是和"中华民族的摇篮""母亲河"等浸润着中华民族无比崇敬的情感的字眼联系在一起。但是，黄河总是那条黄河，它不会因为人们的景仰而改变它性情无常的特性。黄河流域洪水灾害频仍，1949年以前的2500多年中，黄河下游决溢1590次，较大规模的改道26次。黄河因此被称为"中国之忧患"。

九曲黄河怒涛滚滚，从北向南流经秦晋大峡谷，分割开山西与陕西，然后南流再向东拐去，穿越河南省，一直东流，注入渤海。因此，山西、河南两省常常遭受黄河泛滥之灾，河南尤甚。

于谦巡抚晋豫的18年中，黄河暴虐的性情频繁发作：宣德五年（1430），河南境内河水泛滥，开封等府很多农田被淹没，以致河南逃徙之民骤然增多。宣德六年（1431）夏，黄河暴涨，河南开封府所属祥符、中牟、阳武、通许、荥泽、尉氏、原武、陈留8县之民居、土地和庄稼悉数被淹没。②正统元年（1436），河南开封、彰德、河南、怀庆、卫辉5府所属州县大雨连绵、河水泛滥、田地被淹没。③正统二年（1437），河南开封等7府所属州县遭受水灾，田

---

① 〔明〕于谦：《忠肃集》卷一一。
② 《明宣宗实录》卷八二。
③ 《明英宗实录》卷二九。

地7万余顷被淹没。①正统三年（1438），开封府阳武县黄河决堤、怀庆府武陟县沁河决堤。②正统九年（1444），黄河决堤，淹没卫辉、开封、彰德、怀庆等处民舍。③正统十年（1445）夏，河南睢州、磁州、祥符、杞县、阳武、原武、封丘、陈留、安阳、临漳、武安、汤阴、林县、涉县14州县久雨河决，淹没良田、屋宇、畜产无数。④

暴戾无常的黄河吞噬了众多百姓的生命，淹没了广袤的土地，卷走了无数的房舍和庄稼。每当河水暴虐，大堤决口，于谦最重要的工作除了赈灾就是治水。于谦到黄河水患的重灾区开封一带，巡视黄河沿岸；农闲之时，他率领军民修筑大堤；在堤岸上植树，以固堤坝；每五里设一岗亭，遣专人巡守，遇有塌损，即时修补。⑤于谦常常心怀虔诚，祷告河神，希望以自己的诚意消弭灾患。

在今浙江杭州西湖南岸三台山的于谦祠墓里，有一尊威武雄壮、周身乌黑、鼻端生角、独角朝天、双目炯炯的铁犀牛，不过杭州于谦祠墓里的这尊铁犀牛是复制品，其真身在距河南开封不远的黄河岸边。

在现在的开封城往东北走大约2.5公里，有一座名为"铁牛"的村落，这里就是于谦祠墓中铁犀牛的真身所在。铁犀牛身高6尺、座长3.5尺、体阔8尺。它面朝黄河，昂首怒视着眼前这条大河，似乎随时准备着扑向桀骜不驯的黄龙……它的造型令人想起巡抚晋豫时的于谦，他也一定无数次伫立于绵延无尽的黄河大堤上，眼前是辽阔苍茫的河滩、桀骜不驯的河水，身后是无数煎熬于水患中的百姓，沧桑的眼神中透着忧郁。

于谦要借助神的力量来制服这条无数次挣脱大堤束缚的长龙，于是决定在黄河最易决堤的开封城郊铸一只铁犀牛，以期波涛永息，一方安澜。

---

① 《明英宗实录》卷三九。
② 《明英宗实录》卷四四。
③ 《明英宗实录》卷一八。
④ 《明英宗实录》卷一三四。
⑤ 〔明〕于冕：《先肃愍公行状》。

以铁犀镇水之法在民间流传已久。古人治河述信五行，五行之说认为：铁属金，为水之母，子不敢与母斗，因此，水中蛟龙畏惧铁器；而且，牛属土，性能克水，因而，铸铁为牛，就可以镇水。秦代蜀郡太守李冰就曾经用五头石犀来镇压"水精"。

镇河铁犀铸成后，于谦撰写了《镇河铁犀铭》，镌刻于犀背上。铭曰：

> 百炼玄金，镕为真液。变幻灵犀，雄威赫奕。振厥堤防，波涛永息。安若泰山，固若盘石。水怪潜形，冯夷敛迹。城府坚完，民无垫溺。雨顺风调，男耕女织。四时循序，百神效职。亿万闾阎，措之枕席。惟天之休，惟帝之力。亦尔有庸，传之无极。①

后世的河南百姓为了纪念于谦的功绩，就在铁犀所在处盖了一座回龙庙，也称铁犀庙，铁犀被置于回龙庙内。回龙庙建成后，每年农历四月初八为回龙庙会，庙会香火持续三天，连番上演大戏，热闹非凡，在开封颇有影响。明崇祯十五年（1642），李自成攻打开封城，掘黄河水灌城，回龙庙被淹没，镇河铁犀被淤埋于黄沙之下。及清，有司于开封城西七里墩重修回龙庙。之后，建庙宇处渐成村落，即以庙宇为名，称回龙庙村。顺治年间，镇河铁犀从泥沙中被挖出。康熙三十年（1691），河南巡抚阎兴邦于回龙庙旧址重建庙宇，并易名"铁犀镇河庙"，将镇河铁犀移置庙中，改为坐南朝北，并建亭供奉，又撰《敕建镇河铁犀庙记》，刻碑立石。道光二十一年（1841），开封段黄河决堤，铁犀镇河庙又遭淹没。至光绪年间庙已坍塌，仅存镇河铁犀和一座八角亭。1963年，镇河铁犀被河南省列为第一批文物保护单位。开封市文物管理委员会先后于1982年、1997年对镇河铁犀进行了修整。②

康熙年间（1662—1722）重修祠庙时，马志元作《重修于公铁犀祠记》，记载了河南百姓对于谦的怀念和感戴。记曰：

---

① 〔明〕于谦：《于肃愍公集·文集》卷八。
② 沙旭升：《铁犀镇河庙考》，见于谦研究会：《于谦研究》第二辑，中国文史出版社2001年版，第216—220页。

汴东北三里许，旧有铁犀一，乃明兵部尚书少保于谦抚豫时置以压水患者，土人思其德，立祠，祀少保焉。崇祯末年，"闯寇"决汴，毁其祠宇，而汴湮今且四十年矣。环居之民仍其旧址祠祀龙王并及少保，庙成，而属记于余。予因思少保当日抚兹天中，其功德之及民，流传史册，班班可考，而救灾捍患之事，亦在在有之，此方居民故祀以龙神，所以阳分少保之功，而阴感少保之德于不衰也。昔孔子问礼于老子，退语人曰："老氏，其犹龙乎？"夫天下之变化不测者，莫龙若也，孔子以之归老子，谓其道德肆宏，学问不测而然也。人苟才德渊深，宏中顾外，即一龙也，又何必吸风呼雷、鞭云驾雾而始称神龙者乎？少保功在社稷，泽被万方，行人之所不敢行，作人之所不敢作，又与神龙之霖雨苍生同一辙也，安在祀龙者不可以祀少保、祀少保者不必以祀龙耶？彼少保之以铁犀压水也，其义吾不得而知，但少保置之而数十年之水平，是亦有神意焉。人不能测龙而龙以是神，人不能测少保而少保不亦神乎？然则少保也，龙也，同一不测也。祀龙，亦所以祀少保也，其不测者何，曰至诚也？至诚者，天地之理也。[①]

用"神力"治水，自然是于谦的美好幻想，一头铁犀牛如何能使得黄河安澜？但是，世世代代的河南人民感戴于谦，使得镇河铁犀得以保存下来，成了于谦治理黄河的纪念物；于谦修筑的黄河大堤以及由此带来的福祉则永远绵亘在河南百姓的心里。

下地捕捉蝗虫

洪灾、旱灾、霜灾带给河南、山西两省的伤害还未痊愈，蝗灾又来了。宣德九年（1434）山西、河南、山东、两京等地大面积爆发蝗灾，如乌云压顶，

---

① 〔清〕马志元：《重修于公铁犀祠记》，见〔清〕丁丙：《于公祠墓录》卷末。

遮天蔽日。

很难想象覆地尺许的蝗虫会给庄稼带来多大的破坏，对百姓造成多大的灾难，古人常用"禾草皆光"来描述蝗灾，这四个字足以呈现出蝗灾发生时的惨状。明代徐光启（1562—1633）《农政全书》说起蝗灾之惨："凶饥之因有三：曰水，曰旱，曰蝗，地有高卑，雨泽有偏陂，水旱为灾，尚有幸免，惟旱极而蝗，数千里间，草木皆尽，或牛马毛，幡帜皆尽，其害尤惨过于水灾。"①

蝗虫每年最多能繁殖三四代，蝗虫掠过，原本满眼绿色的田地只剩下光秃秃、泛黄的一片。仅举一个例子就足以说明这种虫子的厉害：2004年，内蒙古自治区遭受蝗灾，受灾面积达1.5亿亩，直接经济损失达9个亿，间接损失在40亿以上，生态环境遭到破坏后带来的损失更是难以估量。何况，这一灾害发生在科技进步的现代社会——有着生物防治和生态控制等防蝗治蝗措施，有着地面和空中相结合、立体和全方位的防治体系。

古人治蝗只能靠土法，中国古代劳动人民摸索出了不少行之有效的土法：一是放鸭捕食幼虫。蝗的幼虫不能飞，农民就将鸭群赶入稻畦之中，幼虫很快就会被鸭子捕食掉，这种办法只适用于水田，常见于江南。二是掘除蝗虫虫卵。古代民间流传"捕蝗不如去蝻，去蝻不如掘子"的说法，宋朝后老百姓就关注到消灭虫卵对于预防蝗灾的重要性，徐光启的《除蝗疏》就提到："种可传生，一石可至千石，故冬月掘除，尤为急务。"②清朝李秘园《捕蝗记》记录了古人掘灭蝗虫虫卵的具体做法："冬晴未经雨雪之时易寻，务必实力搜挖，并于挖尽处设一标志，以便交春寻看。春间看过无子，初夏仍当再看一次，以防止遗漏。"③三是开沟捕杀虫蝻。这一办法是将蝗虫消灭在幼虫阶段，具体办法是用网、板、扫帚或其他捕打器具将蝗蝻驱入沟渠，然后掩埋，徐光启《农政全书》记载："蝻子跳跃行动，便须开沟捕打，其法视蝻到处，预掘长沟，深广各二尺，沟中相距丈许即作一坑，以便掩埋。多集人众，不论老弱，悉要起赴沿沟排列，或持帚，或持捕打器具，或持锹锤。每五十人用一人鸣锣其后，蝻闻金

---

① 〔明〕徐光启：《农政全书》卷四四《荒政》，上海古籍出版社1979年版。
② 〔明〕徐光启：《农政全书》卷四四《荒政》。
③ 〔清〕李秘园：《捕蝗记》，见〔清〕法式善：《陶庐杂录》卷五，中华书局1959年版，第148页。

声，努力跳跃，或作或立，渐渐进沟，即大声不止。蝻虫惊入沟中，势如注水，众各尽力，扫者自扫，扑者自扑，埋者自埋，至沟坑俱满而至。前村如此，后村复然，一邑如此，他邑亦然，当净尽矣。"①四是捕扑飞蝗。五是燃火诱杀。利用昆虫喜光这一特性，在夜晚点燃篝火，可以大量诱杀蝗虫。后两种方法均适用于已长出翅膀的飞蝗。

山西、河南为蝗灾高发区域。蝗灾让两省百姓无以生计，也令于谦痛苦忧虑。他的《荒村》诗记录了痛苦心境：

> 村落甚荒凉，年年苦旱蝗。老翁佣纳债，稚子卖输粮。壁破风生屋，梁颓月堕床。那知牧民者，不肯报灾伤。②

面对蝗灾带给百姓无边的灾难，于谦很自责，"抚安才智短，独立奈愁何"（《延津县》）③。他不仅带领下属赶往蝗灾发生地，组织百姓捕蝗灭蝗，而且亲自到地里和百姓一起捕捉蝗虫。也许于谦捕蝗的经验不及普通百姓，但他所做的一切是灾区民众赖以生存的倚恃，于谦到灾区，抚慰百姓，给他们以精神上的支持；他千方百计救灾，募粮施粥，努力不让灾民沦为流民；与那些"不肯报灾伤"的牧民者相反，于谦将遭受蝗灾的地域面积、受害人数、受害程度等据实上报朝廷，朝廷免去了十分之四的秋粮征收额度。应该说，在明朝的皇帝当中，朱瞻基还算一个比较能够体恤百姓的人，如若不然，于谦的爱民之心至多也只能化为一声叹息了。

拯救饥民和流民

洪涝、干旱、蝗虫、霜雪等灾害连续不断地向晋豫人民袭来，于谦马不停蹄地治水、祈雨、灭蝗、防霜，还要前往灾区视察，如实将灾情上报朝廷，为

---

① 〔明〕徐光启：《农政全书》卷四四《荒政》。
② 〔明〕于谦：《于肃愍公集·文集》卷二。
③ 〔明〕于谦：《于肃愍公集·文集》卷二。

百姓减免税粮。于谦所做的惠及两省千万百姓的要事之一，就是赈灾济民。

每当严重的自然灾害袭来，于谦总是按例奏请朝廷开官仓赈济灾民。但是，如果于谦所为仅止于此，我们就无法理解河南、山西两省百姓对于谦的那种崇拜和敬重的情感，以及于谦遇害后两省人民涕泣哀告的行为了。

如前所述，山西、河南为灾害频发地域，而无论是洪涝还是干旱抑或飞蝗、雪霜灾害，都会带来饥荒、瘟疫和严重的流民问题。于谦入仕伊始，就始终关注着黎民百姓的生存状况，他不忍目睹灾害过后百姓流徙、生存无计的惨状。

因此，保全百姓的生命，让灾民不致饥饿而死成为于谦为官的要务。他殚精竭虑，采取了很多办法。首先，他设法保证官仓储备的充足，这样才能在灾荒岁月有足够的粮食赈济百姓。如正统二年（1437）河南所辖各府州县先是春旱伤麦，五月以来又是河水泛滥，庄稼颗粒无收，在征得朝廷的同意后，于谦将原定充军的粮米共计298000余石存留下来，以备赈济。①同年，于谦还将河南布政司所收宣德十年（1435）以前负欠粮米及正统二年起运草束改折米麦，全部存留在受灾府县，预备赈贷。②

其次，于谦创设了预备仓，施行平粜制度，就是先以官库钞物大量收买大户和中户的粮食，贮积在各地方预备仓内，遇到荒年时节，则以低价卖给灾区百姓，或直接用于赈济百姓。宣德五年（1430），于谦甫抵晋豫，就遇黄河决堤，河南灾民无数，次年二月于谦就奏请于河南卫辉、新德等地置预备仓，收贮秋粮，以备凶年赈济灾民。③此后，这一做法陆续在两省其他地方推开。

再次，于谦命令各县设置两仓，即"尚义仓"（也称"义仓"）和"平准仓"（也叫"平仓"）。"尚义仓"就是收贮地方贤良捐输粮谷的仓储；"平准仓"就是收贮丰年低价买进，凶年再以昔日低价卖出的粮食仓库。此举旨在调动社会力量协助政府做好赈济灾民的工作。对于那些乐于赈灾济民的社会贤良，于谦予以嘉奖，并在仓前立碑勒名，镌刻上捐资输粮者的姓名以及捐献的数量；

① 《明英宗实录》卷三六。
② 《明英宗实录》卷三七。
③ 《明宣宗实录》卷七六。

捐200斤以上者还给予冠带，贱价平粜过千百石者就给以建坊立匾，免除捐资输粟的一家各色差徭冗役，以资褒奖和回报。于谦经常带头捐献自己的薪俸，赈济灾民，明代官员的俸禄本来就不高，于谦又是个非常清廉的官员，这个高级官员终其一生都过着很清贫的日子。

于谦施行的贷粮制度为：每年三月初令河南、山西各州县登记缺粮之民户，申报布按二司，至五月蚕麦既收，计口支给，大口月三斗，小口减半，待秋成偿还官仓。但是，于谦"以民为本"的情怀在于他总是心系那些弱势群体，他下令免去那些贫困以及老弱病残无力偿还者所借粮食，缺损数就由官府设法补足。于谦还规定了放支顺序：先菽，次蜀秫，次黍麦，次稻米；又设法保证仓储的粮食不会变质。

如若当地的粮食收购量无法使灾区百姓度过灾荒，于谦就派人携带勘合公文，到湖广、四川等富庶的地区，购买粮食，用以救济饥民。[①]

为了使各级官吏高度重视并做好粮食储备工作，于谦将赈济百姓列为两省府、州、县各级大小官吏的重要工作，并按年严格加以考核。经于谦的奏请，朝廷也派出官员考核各级官吏的预备官仓粮储工作完成情况，并将其作为衡量官员能力和业绩的一个重要指标，未完成预备粮储额度者不得升迁。

于谦的这些做法使得两省成千上万的饥民在凶年饥岁免遭死亡的厄运。明英宗朱祁镇（1427—1464）曾经在朝堂上对户部大臣说："凶年减价而粜以利民，此古良臣为国救荒长策。今谦为朕举行，朕甚嘉之。"[②]对于谦的感激与嘉奖之意溢于言表。

安顿流民是另一项重要工作。在饥荒的年月，于谦命令县官在每个里选忠正耆老二人，协同里甲，照旧日册籍，查计人口，给予饥民粟谷银钱。同时，又命县官时刻稽查，不许里甲作弊徇私。还通告各县，如有外省饥民流亡到河南、山西各州县，就允许他们在当地就食度日，绝对不可将流民驱逐出境。正

---

① 《明英宗实录》卷七六；又，《明史》卷七九《食货志三》；〔明〕余继登：《典故纪闻》卷一一，中华书局1981年版。

② 《明英宗实录》卷一三一。

统四年（1439），于谦安抚河南、山西、南北直隶流民34000余户。①正统十年（1445），山东、山西、陕西的饥民大批流入河南，据当年二月于谦的调查和统计，流民人数多达20余万。他们大多持物货易粮度日，而河南上年也是粮食薄收，民间蓄积也不丰厚。于谦的民本思想是博大的，他并没有将外省流民驱逐出境，而是设法使无数的外省流民安顿下来并得以生存，他担心米价因此而踊贵，又会导致新的饥荒，于是将河南、怀庆二府官仓81万石粮储低价粜与陕西、山西饥民，并且严令禁止富庶之家乘机囤积粮食、牟取暴利，如此一来，减少了流民的饥饿之患。②同年七月，于谦又将怀庆、河南二府所收60余万石仓粮低价粜与山西、陕西饥民。十月，于谦奉敕行文湖广等布政使司，委派右布政使年富等督责所属卫所，安顿山东、山西、陕西等处逃民7万余户，令相近者另立乡都，星散者安插于原乡都，并选忠厚老实者担任里老，善加管辖。将闲田及河水退后之滩田提供给没有土地的逃民耕种，而那些贫困无食者则由官府直接赈济。③于谦此举使得数十万的流民赖以存活，并且能够安居乐业。于谦安顿流民的意义还在于这些流民在得到优善体恤和妥善安置后，生活有了基本保障，就不会铤而走险，从而缓和了统治阶级和底层百姓间日趋尖锐的矛盾。

　　于谦对百姓的体恤是无微不至的。自然灾害总是催生出各种疾病，于谦就开设药局，向百姓发放药品，遏制灾后瘟疫的流行，使百姓从疾病之痛中解脱出来。还有另外一个细节可以表明于谦对百姓的关爱，他在山西、河南各县的交通大道两侧种上树木，每距三五里开凿一口井，这样既可以在夏天为路人遮蔽烈日，又可以给百姓提供饮水之便。他还于井畔修建小亭，供行人憩息纳凉。对百姓的体恤如此细致，在古代的官员中是少见的。

　　原本在苛捐杂税的重负、奸吏滑胥的压榨、天灾人祸的打击中煎熬的两省百姓自然感戴于谦，传说在很长时间里晋豫大地上流传着这样的歌谣："凶年饥岁贫无粟，处处人民皆枵腹。女儿卖与富家翁，少男只换六斗谷。春来只有四

---

① 《明英宗实录》卷六三。
② 《明英宗实录》卷一二六。
③ 《明英宗实录》卷一三四；又，〔明〕于冕：《先肃愍公行状》。

斗粮，兼粞夹糠煮薄粥。夫妻共食一月余，面渐尪赢皮搭骨。引邻看看作饿殍，津液耗干无泪哭。忽闻巡抚至此邦，开仓赈济饥与荒。示民出粟自捐俸，谆谆复谕富贤良。幸蒙尚义诸耆俊，贷资输谷到官仓。大家小户皆得食，顷然面色生容光。鳏寡孤独俱有养，医药调理救灾伤。赵父杜母今复见，天遣恩公拯二方。"①根据现有的资料虽无法考证这段歌谣的真实性，但小说家言也足以印证于谦的伟大，何况史书中有很多关于两省百姓感戴于谦的记载。

向边防痼疾开刀

明王朝为了防止北方少数民族的入侵，不得不大规模地修筑长城。在东起鸭绿江、西至嘉峪关的长城沿线，建立了9个边陲重镇：辽东（总兵驻地广宁为今辽宁省北镇市）、蓟州（今天津市蓟州区）、宣府（今河北省张家口市宣化区）、大同、榆林、宁夏、甘肃、太原和固原。山西境内就有大同和太原两大重镇。大同治所在今大同市，管辖长城范围东起天镇县东北的镇口台、西到偏关三道边，长500多公里。太原治所在偏关（今偏关县东北），管辖长城范围西起保德黄河岸，经河曲、偏关、老营、宁武、雁门关、平型关、龙泉头（阜平西）、固关、黄榆关、黄泽关到壶关，总长700多公里。

于谦巡抚晋豫期间，明朝北边形势紧急，长城边防成为国家安危的关键因素。然而，明朝正统年间，北部边防的防御力较之明初已经大为削弱。

这一现状让于谦忧心忡忡——边防弱则国家乱，倘若边衅骤起，入侵者将势如破竹，毫无所挡。于谦看到了国家的危机，他不能坐视不管，"巡抚"的职责本来就是"巡行天下，抚军济民"，何况大同、太原两镇都在于谦的巡抚区域。他深知改变这一现状必将损害一些人的既得利益，但国家利益至上的原则使得于谦无所畏惧。

冰冻三尺，非一日之寒。明朝边防问题是个痼疾，并非一朝一夕能够治愈。

---

① 郭永学等：《于谦大传》，长春出版社1999年版，第55页。

但是，无论这个过程有多长，无论会遇到多大的阻力，于谦都要以自己的力量来拯救。王振阉党侵夺大同、宣府一带的军屯耕地，占役军丁，中饱私囊，边储匮乏；总兵、镇守等高级将领私役军士，守城乏人；大小军官克扣军饷，士兵冻馁难当，身体羸弱，毫无战斗力；而那些高级将领对于操练，则是敷衍而已。王振及其党羽正得势猖狂，不法军官势力庞大，而且与王振以及朝廷百官有着千丝万缕的联系。于谦要向这一痼疾开刀，无疑有着"飞蛾扑火"的悲壮意味。

正统元年（1436），于谦在对边务进行巡抚考察后，写了一道很长的奏章呈给朝廷，提出了富国强兵的十条策略，其中有四条涉及边务：一、北方蒙古族瓦剌部虎视眈眈，不断寻衅，战事在所难免，要随时做好战争的准备，因此必须有充足的边饷作保障，但是于谦反对增加百姓的负担，他建议将各处犯赃官吏所贪之粮食，运赴大同、宣府、甘肃、宁夏，保障边储充足。二、当时，山西、山东、河南、直隶卫所官军每岁轮流两班赴京操备，以致守城乏人，屯田荒芜，于谦建议分作三班：一班赴京、一班守城、一班屯田，这样就军得宽力，民省供费。三、要优待军士，当时的状况是部分军士原籍离卫所有数千里之遥，而边卫军官往往私下克扣士兵的口粮和衣料，导致士兵在赴役中多有冻馁病死，于谦请求量拨口粮接济2000里外赴役之军士。四、于谦调查得知，当时各边官旗各仓侵欺物货，虚出通关，致使仓无现粮，军士缺食，于谦要求严惩那些侵欺盗卖者，将他们解京治罪，以使奸顽警惧，军粮丰羡。[①]

正统三年（1438）六月二十四日，于谦又上了一道奏章，向朝廷陈述北部边防问题的严重性和整顿的迫切性，同时提出了强兵方略：一、大同等处总兵、镇守官贪图省事，只要有入寇声息，不论边报远近，就将边民驱入城堡，委弃田禾牲畜。建议凡边报在数百里外，不见人马者，居民勿动；见人马而未入境者，居民戒严；人马入境者，方许居民入堡。若无边报，而总兵等官惊扰百姓，听巡按御史具奏治罪。如此可以真正保障边民的安宁。二、其时，于谦建议将

---

① 《明英宗实录》卷一九。

偏头关、大同、宣府等处的山西、河南班军改作两班，每年一班，轮流派遣，九月初往守边境，三月初各回本处，以使边军得到休整。三、大同府是军马总萃之地，宜多储粮，以备缓急。四、北方边境冬日马草匮乏，而军官又侵克草豆，致使战马疲弱，难以征战，建议将大同、宣府诸处马匹中之精健者留在军中骑操，而将那些老病弱小之马匹退回民间放牧。五、山西、河南诸卫所城垣楼橹壕池损坏淤塞较多，守边总兵、镇守等大多坐视不管，请令守城军队和民夫协力修理。①

山西行都司十三卫俱在大同，区域广阔，相隔甚远，巡按御史很难做到遍历各地，于谦奏请朝廷遣监察御史一员到大同巡按，严防军卫违法坏军。于谦巡抚中看到雁门关的城墙多处坍塌，就奏请增补官军，修理关隘，以备不测。②

国家边境的安宁是压在于谦心头一块沉重的石头，无论何时，他都无法卸下。正统三年（1438）的除夕夜，于谦没有一丝过年的轻松感，在山西太原寒冷的官署里，他还在写着关于巩固边防的奏疏。他调查得知山西行都司所属官军俸粮折色钞贯，可是往往延期，而且主管官吏侵欺抵换，非唯官军不得实惠，而且有碍边境防守，于谦奏请量拨钞50万贯给山西大同府，积贮支给。③

当时，朝廷大臣中也有人看到了于谦治理军伍、镇守边境的才能。正统初年，由于宣府、大同一带城池军马多不齐备，刑部尚书魏源就建议朝廷将于谦改任副都御史，镇守宣府、大同，参赞机务，整搠军马。但是，朝廷认为于谦巡抚河南、山西，尽心尽力，政绩卓著，无人可以替代，所以就驳回了魏源所奏。④

尽管于谦付出了不懈而艰辛的努力，但是，正统年间的明朝边防之弊已经是积重难返，最终未能抵挡正统十四年（1449）蒙古部骑兵南下的铁蹄。然而，于谦为之付出的努力却永远铭刻青史。

---

① 《明英宗实录》卷四三。
② 〔明〕于冕：《先肃愍公行状》；又，〔明〕李贽：《续藏书》卷一五。
③ 《明英宗实录》卷四九。
④ 《明英宗实录》卷四〇。

因"清风两袖"入狱

正统六年（1441）三月，44 岁的于谦被关进了都察院狱，并被判了死刑。[①]

在正统前期的政治舞台上，有一个令人欣慰的现象：于谦为河南、山西两省百姓请命的奏章大多得到了朝廷的允准，于谦的一片爱民情怀得以尽情宣泄，才情得到尽情挥洒，晋豫百姓也因此得到庇护和体恤。这里，无法略过的重要一笔是正统前期共掌内阁的杨士奇、杨荣、杨溥对于谦的激赏。

杨士奇（1366—1444），名寓，号东里，江西泰和人。幼年丧父。虽然家境贫困，但他遍览群书，学问名闻乡里，遂授徒自给。朱允炆集诸儒修《太祖实录》，杨士奇以史才被荐，遂召入翰林，充编纂官，不久为方孝孺推崇，被荐擢为副总裁。其后不断晋升，走向显达，从侍读、侍讲、左春坊左谕德、礼部侍郎、华盖殿大学士、少保、少傅到光禄大夫、柱国、少师。历仕四朝，辅佐君王达 40 余年，一直为内阁重臣。仁宗皇帝曾赐予"绳愆纠谬"银章，令其参与咨询议事，及时纠正失误，制定国家政策。[②]

杨士奇对永乐、正统年间的政治以及部分读书人的人生道路产生过重要的影响，历仕期间前后荐举过 50 余人。除于谦之外，顾佐、周忱和况钟等明代名臣都曾得到他的荐引。

宣德三年（1428），杨士奇举荐顾佐任都御史。顾佐刚正不阿，吏治为之澄清。杨士奇推荐周忱为江南巡抚，总督税粮。周忱到任后，大胆改革，节省浮费，减轻百姓不合理负担，并订立备粮济荒条约，受到百姓拥护。周忱在任期

---

① 于继先《先忠肃公年谱》谓于谦下都察院狱事在正统十一年（1446），《明史·于谦传》《明英宗实录》等均记为正统六年（1441），本书从后说。又，于谦入狱的直接原因是上奏自陈在外年久，请召回京，并荐举参政王来、孙原贞自代，而据《明史·王来传》和《明史·孙原贞传》，王来任山西左参政、孙原贞任河南右参政的时间在正统元年（1436）至正统八年（1443）间。以此推算，于谦入狱的时间不可能是正统十一年。

② 《明史》卷一四八《杨士奇传》。

间，江南一带没有发生过饥荒，也没有拖欠过该缴纳的税粮。杨士奇荐举况钟为苏州知府，其时，苏州赋役繁重，贪官污吏营私舞弊，百姓苦不堪言，况钟上任后，兴利除弊，苏州一片升平景象。

杨荣（1371—1440），初名子荣，字勉仁，建安（今福建建瓯）人。建文二年（1400）进士，任翰林编修。杨荣为人警敏通达，朱棣靖难成功，进入南京时，杨荣拦住马头问朱棣："殿下先谒陵乎，先即位乎？"一句话点醒了朱棣，朱棣立刻趋驾拜谒孝陵，自此杨荣受到朱棣的器重，由此带来了他一生的显达。明成祖即位后，简入文渊阁，更名为荣，为当时内阁成员中最年轻者。后累迁至文渊阁大学士、太常卿、太子少傅、谨身殿大学士、工部尚书。汉王朱高煦反，明宣宗召杨荣等计议，杨荣首请亲征，曰："彼谓陛下新立，必不自行。今出不意，以天威临之，事无不济。"宣宗从其计，高煦之乱平定后，以决策功，受上赏，赐银章五，褒予甚至。宣德五年（1430），进少傅。英宗即位，委寄如故。正统三年（1438），与杨士奇俱进少师。官历四朝，凡40年。①

杨溥（1372—1446），湖广石首（今属湖北）人，字弘济，建文二年（1400）进士，授编修。永乐中侍太子朱高炽，为洗马。因太子遣使迎帝迟，为汉王朱高煦所谗，系狱达十年之久，然而在狱中读书不辍。朱高炽即位为仁宗，获释。建弘文阁，命杨溥掌阁事。宣宗即位，召入内阁，与杨士奇等共典机务，升礼部尚书。正统三年（1438），进少保、武英殿大学士。杨溥后杨士奇、杨荣20余年入阁，至此与两人并为朝廷重臣。杨溥质直廉静，为人恭谨。②

宣宗朝至英宗正统初年，王振尚未得势，杨士奇、杨荣、杨溥辅政，天下清平，朝无失政，号称"三杨"。"时谓士奇有学行，荣有才识，溥有雅操。"③"三杨"在文学上互为唱和，其诗歌雍容典雅，创造了一种铺扬功德、点缀太平的诗风，文学史称之为"台阁体"，这成为当时文坛的主导者。

如前所述，于谦24岁中进士时，身为主考官的杨士奇就很器重于谦。于谦被破格提拔为兵部右侍郎，为晋豫两省巡抚，就和杨士奇的举荐有关。"三杨"

① 《明史》卷一四八《杨荣传》。
② 《明史》卷一四八《杨溥传》。
③ 《明史》卷一四八《杨士奇传》。

辅政期间，对于谦很器重，凡于谦所奏请，无不即报即可，于谦因此得行其志。①

英宗毕竟还是非常贪玩的少年君主，常常会被引导他纵情游玩的宦官王振蒙蔽。而且，到了正统六年（1441），太皇太后张氏已年迈多病，失去了对王振的有效制约；而"三杨"对王振的抗衡力量已经微乎其微：一年前，王振就已经以"三杨""年高倦勤"为由，授意英宗擢用曹鼐、马愉，并入直内阁，预机务，以此排挤"三杨"。杨荣不久病逝，而杨士奇、杨溥老迈，又无法形成合力。

王振——在品行操守上毫无底线的市井无赖，被少年皇帝明英宗朱祁镇荒唐地尊称为"先生"的大太监，几乎掌握着偌大一个国家的军政大权，官员的升降乃至生死之命运都被他玩于股掌之间，"顺我则昌，逆我则亡"，试图与其抗衡者唯有死路一条；更多的人选择无奈地默认——那种一人之下万人之上的威势就连杨士奇、杨溥亦为之噤声，遑论其他官员。还有一些人则干脆放弃人格，低下头颅，弯下膝盖，拜倒在他的脚下。《明史纪事本末》记载，工部郎中王佑就因为对王振极尽诌媚，被王振矫旨超擢为工部右侍郎，王佑"貌美而无须，善伺候振颜色。一日，振问曰：'王侍郎何无须？'（王佑，笔者注）对曰：'老爷所无，儿安敢有！'"②"振权势日重，公侯勋戚呼曰'翁父'。畏祸者争附振免死，赇赂辏集。"③

阿谀依附、贿赂交结王振在朝廷内外蔚然成风，而于谦则偏偏要逆风气而行，不屑于谒见王振，更不屑于送礼。不少地方官员将进京议事看作跑官的机会，可是于谦每次进京总是空囊示人，不携任何礼物作交际之资，有人劝曰："即不囊金往，宁无一二土物，如合芗干菌果头之类，足以充内交际耶？"谦笑而举其两袖曰："吾惟有清风而已，且交际之物几何，而闾阎短长可畏也。"④且

①　《明史》卷一七〇《于谦传》。

②　〔清〕谷应泰：《明史纪事本末》卷二九《王振用事》。

③　《明史》卷一九二《宦官一》。

④　〔明〕王世贞：《弇州续稿》卷八五《于太傅公传》。

赋诗见志："手帕蘑菇与线香，本资民用反为殃。清风两袖朝天去，免得闾阎话短长。"①土特产本来可以造福当地百姓，但是一旦成为朝廷贡品或巴结贿赂某些官员的物品，当地官员就会大肆向百姓搜刮，那么土特产反而成为百姓的负担甚至祸由。而于谦定然不会辜负百姓，于是他说携"两袖清风"进京即可。

这首诗是于谦存世作品中流传最广的诗歌之一，成语"清风两袖"（亦作"两袖清风"）即由此而来。笔者在此宕开一笔，厘清一下最早著录此诗的典籍。

有关辞书在解释"清风两袖"（亦作"两袖清风"）词条时大多引用于谦的《入京》诗并叙述此诗之本事，或不注明出处或称出自都穆的《都公谭纂》。兹举几例：

《辞海》"清风两袖"条："谓居官廉洁，除两袖清风外别无所有。都穆《都公谭纂》卷上：于少保（谦）尝为兵部侍郎，巡抚河南，其还京日，不持一物，人传其诗云：'绢帕麻菇与线香，本资民用反为殃；清风两袖朝天去，免得闾阎话短长。'亦作'两袖清风'。"②《汉语大词典》"清风两袖"条："形容做官廉洁。谓除两袖清风外别无所有，没有余财。明于谦《回京议事》诗：'绢帕麻菇与线香，本资民用反为殃；清风两袖朝天去，免得闾阎话短长。'清沈复《浮生六记·坎坷记愁》：'抵潼关甫三月，琢堂又升山左廉访，清风两袖，眷属不能偕行，暂借潼川书院作寓。'瞿秋白《饿乡纪程》一：'四伯做官几十年，清风两袖，现时中国官场，更于他不适宜。'参见'两袖清风'。"③《辞源》有"两袖清风"条，但未提及于谦诗及本事。④

相关的论文论及于谦廉洁之事迹，通常会引用此诗及其本事，其标注的出处大致与辞书相类。如导夫《"两袖清风"与"清风两袖"》一文提及《汉语大词典》"清风两袖"的释文时说："这条释文主要以于谦巡抚河南后归京空手

① 〔明〕叶盛：《水东日记》，中华书局1980年版，第57页。
② 《辞海》，上海辞书出版社2002年版，第1358页。
③ 《汉语大词典》第五卷下册，汉语大词典出版社2001年版，第1307页。
④ 《辞源》上册，商务印书馆1983年版，第295页。

入朝本事为'清风两袖'主要来源。"并援引都穆《都公谭纂》的相关记载。①
导夫的《汉语大词典条目商榷（续）》也称："'清风两袖'应释为：（1）谓不
持一物，空手入觐（以都穆《都公谭纂》卷上所记及于谦《回京议事》诗为主
要书证）。（2）形容做官、处世廉洁、清白。谓除两袖清风外别无所有，无余财
（以《汉语大词典》后几条资料为书证）。"②其他普及性读物，如赵永春《"两
袖清风"的来历》引用了于谦此诗，但未述其本事，更未标明文献出处。③
《"两袖清风"典出何处》同题文章有三篇，其中两篇作者分别是东春④、泉
霖⑤，第三篇未署作者。⑥三文均引用于谦诗，其中东春所撰述其本事，也均未
注明文献出处。

　　《辞海》等所依据的文献《都公谭纂》，其记载如下："吴都宪讷为御史时，
出巡贵州还，例当言三司官得失。有潜以黄金追送于道者，吴公略不启封，但
题诗其上云：'萧萧行李向东还，要过前途最险滩。若有私脏并土物，任他沉在
碧波间。'于少保（谦）尝为兵部侍郎，巡抚河南，其还京日，一物不持，人传
其诗云：'手帕蘑姑（即"菇"，笔者注）与线香，本资民用反为殃。清风两袖
朝天去，免得闾阎话短长。'"⑦

　　因此，目前笔者搜索到的文章谈及于谦此诗及其本事皆称出自都穆的《都
公谭纂》。

　　按，清光绪二十四年（1898），杭州藏书家丁丙重刊王定斋辑本《于肃愍公
集》时，将于谦此诗作为增补的内容收入《于肃愍公集》的"拾遗"卷中，将
诗题定为"入京"，并在诗题后注明"见叶盛《水东日记》"。⑧

　　《水东日记》为明朝名臣叶盛（1420—1474）所著，主要记述明前期的典章

①　导夫：《"两袖清风"与"清风两袖"》，《辞书研究》1994年第6期，第119—120页。
②　导夫：《汉语大词典条目商榷（续）》，《中国出版》1995年第9期，第58页。
③　赵永春：《"两袖清风"的来历》，《文史月刊》2010年第11期，第10页。
④　东春：《"两袖清风"典出何处》，《小学教学参考》1998年第11期，第4页。
⑤　泉霖：《"两袖清风"典出何处》，《人力资源开发》2013年第9期，第82页。
⑥　《"两袖清风"典出何处》，《党员干部之友》2013年第4期，第45页。
⑦　〔明〕都穆：《都公谭纂》，中华书局1985年版，第27页。
⑧　〔明〕于谦：《于肃愍公集·拾遗》。

制度，间及当时人的一些轶闻逸事。书中也有不少关于于谦的记载，为后人研究于谦提供了宝贵的第一手资料。该书卷五《于节庵（谦）遗事》全文如下：

> 于节庵以兵部侍郎巡抚河南、山西，迁大理少卿，前后几二十年。其入京议事，独不持土物贿当路。汴人尝诵其诗曰："手帕蘑菇与线香，本资民用反为殃。清风两袖朝天去，免得闾阎话短长。"①

《都公谭纂》的作者都穆生卒年为1458—1525，于谦遇害于天顺元年（1457），都穆出生于次年，两人自然不会有交集。而叶盛的生卒年为1420—1474，且叶氏在正统、景泰年间与于谦为同僚，两人互为知己，在景泰皇帝朱祁钰一朝叶盛是于谦的有力支持者，②叶盛的《水东日记》述及于谦的相关记载当为第一手资料。因此，叶盛的《水东日记》是最早著录"清风两袖朝天去"诗及其本事的文献。据此，"手帕蘑菇与线香，本资民用反为殃。清风两袖朝天去，免得闾阎话短长"四句诗可确定为于谦所作，但诗题不一定为"入京"二字。

回到于谦得罪王振、招致王振挟私报复的话题上来。在当时的朝廷上，王振进出宫殿，百官皆望风而拜，而于谦不仅不送礼，竟然还写诗明志，这不仅是不把他放在眼里，简直是公开叫板，对王振而言，这是不堪忍受的，他恨得咬牙切齿，报复于谦只待时机了。

王振总算逮着了一个泄私愤的机会。于谦自宣德五年（1430）起只身一人赴山西、河南，至正统六年（1441）已经长达12个年头，妻子和13岁的女儿璚英一直在京城，18岁的儿子于冕早在正统元年（1436）就已经回到钱塘县，一直在年迈的祖父母跟前侍奉晨昏，替父亲尽孝。于谦希望能够回到京城，这样既可以尽为人臣之忠，也可以兼顾父母、妻子、孩子，尽为人子、为人夫、为

---

① 〔明〕叶盛：《水东日记》卷五，中华书局1980年版，第57页。
② 《明史》卷一七七《叶盛传》。

人父之职，此乃人之常情。但是，于谦不屑以金银为砖敲开回京城的大门，他几近迂腐地执守公事公办的原则，于是利用正统六年（1441）回京议事之机，给朝廷上了一道奏折，陈述自己在外年久，请求朝廷将他召回京城，同时还荐举了他认为足以胜任山西、河南巡抚的人——山西参政王来、河南参政孙原贞。①

王来，字原之，慈溪（今浙江省慈溪市）人，以会试乙榜授新建（今江西省南昌市新建区）教谕，擢御史，曾巡按苏州、常州等府。正统初，得到杨士奇的荐举，擢为山西左参政，居官廉干，政事练达，执法甚严，嫉恶尤甚。②孙原贞，名瑀，以字行，德兴（今江西省德兴市）人，永乐十三年（1415）进士。授礼部主事，历郎中。英宗初年，擢为河南右参政。居官清慎，有吏才。③王、孙二人任山西、河南参政期间以其德才和政绩得到军民的称颂，于谦也"亟称其才"④，于是他本着荐举贤能之心向朝廷推荐了他们。

于谦此举无疑将自己置于王振的枪口上。王振唆使他的爪牙右通政李锡以及由他掌控的六科十三道奏劾于谦，诬陷他以久不升迁而心生怨愤，擅举人自代，有违人臣之礼，这样于谦就被关进了都察院狱，判了极刑。⑤

于谦命不该绝，他的生命是属于社稷和苍生的，在生命的能量没有得到完全释放之前，他命不该绝。山西、河南的百姓不甘眼看着他们爱戴的父母官被诬陷而死，他们放下地里的庄稼，跋涉十数天，赶到京城，为于谦鸣冤，要求释放于谦。

稍通文墨的王振虽然专横跋扈，但是他也知道"水能载舟，也能覆舟"的道理，群情愤激，众怒难犯，王振不得不投鼠忌器。同情于谦的右都御史陈智等人抓住盛暑朝廷复审死刑囚犯的机会，在上报被冤抑的重囚名单时写上了于谦的名字，王振顺水推舟，终于在于谦入狱两个半月后释放了他。当然，在王

---

① 《明史》卷一七〇《于谦传》。
② 《明史》卷一七二《王来传》。
③ 《明史》卷一七二《孙原贞传》。
④ 《明史》卷一七二《王来传》。
⑤ 《明英宗实录》卷七七；又，《明史》卷一七〇《于谦传》；〔明〕王世贞：《弇州续稿》卷八五《于太傅公传》。

振看来，对于那些胆敢不阿附自己的官员，惩戒是必不可少的，于是把于谦降为大理寺左少卿，于谦就从原来的三品官成了四品官。①

当年八月，于谦再次领命巡抚河南、山西，不同的是此次身份是大理寺左少卿。

河南、山西两省百姓的吁请让于谦再次回到了他熟悉的晋豫大地上。于谦甫出狱，河南、山西数千吏民伏阙上书，请求朝廷将他们爱戴的于谦还给晋豫，河南、山西的藩王周王、晋王也请求继续让于谦巡抚河南、山西。还有一个重要原因是：当时的河南、山西正陷于困窘的境地，由于山西频岁旱荒，粮食无收，大量的饥民逃难到了河南，户部尚书刘中敷奏请遣大臣前往安抚。英宗知道于谦是最合适的人选，因为此时的朝廷百官中，没有人比于谦更熟悉那里的民情，没有人比于谦更忧念那里的百姓。这个少年皇帝总算还记得尚有无数子民处在饥寒交迫中，他们迫切需要朝廷的恩泽，当然他更害怕的是饥民、流民群起闹事，危及他的政权，于是终于下决心让于谦继续巡抚河南、山西，因为只有于谦才能真正给两省的饥民带去他的"皇恩"，并且加以弘扬光大，天下人才会对他齐呼"皇恩浩荡"。唯其如此，他的江山基业才会稳固。英宗的这一决定虽然没有恢复于谦原先的三品官秩，但是毕竟意味着朝廷对于谦的信任和晋豫百姓对于谦的依赖，这足以让于谦欣慰了。②

然而，于谦刚刚出发才五天，还在前往晋豫的尘埃满天、崎岖多险的漫漫长路上跋涉，就有人置民情和舆情于不顾，企图推翻朝廷对于谦的信任。八月二十七日，户部主事张清奏称："朝廷以山西之民流移已多，命大理寺少卿于谦抚之。臣以为，向也未有抚民之官而民各安业，今抚民之官累设而流亡愈多，盖由任守令者不得其人，督边储者日益以急，民不堪生以致然，非一朝一夕之故也。官多则民扰，为今之计，莫若革抚民之官，择守令以安民心，修屯田以宽民力。"③张清要求取消此前朝廷对于谦的这一任命，初听起来理由很是冠冕

① 《明英宗实录》卷七九；又，《明史稿》卷一五四《于谦传》，雍正元年敬慎堂刻本。
② 《明英宗实录》卷八二；又，〔明〕过庭训：《本朝分省人物考》卷四二《于谦》，天启二年刊本。
③ 《明英宗实录》卷八二。

堂皇——"官多则扰民"，可是稍一推敲便知张清真是睁眼说瞎话——其时，朝廷百官心里都明白，没有于谦12年的尽心安抚，晋豫两省每年由于各种自然灾害造成的大量饥民、流民就不会得到妥善安置，其结果一定是饿殍盈路、生灵涂炭的惨状，绝境中的饥民铤而走险也在所难免。英宗驳回了张清的无理请求。

从生死线上回来的于谦并没有屈服于权势，他依然倔强严正地坚守着为官的原则。

对于谦来说，"粉骨碎身全不惜"，坐几个月的牢又怎能磨蚀他的锐气！

思乡怀亲

宣德五年（1430），33岁的于谦担当起"巡行天下，抚军济民"的重任，只身一人离开京城，踏上了中原大地。唐代诗人柳宗元被贬到当时的蛮荒之地柳州时曾写下"一身去国六千里，万死投荒十二年"的句子，晋豫虽然不似柳州那么偏远，于谦此去也非贬谪，但是于谦一去就是整整18年，"今朝太行南，明日太行北。风雪敝貂裘，尘沙暗金勒。寒暑互侵凌，凋我好颜色。齿牙渐摇脱，须发日以白"（《自叹》）①。漫长而孤寂的岁月里，对家乡的思念、对亲人的眷恋和内疚始终郁结在于谦心里，挥之不去，与日俱增。

独自在遥远的异乡，于谦思念着山川秀丽、风光旖旎的故乡杭州。在任何一个游子心里，世上最美的地方莫过于家乡，于谦也一样，何况于谦离开家乡时日久长，"杖头挑得西湖月，袖里常怀葛岭烟"（《送璿上人回杭》）②，对故土的怀念已然融入了生命之中。我们不妨选录几首于谦的诗歌，感受他的故土之思。

石榴树底红巾蹙，葡萄枝头露香玉。熏风拂拂自南来，时向高堂扫炎

---

① 〔明〕于谦：《于肃愍公集·文集》卷一。
② 〔明〕于谦：《于肃愍公集·文集》卷一。

煦，湘帘半卷日迟迟，竹影参差柳阴绿。红绡焕烂蜀葵开，金弹累垂卢橘熟。端阳佳节竞繁华，角黍堆盘映醽醁。一从游宦隔天涯，马首红尘厌驱逐。有时飞梦绕钱塘，此景依然在心目。今年夏月居晋阳，南北风土殊炎凉。清和已过近五月，草木犹自愁飞霜。故园物候不可见，尘沙塞草空茫茫。云山望断几千里，小楼尽日徒徜徉。（《夏日忆故乡风景》）①

我家住在西湖曲，种得梅花绕茅屋。雪消风暖花正开，千树珑璁缀香玉。有时抱琴花下弹，有时展《易》花前读。浩然清气满乾坤，坐觉心胸绝尘俗。一从游宦来京师，几度梅花入梦思。为君展卷题诗处，还似开窗对月时。醉墨淋漓染毫素，笔底生春若神助。调和鼎鼐愧无功，何时却踏西湖路。（《梅花图为严宪副题》）②

涌金门外柳如烟，西子湖头水拍天。玉腕罗裙双荡桨，鸳鸯飞近采莲船。（《夏日忆西湖风景》）③

郁积在心里的离愁更多的则是抛妻别子的酸楚，以及对家人的深深眷恋与内疚。于谦赴任晋豫巡抚时，将夫人董氏、7岁的儿子于冕、2岁的女儿璚英留在了北京，而年迈的父母则一直生活在浙江杭州府钱塘县。正统元年（1436）八月，于谦按例进京议事，④顺便遣人将13岁的儿子于冕送回杭州，于冕自此一直在祖父母前替父母亲尽着孝道，直至祖父母去世。

当我们徜徉在于谦诗歌所展示的心灵世界里，时时刻刻都可以感受到于谦至浓至深的远离亲人的孤寂、惆怅乃至痛楚：

东风浩荡吹花柳，春气熏人如醉酒。草生满地绿敷茵，桃李无言也笑人。笑人年年常是客，底事欲归归未得。归未得，可奈何？太行南北千条

① 〔明〕于谦：《于肃愍公集·文集》卷一。
② 〔明〕于谦：《于肃愍公集·文集》卷一。
③ 〔明〕于谦：《于肃愍公集·文集》卷六。
④ 《明英宗实录》卷二一。

路，不似离肠婉转多。(《春日吟》)①

亲朋且莫唱离歌，垂老其如远别何？白发渐从愁里长，青春半向客中过。山寒日落人烟少，月冷江空雁阵多。今夜客窗孤枕上，可怜无梦到銮坡。(《离京》)②

于谦肩负为君分忧、为民请命的使命，他也知道必须为此付出代价——不得不放弃侍奉晨昏、夫妻恒聚、儿女绕膝的天伦之乐，"君宠亲恩俱未报，窃禄无功补盛时"(《无题二》)③。但是，在巡抚晋豫期间，他失去了妻子、父亲，又在结束巡抚使命回到京城的次年失去了母亲，这是于谦一辈子都无法释怀的心理重荷：对妻子，他几乎没有尽丈夫的责任；对父母，他几乎没有尽儿子的孝道。

于谦巡抚晋豫的漫长岁月里，董氏每年只有在丈夫返京议事时才可以见到他，欢聚的时日实在少之又少；更多的时日，董氏独自抚育着一对儿女。正统元年（1436）于冕回杭州后，只有女儿璚英相伴，独自品尝着丈夫长年离家的孤寂以及对丈夫的思念与牵挂，为在太行山下、黄河岸边颠簸辛劳的丈夫祈祷着平安，守望着丈夫的归来。

千里之外的于谦每每想起辛劳的妻子总是心存愧疚，他有一首《寄内》诗表白了这种心境。

结发为夫妻，恩爱两相好。生男与育女，所期在偕老。我生叨国恩，显宦亦何早。班资忝亚卿，巡抚历边徼。自愧才力薄，无功答穹昊。勉力效驱驰，庶以赎天讨。汝居辇毂下，闺门自幽悄。大儿在故乡，地远音信杳。二女正娇痴，但索梨与枣。况复家清贫，生计日草草。汝惟内助勤，何曾事温饱。而我非不知，报主事非小。忠孝世所珍，贤良国之宝。尺书

---

① 〔明〕于谦：《于肃愍公集·文集》卷一。
② 〔明〕于谦：《于肃愍公集·文集》卷三。
③ 〔明〕于谦：《于肃愍公集·文集》卷一。

致殷勤，此意谅能表。岁寒松柏心，彼此永相保。[①]

笔尖饱蘸着对妻子的炽热之情和刻骨之思，令人感动，但于谦和董氏终究没有能够"彼此永相保"。正统十一年（1446），董氏不幸中年早逝。[②]让于谦内疚的是：董氏上年秋天罹患"气疾"（想来当是现今所称的哮喘，病况严重，每次发作都要十余天），她曾经致信丈夫告知自己日益严重的病情，[③]于谦则忙于安抚百姓、赈济灾荒、治理水患、整治边防……他无暇顾及病痛中的妻子，只是在遥远的晋豫为妻子祈祷，希望妻子尽快痊愈。而且，在于谦想来，妻子尚在壮盛之年，"气疾"应该不至于致命。但是，上苍终究没有因为于谦的一片爱民之心而护佑他的亲人，缠绵病榻近一年的董氏最终没有等到丈夫的归来，怀着对丈夫无限的思念和牵挂病逝于京城的寓所，在她人生的最后时刻，陪伴她的只有女儿璚英。

于谦没有能够回京送妻子最后一程，他致信在杭州侍奉父母的于冕，让于冕赴京，将亡妻灵柩扶归杭州，安葬在于氏祖茔。

虽说人生在世，寿夭由命，修短随化，但爱妻的早逝使得于谦肝肠寸断。妻子患病，于谦未能陪伴守护；妻子病逝，于谦未能扶柩哭别，悲痛和自责深深地刺痛着于谦的心。白天，他将悲痛埋藏在心底，一如既往地抚军济民；夜晚，他以文字倾诉对妻子的怀念和哀悼。于谦写下了不少悼念爱妻的诗文，现存的有《悼内》诗十一首以及《祭亡妻淑人董氏文》《五七祭文》《寒食祭文》《七夕祭文》《除服祭文》等。《悼内》诗十一首如下：

垂老光阴两鬓皤，细君弃我竟如何！夫妻一旦世缘尽，儿女百年恩爱多。小阁空悬台上镜，春衣谁试箧中罗。客边闻讣肠先断，泪落西风鼓岳

---

① 〔明〕于谦：《于肃愍公集·文集》卷一。

② 于继先《先忠肃公年谱》谓董氏卒于正统十年（1445），然有疑。于冕《先肃愍公行状》称董氏"先公十一年卒"，而于谦遇害于天顺元年（1457），时年60。据此推断，董氏当卒于于谦49岁时，即正统十一年（1446）。

③ 〔明〕于谦：《于肃愍公集·文集》卷八《祭亡妻淑人董氏文》。

歌。（一）

世缘情爱总成空，二十余年一梦中。疏广未能辞汉王，孟光先已弃梁鸿。灯昏罗幔通宵雨，花谢雕栏蓦地风。欲觅音容在何处？九原无路辨西东。（二）

缥渺音容何处寻？乱山重叠暮云深。四千里外还家梦，二十年前结发心。寂寞青灯形对影，萧疏白发泪沾巾。箧中空有遗书在，把玩不堪成古今。（三）

尘寰冥路两茫茫，何处青山识故乡？破镜已分鸾凤影，遗衣空带麝兰香。梦回孤馆肠千结，愁对惨灯泪千行。抱痛苦嫌胸次窄，也应无处著凄凉。（四）

东风庭院落花飞，谐老齐眉愿竟违。幻梦一番生与死，讣音千里是邪非？凄凉怀抱几时歇，缥渺音容何处归？魂断九泉招不得，客边一日几沾衣。（五）

房栊寂寞掩春风，百岁情缘一旦空。世态不离生死内，梦魂多在别离中。可怜孤馆月华白，犹忆香奁烛影红。老眼昏昏数行泪，客边从此恨无穷。（六）

结缘谁不愿齐眉，修短由来未可期。老我方将安蔗境，细君先已赴瑶池。花飞玉碎愁何限，绠断瓶沉势莫为。清泪两行千古恨，眼看儿女益凄其。（七）

别来音问每蹉跎，两地关情感慨多。我欲承恩还北阙，子先归化梦南柯。空闺镜破余残粉，断杼尘蒙失旧梭。痛汝老怀谁与诉？临风惟有泪滂沱。（八）

独对青灯坐夜阑，客边衣薄不胜寒。因思旧事关情切，欲把遗书掩泪看。花落香消人寂寂，台空镜破月团团。梦魂割断幽明路，死别生离欲见难。（九）

百川东逝更无还，生死由来一梦间。苦雨凄风香阁冷，落花啼鸟绣帷间。空于纸上看遗墨，无复灯前睹笑颜。肠断不堪回首处，两行清泪万重山。（十）

痴儿弱女两相依，宿鸟惊巢各自飞。尘锁镜台秋月冷，香消罗幔夜灯微。双亲闻讣肠应断，百岁同心事已非。垂老不堪生死别，客边日日泪沾衣。（十一）①

《祭亡妻淑人董氏文》全文如下：

哀哀吾妻，既淑且贤。归于我门，二十余年。柔婉贞顺，委曲周旋。上奉舅姑，下睦姻族，庭无闲言，家道雍睦。女红之暇，诵读诗书，每有所得，辄为文辞。吾家素贫，日用节俭，子能安之，澹而弗厌。吾忝国恩，列官朝行，巡抚两闽，久阅星霜；子居京师，弱女相随，幽闲之操，人所共推。子当盛年，忽构气疾，发作无时，动经旬日。去岁之秋，疾势颇张，以书告我，我以为常。意者天相吉人，当不久而康复，胡造物者之不然，遂遽然而风烛。呜呼！死生世之大故，夫妇人伦大纲。子之疾也，吾不得为之诊视；子之逝也，吾不能与之永诀。生死异路，各天一方，虽有子而不得见，遗弱息兮谁与将？翳秋雨兮残灯，掩春风兮洞房。妆台静兮月冷，缥帏悄兮夜长。讣音远来，摧裂衷肠。吾今年濒五旬，须发苍苍，聪明弗及于前时，视听日就于渺茫。既往之日多，方来之日少，而罹此不幸，愈加痛伤。旦夕男冕来京，当扶枢以还故乡。庸择吉地以妥灵光，待吾瞑目而后，与子同穴而藏。此则吾之本心，而亦人道之常。子如有灵，当于冥冥之中阴骘子女，而盛而昌；俾吾老不失所，子于春秋祭祀，亦有所望。吾以使命未即还京，因遣璃英奠此一觞。言有尽兮哀无穷，身虽远兮情弗忘，淑灵不昧，来格来尝。②

后来，在董氏的忌辰，于谦还作过《七夕二首（亡妻忌辰）》。

---

① 〔明〕于谦：《于肃愍公集·文集》卷四。
② 〔明〕于谦：《于肃愍公集·文集》卷八。

夜静银河冷，天高玉露清。双星缘底事？千古若为情。（一）

华月窗间过，凉风扇底生。抚时追往事，幽恨不分明。（二）①

　　笔者不止一次阅读这些以血和泪写就的诗文，每一次几乎都不忍卒读。对于谦来说，每一次的回忆和倾诉都带来彻骨的丧妻之伤痛和凄婉，于谦却甘愿沉溺在这种伤痛之中，不知在另一个世界的董氏可感受到丈夫的怀念和痛楚？

　　这一年，于谦49岁，从此没有娶妻纳妾。②他心里始终执守着对亡妻的爱与怀念，董氏死后有知，当为此欣慰。

　　现在，较多关于于谦的书籍都有于谦和董氏的双人画像。叶盛的《水东日记》记载，于谦和董氏有双人画像。景泰八年（1457）初英宗复辟，于谦被抓后家被抄没，此画像亦被籍，于谦冤案昭雪后，发还家产时，画像被误还给了与于谦同时被抄家的太监卢永，后流入市。某日，于谦的养子于康正坐在裱褙胡同于谦旧宅中，看见一个卖画人带着几轴画卷，于康从中找到两轴于谦夫妇画像，即以低价购得。③而自称于谦二十二代裔孙的浙江杭州人于学勤先生回忆：于谦与董氏的双人画像作于清嘉庆年间（1796—1820），上有吏部尚书许乃普题序，文士钟骏声、洪昌燕、张应昌、蔡吉俊等四人题词，系于氏世代家传，规定由长房保管，平时从不轻易示人。清末某巨公欲攫为己有，于氏后人携画出走山东，后又辗转回杭，寄藏于市郊留下镇（今杭州市西湖区留下街道）的亲戚陈某家。1937年12月，日军攻陷杭州，于氏后人将画上裱装的上下两轴截下，折叠成包，寄藏于余杭县（今杭州市余杭区）沈家村陈姓村民家，直到抗日战争胜利后才取回，但因收藏不善，画幅下方边缘已遭蠹损。1980年底，于家将该画像捐献给了浙江省博物馆，奖状为沙孟海所书。④

　　至于于学勤所言之于谦夫妇画像是否为叶盛《水东日记》中所言之画像的

---

① 〔明〕于谦：《于肃愍公集·文集》卷六。

② 〔明〕于冕：《先肃愍公行状》。

③ 〔明〕叶盛：《水东日记》卷二七。

④ 于学勤：《于忠肃公史迹》（手稿），现存杭州名人纪念馆。

临摹件，已经无从考证了。

于谦的父母一直生活在杭州，而于谦自从步入仕途特别是巡抚晋豫后，就很少有机会回到故乡探望父母。父母年迈，于谦除了将儿子于冕留在父母身边就无以尽孝了。18年中，于谦"一寸丹心图报国，两行清泪为思亲"（《立春日感怀》）①。他无法排遣无奈和伤感："客里逢佳节，天涯忆老亲。葭灰初应候，梅蕊渐回春。醉讶朱颜好，愁添白发新。孤云常在望，翘首欲沾巾。"（《冬至日思亲》）②"马足车尘不暂闲，一年两度太行山。庭闱飘渺孤云下，游子思亲几日还？"（《登太行思亲》）③

山水千里之遥，于谦思念着父母，而父母也同样思儿心切，但是他们深明大义、通情达理。于仁重病卧床，弥留之际，家人希望于谦能够回家看老人最后一眼，但是于仁对家人说："吾幸享荣名，全寿考，皆上之赐，为吾语谦，当勉力以报大恩，勿以吾为念。"④正统十二年（1447）五月初十，老病相催的于仁心怀对儿子的牵挂和期盼，离开了人世，享年80。此时的于谦正在中原大地上奔波忙碌着，整整一个半月后，于谦才获悉父亲病逝的消息，悲痛中的于谦随即回京，累章泣请回乡为父亲守制三年，但是朝廷没有允准，只是让于谦回乡奔丧。⑤

这是一次悲伤之旅："客愁无数满归舟，况复蝉声报早秋。天际凉风吹乍急，人间好景去难留。百年亲老归黄壤，半夜魂飞梦白头。极目春兰何处取？万行清泪不胜流。"（《奔丧途中感怀》）⑥

于谦回到了故乡，为亡父办了丧事。明英宗遣行人汪琰谕祭，令有司营葬。于谦将父亲安葬于杭州三台山于氏祖茔，⑦由吏部尚书王直为于仁墓撰写了墓

---

① 〔明〕于谦：《于肃愍公集·文集》卷三。
② 〔明〕于谦：《于肃愍公集·文集》卷二。
③ 〔明〕于谦：《于肃愍公集·文集》卷六。
④ 〔明〕王直：《抑庵文后集》卷二六《侍郎于公墓表》。
⑤ 《明英宗实录》卷一五六；又，〔明〕于冕：《先肃愍公行状》。
⑥ 〔明〕于谦：《于肃愍公集·文集》卷四。
⑦ 杭州三台山于氏祖茔在20世纪50年代被毁，现仅存于谦墓。

表，由靖远伯王骥书，都察院右都御史陈镒篆刻。①

王直《侍郎于公墓表》称于仁"沉毅方正，言行侃侃，不苟为容悦，好义乐施，于周穷恤匮，虽多不吝"，"性好经史，常用以自娱，取古人之嘉言善行以为法。长子谦英伟不凡，公知其必能绍世业，遣受学邑庠，而课励尤笃，遂取进士，为监察御史，升兵部右侍郎，朝廷嘉其贤而推本于父母，皆以其官宠公，故公自监察御史进兵部右侍郎，配刘氏亦自孺人进淑人，君子以为善教致然也"。王直评价于仁说："余闻之孟子曰：'天下有达尊三，爵一，齿一，德一。'夫爵、齿者，德之所致也，德备于其身，则必得其位，必得其寿，此天所以报有德也。然人之能得者，鲜矣，而于公见之，是足以表著于后世，故序次其说而使刻诸石，俾后之人与则焉。"②

因为朝廷没有允准于谦为父亲终守丧礼，营办完父亲的丧事，于谦就告别老母亲刘氏和儿子于冕，以及其他的至亲旧友，踏上了返京的路程。适逢朝廷罢山西、河南巡抚官，于是，于谦留部理事。③这年的十一月初二，于谦被擢为兵部右侍郎。④

然而，痛失亲人的打击接踵而至，次年五月，于谦母亲刘氏因病去世。⑤

正统十一年（1446）至正统十三年（1448）间，于谦的个人生活里弥漫着一片失亲的孤凄和悲凉！

客愁还来自对子女的牵挂。对儿子于冕，于谦寄予了厚望，正统元年（1436），于谦作《示冕》诗："阿冕今年已十三，耳边垂发绿鬖鬖。好亲灯火研经史，勤向庭闱奉旨甘。衔命年年巡塞北，思亲夜夜梦江南。题诗寄汝非无意，莫负青春取自惭。"⑥他思念离家时不满周岁、尚在襁褓中的女儿璚英，巡抚之初，于谦有一首《忆璚英》诗，诗中充溢着对女儿的宠爱："璚英一别已三年，

---

① 〔明〕王直：《抑庵文后集》卷二六《侍郎于公墓表》。
② 〔明〕王直：《抑庵文后集》卷二六《侍郎于公墓表》。
③ 《明英宗实录》卷一五六。
④ 《明英宗实录》卷一六〇。
⑤ 《明英宗实录》卷一六六。
⑥ 〔明〕于谦：《于肃愍公集·文集》卷四。

梦里常看在膝前。婉娩性情端可爱，娇痴态度亦堪怜。诵诗未许知音节，索果惟应破俸钱。白发双亲在堂上，关心为尔更凄然。"①这首诗写在他领命巡抚晋豫而离开京城的三年后，璚英已经快五岁，女儿这三年的成长过程，做父亲的于谦无法亲历亲见，所以他常常梦见女儿欢绕膝下，诗歌中描写女儿的语言都是于谦的想象：五岁的女儿美丽可爱、性情婉娩、态度娇痴、惹人怜爱，她已经能够断断续续地吟诵诗歌了，她会向妻子索要水果零食了，而妻子也一定会满足女儿的要求；于谦还想象远在杭州的白发双亲一定日思夜想从未见过的孙女。这种父亲对女儿的情感表达很细腻，也很动人。

还有对岳父、妻舅等其他亲朋好友的思念。于谦有两个妻舅，也就是董氏的兄弟董璠、董玙。董璠生平事迹不详；董玙，生卒年不详，字仲鲁，官中书舍人，曾与名臣叶盛为邻居。②于谦和两个妻舅感情深厚，胜如同胞。天南地北，相隔无限，于谦时时挂念着岳父和妻舅。他说：

悠悠远别几经年，极目江南思渺然。客底正劳千里梦，天边忽堕五云笺。得官自愧超迁早，济世深惭学术偏。瞻仰泰山应未遂，马蹄明日又翩翩。（《得外舅安丰董先生书》）③

一别经三载，天涯独倚楼。看花思共赏，对景忆同游。北海樽中酒，西湖月下舟。锦衣归故里，相与叙绸缪。（《寄璠、玙二妻舅》）④

奉使亲藩属俊才，宁亲此日遂归来。天涯游子十年别，堂上慈颜一笑开。北阙风云新节钺，西湖谚语旧楼台。痴儿相见应相问，好带平安两字回。（《送中书舍人内弟董仲鲁奉使亲藩》）

于谦是一个顶天立地的大英雄，但是他首先是一个人、一个血肉丰满的人、一个心灵博大而善感的人。他时刻心忧黎元，但也会"悲落叶于劲秋，喜柔条

---

① 〔明〕于谦：《于肃愍公集·文集》卷三。
② 〔明〕叶盛：《水东日记》卷二。
③ 〔明〕于谦：《于肃愍公集·文集》卷四。
④ 〔明〕于谦：《于肃愍公集·文集》卷二。

于芳春"；他个性严正刚直，但也会陷入儿女情长、愁绪万千、怀旧恋故之中；当他处理完一天的公务，回到简陋阴冷的居所，也会"远离乡国空劳梦，怅望庭闱有所思"（《无题二》）①，但是这些情感都丝毫不会影响历史对他的英雄定位。

正所谓"无情未必真豪杰，怜子如何不丈夫"②!

---

① 〔明〕于谦：《于肃愍公集·文集》卷一。
② 鲁迅《答客诮》诗。

第四章　屹立战火

瓦剌崛起

洪武元年（1368）的闰七月二十八日，是蒙古贵族们最不愿忆及的日子——元顺帝妥懽帖睦尔在朱元璋军队潮水般的攻势下，领着后妃、太子，带着无限留恋，趁着浓浓夜色，万般无奈地逃出了他们曾经在此享尽人间荣华的大都，北遁而去。[1]但是，人之常情总是不甘言败的，何况是骁勇的蒙古民族，何况中原大地给蒙古贵族的物质与精神享受是他们身居漠北草原时无法想象的，而今却只能"梦里一晌贪欢"了。因此，他们虽然退出了大都，但是南下中原的渴望从来不曾消退——他们犹如一匹贪婪而饥饿的狼，始终觊觎着广袤而富庶的中原。

朱元璋当然了解蒙古贵族的野心，一直视其为心腹大患，于是不断派兵北伐，意在彻底消除北方边境的威胁。洪武二年（1369），朱元璋派常遇春、李文忠率兵攻克开平（即元上都，在今内蒙古自治区正蓝旗东），元顺帝仓皇逃至应昌（在今内蒙古多伦东北）；次年，朱元璋以徐达为征虏大将军，统兵北征沙漠，重创了故元旧部；是年，妥懽帖睦尔死于应昌，故元丞相扩廓帖睦尔（即王保保）拥顺帝之子爱猷识理达腊居哈剌和林（在今蒙古国境内）继位，史称

---

① 《元史》卷四七《顺帝纪》，中华书局1976年版。

"北元"。洪武五年（1372），明廷遣15万之众"肃清沙漠"，这一仗虽然迫使蒙古军北退，但明军死伤无数，虽然此役之后洪武一朝尚有数次出兵征战沙漠，但朱元璋对蒙古部的战略由此变进攻为防守，并封朱棣为燕王、朱㭎为晋王，为北边藩王。

明朝频繁的军事打击，兼之蒙古贵族内部的权力纷争，终于使得北元势力渐趋衰弱。虽然，元顺帝妥懽帖睦尔的后裔仍被奉为正统，但汗权衰微。永乐初，贵族鬼力赤杀害"北元"的第四代可汗坤帖睦尔，自称可汗，"去国号，遂称鞑靼云"①，蒙古族终至分裂成兀良哈、鞑靼和瓦剌三部。兀良哈部聚居在辽河、西辽河及老哈河流域（今吉林省、辽宁省），鞑靼部聚居在鄂嫩河、克鲁伦河和贝加尔湖一带，瓦剌部居住在科布多河、额尔齐斯河流域及其以南的准噶尔盆地。

三部之间混战频仍，明廷对三部的防备与打击也始终没有放松。鬼力赤率鞑靼部众与瓦剌部相互仇杀，屡屡往来于塞下，朱棣敕令边将严兵防备。永乐三年（1405），阿鲁台杀鬼力赤，立元裔本雅失里为可汗。永乐六年（1408），明廷敕谕本雅失里，命其归顺，遭到拒绝。次年，鞑靼部杀害明朝使臣郭骥，盛怒之下的朱棣以丘福为大将军率精骑10万北伐；其时，本雅失里已被瓦剌部所败，与阿鲁台迁居胪朐河（今蒙古国境内克鲁伦河），丘福孤军深入，直抵胪朐河，然而中了鞑靼部的埋伏，明朝部队全军覆灭。朱棣遂决意亲征，于永乐八年（1410）率50万之众北征鞑靼，追至斡难河，鞑靼部溃败，阿鲁台被迫遣使贡马称臣。永乐十年（1412），本雅失里为瓦剌部马哈木所杀。阿鲁台被明廷封为和宁王，每岁进贡，接受明朝的管辖。至永乐十九年（1421），鞑靼部又起兵侵扰边境，朱棣乃三次亲征，鞑靼部受到沉重打击。洪熙（1425）、宣德（1426—1435）年间，阿鲁台数败于瓦剌，部曲离散。不久，阿鲁台为瓦剌脱欢所杀，鞑靼部终于溃散。②

兀良哈原在元朝大宁路北境。朱元璋置大宁都司，封其子朱权为宁王，镇

① 《明史》卷三二七《鞑靼传》。
② 《明史》卷三二七《鞑靼传》。

守其地。洪武二十二年（1389），于其地置朵颜、泰宁、福余三卫指挥使司，各部首领自领其众。自大宁抵喜峰口，近宣府，为朵颜卫；自锦州、义州经广宁至辽河，为泰宁卫；自黄泥洼经沈阳、铁岭至开远，为福余卫。朱棣发动"靖难之役"时，恐宁王在后扼制，即胁迫宁王入关，又借用兀良哈三卫兵从征南京。明成祖朱棣即位以后，迁宁王于南昌，因兀良哈兵从征有功，遂把大宁割于兀良哈，仍为三卫。永乐以后，兀良哈三卫不断南迁，迁徙到今辽河以西地区，一方面和明朝互市贸易，一方面对明朝叛服无常，不时入边抄掠，成为明朝北部边境的不安定因素。

瓦剌部在鞑靼之西，元亡时部将猛可帖睦尔据之。猛可帖睦尔死后，瓦剌部众一分为三，其首领分别为马哈木、太平、把秃孛罗。明成祖朱棣即位伊始，即遣使往告，后又数次遣使镇抚。永乐六年（1408），马哈木遣使贡马请封；次年，明廷分别封马哈木、太平、把秃孛罗为顺宁王、贤义王、安乐王。此后，瓦剌部势力日渐强盛，并于永乐十年（1412）攻杀鞑靼部本雅失里，又以献故元传国玺为由，要求明廷出兵剿杀阿鲁台，并索要兵器。次年，马哈木扣留明朝使臣，多有要挟，继而拥兵南犯，且扬言攻袭阿鲁台。永乐十二年（1414），朱棣亲率大军讨伐瓦剌三部，直至土剌河（今蒙古国的图拉河），马哈木等败逃，未几死去，明廷趁机遣使安抚瓦剌另两部首领太平、把秃孛罗。永乐十六年（1418），准允马哈木之子脱欢承袭顺宁王之封。自此终永乐一朝，瓦剌部复向明廷奉贡，一直接受明朝管辖。[①]

但是，让朱元璋、朱棣死不瞑目的是，北方蒙古族的威胁始终未曾消弭，并由此成为后患，兼之正统年间的内忧，瓦剌入侵势所难免。

漠北的瓦剌部犹如一颗毒瘤附着在虽然庞大但日益虚弱的明朝躯体上，一旦有催化剂，立刻病变，朱元璋、朱棣苦心构建的庞然之躯就会颓然倒塌，不幸的是催化剂终于产生了，那就是王振擅权导致的国势日蹙。

宣德九年（1434），脱欢袭杀鞑靼部之阿鲁台，悉收其部。正统初，瓦剌三部内讧，脱欢杀贤义王（太平死于1426年，其子捏烈忽嗣封）、安乐王把秃孛

---

① 《明史》卷三二八《瓦剌传》。

罗，尽收其众。蒙古瓦剌、鞑靼各部悉归脱欢统领。脱欢欲自称可汗，众部帅不可，乃立元皇室后裔脱脱不花为王，自为丞相，然而"脱欢实不承其号令"①。

强悍而张狂的脱欢，觊觎中原之心昭然，继袭破朵儿只伯（原为阿鲁台所部）后，又胁诱朵颜诸卫窥伺塞下。正统四年（1439），脱欢去世，但瓦剌部并未因为脱欢的死而衰落，因为野心更为膨胀、性格更为剽悍的脱欢之子也先登场了。

也先称太师淮王，脱脱不花被完全架空，成为一个十足的傀儡，正如《明史》所称："脱脱不花具空名，不复相制。"②每向明廷入贡，脱脱不花与也先各自遣派使者入明，"朝廷亦两敕答之；赐赉甚厚，并及其妻子、部长"③。每次的进贡是瓦剌索要财物的捷径，更是也先侦察边情的良机。因此，瓦剌使者从起初的50人左右渐次增加至2000余人，虽然明廷多次敕诫，但瓦剌所行依然故我。对明廷所赐稍有不满，辄造衅端，往来边境多行杀掠，又常常挟持其他部族一起或威胁明廷或骚扰边境，因此，所赐财物亦每有所增。

其时，正值明朝大举征讨麓川，也先趁机进行势力扩张。也先的第一步棋是与沙州、赤斤等蒙古诸卫联姻，到正统九年（1444），也先置甘肃行省，授罕东诸卫都督讷阁等为平章，俨然行使起国家之职。④

也先的第二步棋是武力扩张，他强劲的弓弩瞄准的第一个目标是哈密这头懦弱的绵羊。

哈密，东去嘉峪关800公里，宋时入于回纥，元末以威武王纳忽里镇守，后改为肃王，纳忽里卒，其弟安克帖睦尔嗣位。永乐二年（1404），明朝封安克帖睦尔为忠顺王，并赐以金印，此后，其子孙后裔世袭王位。至正统间，忠顺王之位则传至倒瓦答失里。明朝封其为忠顺王的初衷是哈密地处西域要道，因

---

① 《明史》卷三二七《鞑靼传》。
② 《明史》卷三二八《瓦剌传》。
③ 《明史》卷三二八《瓦剌传》。
④ 《明通鉴》卷二三。

而，希望哈密成为明朝的西陲屏障。然而，历代忠顺王均为怯懦无能之辈，加之其地杂居着回族、畏兀儿、哈剌灰诸部落，其头目不相统属，忠顺王不能有效节制他们。众心离涣，势力渐衰，哈密理所当然地成了也先想要掠取的第一头肥羊。

正统十年（1445），瓦剌裹胁沙州、罕东、赤斤等卫围攻哈密，忠顺王倒瓦答失里的母舅亦趁火打劫，遣兵围哈密城，本就脆弱的哈密不堪一击，瓦剌部大获全胜。也先俘获了倒瓦答失里的母亲及妻子北还，以此为人质胁迫其赴瓦剌，倒瓦答失里惧不敢往，数次遣使向明朝政府告难，但虚弱的明朝政府连色厉内荏都做不到了——竟然不允其所请，拒绝发兵声援，而仅仅是以"敕令诸部修好"应付了事。①而也先屡屡以武力相逼，倒瓦答失里万般无奈之下，于正统十三年（1448）赴瓦剌。从此，哈密卫为瓦剌部所操控，明廷失去了这一西陲屏障。

也先强劲的弓弩瞄准的第二个目标是瓦剌部东面的兀良哈三卫。正统十一年（1446）冬，在漠北凛冽的寒风里，也先将第二支箭射向了兀良哈。这匹北方的狼，算准了明朝政府的懦弱与昏聩，竟然使出奇招——遣使者到大同，向明朝索要其进犯兀良哈的所需粮草，并请见大同守备太监郭敬。"醉翁之意不在酒"，也先之用意显然不在粮草，而是要试探明朝当局对他攻打兀良哈的态度——攻打兀良哈是否会招致明朝的夹攻。兀良哈三卫是明朝在东北的屏障，以常理而论，如若也先攻打兀良哈三卫，明朝政府定当出兵援助兀良哈，出兵援助是为了自己不至成为也先下一个猎取的目标。不幸的是，也先的博弈赢了，明英宗朱祁镇没有其先祖朱元璋和朱棣的那种大国皇帝凛然不可侵犯的威势，更缺少朱元璋和朱棣身上的那种远见卓识、雄韬伟略，名义上由朱祁镇坐庄实际上由宦官王振操纵的明朝政府对于这样的肘腋之患竟然坐视不管，诏令郭敬拒见瓦剌使臣，也拒绝提供粮草，此举等于给了也先一道明示：大明王朝既不支持也不反对也先攻打兀良哈。也先在没有任何牵制的情况下，攻破了兀良哈，

---

① 《明史》卷三二九《西域一》。

并进而"胁朝鲜"①。

瓦剌部迅速壮大，势力范围已是东西横贯——东至辽东地区，西及今天的新疆、青海等地。辽阔的漠北，几乎尽归也先统辖了。

对于胸中熊熊燃烧着统治天下欲望的也先来说，下一个目标必将是幅员辽阔、土壤肥沃、物产丰盈的中原大地，进而是更为广袤的明朝疆域。

王振乱政

朱元璋、朱棣苦心经营起来的大明王朝，面对北方的敌人曾经没有丝毫退缩，或果断出击，或善加抚恤，凭借强悍的力量与牢固的边防，把一手硬一手软的技巧运用得游刃有余，使敌人不敢觊觎。

仁宗、宣宗两朝是明代比较鼎盛的时期，号称"仁宣之治"。谷应泰称："明有仁、宣，犹周有成、康，汉有文、景。"②明仁宗朱高炽登基后力求守成，一改朱元璋与朱棣的铁腕作风，褒奖直言，虚怀纳谏，平反冤狱，释放了夏原吉等大臣，宽赦建文诸臣家属；停罢下西洋船队，以苏缓民困；调整统治结构，提高阁权；改革朝政弊端；减轻民困；调整统治集团内部关系。可惜，仁宗是个短命的皇帝，永乐二十二年（1424）八月即位，次年春天就撒手天下。宣宗朱瞻基在位10年，明朝进入承平时期。首先，他重用杨士奇、杨荣、杨溥及尚书蹇义、夏原吉等股肱大臣，清革前弊，整顿朝风，实行精减和裁冗措施，罢黜那些尸位素餐的大臣；其次，一改永乐时对少数民族一味讨伐的强势政策，对骚扰边境的北方蒙古族等少数民族只是驱逐而已，并且戒饬边将不要因为贪图战功而穷追猛打，因此边境相对安宁；再次，实行了蠲免税粮、安置流民、赈灾救荒等一系列减轻民困的措施。由此，开创了较为稳定的政治局面。尽管如此，流民问题、边防问题等社会矛盾从来没有消失过，但是由于朱高炽、朱瞻基的励精图治与"三杨"等大臣的极力辅佐，这些社会矛盾在一定程度上得

---

① 《明史》卷三二八《瓦剌传》。
② 〔清〕谷应泰：《明史纪事本末》卷二八《仁宣致治》。

到了缓解。

然而，至英宗一朝，貌似庞然大物的明朝早已是外强中干，种种社会矛盾都到爆发的时候了。而宦官王振的专权误国则是明朝国势日蹙的肇始。

朱元璋征战南北，得到天下，殊属不易，容不得任何人对权力有所染指，并制造了耸人听闻的胡惟庸案、蓝玉案，史称"胡蓝之狱"。朱元璋借此两案，大开杀戒，自洪武十三年到洪武二十六年（1380—1393），几乎将明初的开国功臣诛杀殆尽，受株连被杀者竟达45000人之多。罢中书省，废丞相制，朝政不论大小，事必躬亲，独揽大权于一身。

朱元璋审视前代亡国之根源，深谙阉宦之祸，为戒前代宦官乱政之失，他决定从制度上铲除宦官干政的任何可能性，于是制定了对宦官的种种限制措施，宦官"不得兼外臣文武衔，不得御外臣冠服，官无过四品，月米一石，衣食于内庭"，且铸铁牌置于宫门："内臣不得干预政事，预者斩。"①有个宦官久事内廷，竟然淡忘了当朝这一铁的规矩，某日从容谈论政事，朱元璋大怒，当日就打发其回老家了。

尽管铁牌高悬，限制重重，然而，朱元璋的子孙们还是不可避免地重蹈了历史的覆辙，宦官乱政还是成为有明一代之厉阶。而且具有讽刺意味的是，这一苦果正是朱元璋自己种下的——他费尽心机、不遗余力构建的权力极端集中的君主专制制度，为日后宦官干政预埋了祸乱的种子。因为，当他把功臣宿将斩尽杀绝，废除中书省与丞相制，使得他和他的子孙们可以享受至高无上的皇权的同时，皇帝就成了真正的孤家寡人，没有支持者与欣赏者，除了紧随身边的太监。再说，如果皇帝揽大权于一身，那么他会穷于应付，身心疲惫，朱元璋本人的确做到了日理万机，事无巨细、事必躬亲，从不懈怠，是中国古代最勤政的几个皇帝之一，但是朱元璋的子孙们就做不到那么勤政了，他们也只有在宦官那里寻找支持和帮助了。即便是朱元璋本人有时候也要在身边宦官那里寻求一点精神慰藉，他说："阉寺之人，朝夕在人君左右，出入起居之际，声音

---

① 《明史》卷三〇四《宦官列传》。

笑貌，日接乎耳目，其小善小信，皆足以固君心。"①

　　因此，朱元璋又亲手打破了他自己制定的对宦官的铁牌禁令。在朱元璋执政时期，宦官就已经在他的默许或明令下，从内廷登上前台了。洪武八年（1375），朱元璋派宦官赵成往河州（今甘肃省临夏市）市马。河州产良马，朱元璋曾派人前往其地买马，因为使用的货币不同，每次买到的马都很少。朱元璋便派遣赵成带了很多丝绸与茶叶去河州交换马匹，同时令河州守将对番人善加抚恤施以恩泽，以通互市。此后，明朝在河州买到的马匹就多起来了。②洪武十年（1377），朱元璋允户部所请，派宦官会同其他官员，核实"天下税课司局征商不如额者一百七十八处"③。洪武十六年（1383），宦官梁珉前往琉球购马983匹。④洪武二十五年（1392）宦官而聂、庆童奉敕往陕西、河州等处，敕谕所属番族将马匹卖给明朝，而明朝则以茶叶交换，共得马10340匹。⑤朱元璋除了让宦官参预上述税务、市马等朝廷要事外，还不断创造机会，让他们参预朝廷政治与外交方面的重大事务。朱元璋多次遣宦官出使，洪武二年（1369），遣宦官送高丽流寓之民归国；洪武十一年（1378），派宦官陈能往安南国吊祭其国王之丧。

　　当然，朱元璋让宦官参预事务的同时，对宦官的管理也是非常严厉，不允许他们有任何逾矩行为。然而，逮及永乐一朝，宦官的地位日渐提高，宦官专权初露端倪。

　　朱棣起兵时，建文帝的内臣"多逃入其军，漏朝廷虚实"；朱棣以为这些宦官对自己忠心耿耿，而他身边的宦官狗儿在"靖难之役"中建立战功，因此对宦官"多所委任"⑥。朱棣首先为宦官正名。宦官一职，自秦朝起，皆以"中"字名之，如中车府令、中常侍、中尉等。朱元璋时期，仅以监正、监副、门正、门副等为宦官职名；而朱棣登基之初，即改监正为太监了，永乐一朝宦官地位

　　① 《明太祖实录》卷一一二。
　　② 《明史》卷三百四；又，《明太祖实录》卷一一〇。
　　③ 《明太祖实录》卷一一〇。
　　④ 《明太祖实录》卷一五六。
　　⑤ 〔明〕王世贞：《弇山堂别集・中官考一》，中华书局1985年版。
　　⑥ 《明史》卷三〇四《宦官一》。

的提升由更名可见一斑。自永乐三年（1405）起，朱棣派太监郑和率领庞大的船队共七次下西洋。永乐八年（1410），遣内臣王安往都督谭青营中监军，宦官监军制自此始。继而，又命马靖镇守甘肃、马骐镇守交趾，开了宦官分镇地方的先例。永乐十八年（1420），置东厂，令宦官刺事。因而，自永乐朝开始，宦官的权力范围扩大，掌握了出使、专征、监军、分镇、刺探臣民隐事等大权。①

永乐一朝，虽然宦官得以染指诸多要事，但朱棣的强权毕竟使宦官们慑服，而不敢放肆专权，这一状况一直维持到宣德一朝。

宣德十年（1435）的大年初三，年仅38岁的明宣宗朱瞻基在乾清宫驾崩，长子朱祁镇以9岁之幼龄登上九五之尊，是为英宗，年号正统。皇帝的弱龄使宦官王振擅权成为一种必然，而王振的擅权使明朝走向了式微。

王振，蔚州（今河北蔚县）人。在家乡读过书，并且由儒士当上教官，然而漫长的九年里没有任何建树。恰巧这时朝廷颁布诏书，有子者允许阉割进入宫廷，王振便自行阉割，进入了宫廷。②洪武时期，朱元璋禁内臣读书写字，而朱瞻基则将祖宗遗训忘在脑后，他设内书堂，选小内侍，王振入选。王振因此得以粗通文墨、略晓古今。朱瞻基还让王振陪侍太子朱祁镇读书，为东宫局郎。王振深得朱祁镇信赖，被朱祁镇尊称为"先生"。逮及英宗初立，王振遂掌司礼监。③

朱瞻基临终留下遗诏：国家重务务必请示皇太后。遗诏中的皇太后就是朱祁镇的祖母张氏。张氏虽然深居宫闱，但是有着比较清醒的政治头脑，她知道孙子尚幼，国家大事必倚仗宣德旧臣。张氏深思熟虑后，将英国公张辅，大学士杨士奇、杨荣、杨溥，尚书胡濙五人宣至便殿，诚谕英宗："此五人，先朝所简贻皇帝者，有行必与之计。非五人赞成，不可行也。"教训完小皇帝，张氏立即宣王振到殿，并声色俱厉地对王振说："汝侍皇帝起居多不律，今当赐汝死。"张氏随即令宫中女官将明晃晃的刀架在王振的脖颈上。然而，朱祁镇一见祖母

① 《明史》卷三〇四《宦官一》。
② 〔清〕查继佐：《罪惟录·列传》卷二十九，浙江古籍出版社1986年版。
③ 《明史》卷三〇四《宦官一》。

要杀他无比依赖的"先生",就立马跪下求情,众大臣见皇帝如此也只能下跪,王振因此得免一死。张氏告诫英宗及众大臣:"皇帝年少,岂知此辈祸人家国。我听皇帝暨诸大臣贷振,此后不可令干国事也。"①如果说英宗年少,在情感上对王振有所依赖尚可谅解,但是众大臣的下跪求情、张氏对王振的手下留情,实在是养痈为患之举。如果张氏死后有知,一定会为她当时的妇人之仁而懊悔不已。

王振这个小人堪称政治舞台上最好的演员之一,其高超的演技欺骗了很有政治经验的三位内阁大臣——杨士奇、杨荣、杨溥。一次,王振看见英宗和小太监一起玩球。第二天一早,就跪谏英宗说:先皇帝为一球而几误天下,陛下如果也喜欢如此玩物,那江山社稷又当如何?年幼的英宗自是对王振敬畏无比,三杨听了也由衷感叹宦官中还有如此忠心的人。王振每每到内阁传旨,都假装不敢进去,三杨便把王振请进内阁,并让座于他。王振由此渐渐得到了内阁大臣的信任。

除了擅长表演和伪装,王振还善于察言观色。正统四年(1439),福建按察佥事廖谟杖死驿丞,本来这是一件并不复杂的案件,然而被杖死者为杨溥的乡里,佥事廖谟又为杨士奇的乡里,这就使得案件错综复杂起来,杨溥、杨士奇都是朝廷阁臣,这层关系使得办案者不知如何是好。这是中国古代官场的积弊——人情往往大于律法。中国古代官场的另一积弊就是,为官者都希望借各种机会维护自己的权威和面子,为大官者尤甚,杨溥、杨士奇当然也不例外。杨溥要为自己的同乡——被杖死的驿丞——报仇,以保全自己作为阁臣的威严,坚持要处死廖谟;而杨士奇同样也是阁臣,同样要维护自己的威严,执意要庇护廖谟。此事最终闹到太皇太后张氏那里,张氏自然没有辙,因为杨溥和杨士奇两人均为她和孙子倚重的人,她哪个也不想得罪。狗的嗅觉总是很灵敏的,惯于看风使舵的王振犹如一条正欲得到主人信任的哈巴狗,敏锐地觉察到这是一个博得张氏、杨溥、杨士奇信任的好机会。于是,他给了张氏一条两全其美之计:"二人皆挟乡故,抵命太重,因公太轻,宜对品降调。"张氏觉得这个办

---

① 〔清〕谷应泰:《明史纪事本末》卷二九《王振用事》。

法既惩罚了廖谟，又维系了她和杨溥、杨士奇之间互为依存的关系，自然予以采纳，将廖谟降为同知。①自此，张氏渐渐开始信任王振，作为事实上的幕后听政者张氏都持这样的态度，三杨自然不会对王振参预政事持反对态度。

正统六年（1441）十月，奉天、华盖、谨身三殿修成，英宗宴请百官，按旧制，宦官不得参加这样的宴会。一向对王振心存敬畏的英宗担心"王先生"不悦，忍不住派小太监前往探视，探视者回来向英宗汇报，王振正在大发雷霆，称："周公辅成王，我独不可一坐乎！"英宗竟为之蹙然，以致弃祖宗礼法于脑后，连忙命人打开东华门的中间大门，请王振赴宴，在座的朝廷百官竟然也纷纷望风而拜。②

毕竟有太皇太后架刀于颈上的前事之鉴，且三杨在朝廷中还有很高的威望，王振终究不敢放肆。因而，正统初年，基本延承了仁、宣时的各项政策，天下相对清平。

正统七年（1442）十月，太皇太后张氏病故，最能制衡王振的法宝顿然消失，而制衡王振擅权的另一法宝——"三杨"——的力量此时已经微乎其微了。早在两年前，王振就已经以三杨"年高倦勤"为由，授意英宗擢用曹鼐、马愉，并入直内阁，预机务，以此排挤三杨。此时，杨荣已经作古；原本怀着"尽瘁报国，死而后已"之壮心的杨士奇则因为儿子杨稷犯法论死，卧病不出；仅存杨溥在朝，终因年老势孤，面对国事徒唤奈何。而继登内阁者皆委靡嗫声，大权终于由王振一人独揽。宦官预政之风遂成明季祸痛，势成积重。而王振专权是明朝宦官乱政的肇始；王振之后，又有宪宗成化年间的汪直、武宗正德年间的刘瑾，他们的擅权直接导致了明朝的国势日蹙；明末的大宦官魏忠贤乱政使得明朝终于走向覆亡。

王振公然取走明太祖朱元璋所铸的"内臣不得干预政事"铁牌，③事实上，即使铁牌高悬，也已经没有任何东西可以阻挡王振乱政的步伐了。他唆使英宗

---

① 〔清〕谷应泰：《明史纪事本末》卷二九《王振用事》。
② 〔清〕谷应泰：《明史纪事本末》卷二九《王振用事》。
③ 〔清〕谷应泰：《明史纪事本末》卷二九《王振用事》。

滥用重刑，迫害刘球、李时勉等忠良，排除异己，结党营私。敢于抗争者或被迫害致死，或被挤出朝廷。剩下的是那些没有官品和人格、对王振极尽阿谀的官员。

有了英宗的纵容，没有了制衡的力量，王振或唆使英宗下旨，或直接矫旨行事，为所欲为，无所忌惮。他怂恿英宗兴师麓川，战事长达10年之久，导致军队困顿、国力耗竭、百姓不堪重负；卖官鬻爵，索贿受贿，搜刮民脂，积聚财富。事败抄家时，竟得金银60余库，玉盘上百，珊瑚仅高六七尺者就有20余株，其他珍玩不可计数；广置田产，营造府邸，其府邸极尽奢华、堪比皇宫；王振佞佛，修大兴隆寺，壮丽甲于京都，为此强征军民万余人，耗去国库数十万两银子，京城百姓编民谣以讽此事："竭民之膏，劳民之髓，不得遮风，不得避雨。"①王振培植的党羽如马顺、郭敬、陈官，还有王振之侄王山等个个张牙舞爪、为非作歹，民声怨望。②

王振乱政导致了英宗一朝政治黑暗，民怨鼎沸，国力衰竭。明朝的这一状况刺激了瓦剌部首领也先占领中原的强烈野心。

虽然朱祁镇与王振对北方边防的危险视若不见，但是朝廷中那些不愿意眼睁睁看着自己的国家走上覆亡之路的人却早已看清了瓦剌的企图，并不惜以前程甚至生命为代价纷纷向朱祁镇进谏。正统八年（1443），翰林侍讲刘球就国家大事向朝廷提出十条看法与建议，其中一条是分析瓦剌的威胁，并提出防御措施，刘球以为"迤北贡使日增，包藏祸心，诚为难测"③，他建议朝廷要整顿军队、严禁私役军士、加紧训练守边官军；整顿军屯，充实军粮。如果英宗此时接纳刘球等忠臣所谏，几年后的被掳之辱也许就可以避免，然而完全处在王振操控下的朱祁镇毫无对国事的判断与预测能力。刘球进谏之举犹如飞蛾扑火——不仅没有任何效果，反而付出了生命的代价。王振认为刘球的奏疏是针对自己的，于是就施以报复，他立即将刘球逮捕，并将其杀害，死状极为惨烈。

① 《明英宗实录》卷一八三。
② 《明史》卷三〇四《宦官一》；又，〔清〕谷应泰：《明史纪事本末》卷二九《王振用事》。
③ 《明史》卷一六二《刘球传》。

王振逮捕刘球后，为一泄私愤，即授意其党羽——锦衣卫指挥马顺——在狱中杀害刘球。刘球入狱后的一个深夜，马顺命令一个卢姓小校充当操刀手去杀刘球，刘球见小校持刀而入，知道难免一死，乃大呼："死诉太祖、太宗！"刘球的头颅被小校一刀砍下，流血被体，但是身躯屹立不动，马顺竟然将刘球躯体倒立，斥之"如此无礼"，其后将遗体肢解，随意埋在监狱边的空地里。①于谦后有《刘侍讲画像赞》颂扬刘球之忠烈，曰："铁石肝肠，冰玉精神，超然物表，不涴一尘。古之君子，今之荩臣。才足以经邦济世，学足以尊主庇民。持正论以直言，遭奸回而弗伸。获乎天而不获乎人，全其道而不全其身。圣明御宇，景命惟新，恤典有加，光生搢绅，遗像斯存，俨然冠巾。望之者如瞰虞廷之凤，仰之者如睹鲁郊之麟。噫！斯人也，正孔、孟所谓取义成仁者欤！"②

王振一方面对渐行渐近的瓦剌的马蹄声充耳不闻；另一方面又对瓦剌部出尔反尔，给也先提供了南侵中原的最佳口实。为了换取瓦剌部的良马，王振竟然暗中指使他的亲信镇守大同太监郭敬，制造大量的钢铁箭头等兵器，藏在瓮中，送给瓦剌使者。瓦剌部脱脱不花与太师淮王贪婪无度，每每各自遣使者朝贡，并谎报人数，以此向明朝索取更多的财物。而王振因为得了瓦剌的好处，便以保天下太平为名，赏赉金帛无算，瓦剌所请无所不予，这一做法无疑更滋长了瓦剌部的贪欲。③

正统十四年（1449）春，也先遣2000多使者贡马，却诈称3000人。瓦剌贡使冒领赏赐，原本为习以为常之事，且此前王振因为受了瓦剌的贿赂，因而每每有所庇护。可是，这次王振却没有让瓦剌如愿以偿，而是恼怒地令礼部核实，除去虚报的人数，并且削减了瓦剌所请赏赉的五分之四。贡使返回，向也先汇报这一情况，也先忿恚难抑，借口明廷曾许诺将公主嫁与其子，而此次却"答诏无许姻意"，遂率瓦剌诸部寇辽东、宣府、甘肃等，自己则拥所部进犯大同。④

---

① 〔清〕谷应泰：《明史纪事本末》卷二九《王振用事》。
② 〔明〕于谦：《于肃愍公集·文集》卷八。
③ 《明史》卷三二八《瓦剌传》。
④ 〔清〕谷应泰：《明史纪事本末》卷三二《土木之变》；又，《明史》卷三二八《瓦剌传》。

于是，任凭朝廷如何掩耳盗铃或闭目塞听，瓦剌入侵的马蹄终于逼近边关——狼终于来了。

"土木之变"

在后人看来，成为明代耻辱的"土木之变"完全像一场闹剧，不幸的是在这场闹剧中几十万生命就这样因傀儡英宗与"导演"王振的视战争如儿戏的一系列昏聩操作而丧生。

位于河北省怀来县东面的土木堡，本名统漠镇，后因音近讹为"土木"。永乐初年置堡，系宣府通向居庸关的重要驿站，周围百里，群峰耸立，地势很高。今日的土木堡已难显当年的模样，进入土木村，站在夯土城墙的残垣断壁边，遥想当年的烽火硝烟和横尸遍野、流血成河的惨景，不禁庆幸于自己生逢盛世。如今，这里还矗立着显忠祠，来来往往的游客不时发出对在土木堡之战中无谓阵亡的明朝数十名朝廷重臣和几十万士兵的叹息。土木堡的残垣断壁，见证了500多年前这场战争的残酷与罪恶，见证了英宗一朝的腐朽与昏庸。

正统十四年（1449）七月十一日，也先率瓦剌部进犯大同，大同参将吴浩率守军迎战，吴浩战死在猫儿庄，大同守军失利，塞外城堡陷没。大同败报一日数十次传到京城。

在王振的怂恿下，明英宗朱祁镇决定率六师亲征。

于谦此时为兵部右侍郎，亲征之议一出，巡抚晋豫18年之久、洞悉敌我双方形势的他知道，北部边防虚弱，而且六师尽出，京师将成为空城，于谦因此和兵部尚书邝埜（1385—1449）力言"六师不宜轻出"。然而，此时朱祁镇耳朵里只听得进王振一人的话，而很想借此狐假虎威一番的王振自然坚决不会接受于谦、邝埜等人的建议。此时，吏部尚书王直率群臣力谏："陛下宜固封疆，申号令，坚壁清野，蓄锐以待之，可图必胜，不必亲御六师，远临塞下。况今秋暑未退，旱气未回，青草不丰，水泉犹塞，士马之用未充。兵凶战危，臣等以为不可。"①但是，任何人的进谏对朱祁镇和王振而言都成了耳旁风。

23岁的少年天子朱祁镇幻想着自己能像皇祖朱棣一样亲征漠北，击败瓦剌，建立不世之功，尽显明朝的大国声威，这本来也无可厚非，历史当给予客观公允的评价。问题在于，此时的明朝已经没有了洪武、永乐两朝那样的雄厚国力了，特别是在旷日持久的麓川之役中元气大伤，国力已透支消耗。最要命的是，这样一次关乎国家存亡的重大军事行动需要有谋划得当的战略与缜密周到的战术才有取胜的可能，但是朱祁镇与王振竟然视之为儿戏，战略上根本没有把如狼似虎、兵力强壮的瓦剌部放在眼里，而草草准备和仓促出发以及后来一系列荒唐的战术失误更是不可避免地导致了"土木之变"的发生，这一对主仆一个为此被瓦剌所掳，一个为此死于英宗护卫的重锤之下——玩火者必自焚！

朱祁镇下令几天内备妥所有出征事宜，命"在京五军、神机、三千等营官军操练者，人赐银一两，胖袄裤各一件，鞋鞋两双。行粮一月，作炒麦三斗。兵器八十余万。又每三人给驴一头，为负辎重。把总、总指挥，人加赐五百贯"②。因为行事仓促，所以发放上述物资时秩序混乱。而宣府、大同等边关诸镇的仓储粮草匮乏，就令"山西布政司及顺天保定等七府夏麦秋粮，原定口外交纳者，悉令抵斗收豆，赴大同、宣府等处交纳"；又令"太原府所属近北州县各起民五百名采刈秋青草"③。这样，物资准备便算完成了。

朱祁镇随之敕令其弟郕王朱祁钰（1428—1457）居守北京，这一并未经过多少深思熟虑的诏令使得朱祁钰成了后来的景泰皇帝。

接着，命太监金英辅佐郕王，吏部尚书王直留守京师，于谦留兵部理事。朱祁镇本来是打算让于谦扈从亲征的，但是朱祁镇和王振最终还是改遣兵部尚书邝埜，让于谦留在京师。令朱祁镇与众大臣料想不到的是，这一带有很大随意性的人员派遣决定无意中拯救了明朝。

在短短的两天草草准备之后，七月十六日，朱祁镇亲率官军约50万人启

---

① 〔清〕谷应泰：《明史纪事本末》卷三二《土木之变》。
② 《明英宗实录》卷一八〇。
③ 《明英宗实录》卷一八〇。

行，征讨他以为唾手可得的瓦剌，英国公张辅、成国公朱勇率师以从，户部尚书王佐、兵部尚书邝埜、学士曹鼐、张益等扈从。①

十九日，师出居庸关，过怀来，抵宣府。由于50万大军仓促出征，加之组织不当，因而行军途中行伍混乱；而兵部尚书邝埜又从马上跌落，身负重伤；连日的凄风苦雨，行军困难，"未至大同，兵士已乏粮，僵尸满路"②，种种因素导致军心动摇。而身居内宫、丝毫不懂军事的王振却是这场战争的总指挥，他像驱赶牲口一般催促大军行进。邝埜和王佐屡屡上章请回，王振不仅不允，还大发淫威，令他们"跪于草中，至暮方释"。堂堂成国公朱勇向宦官王振奏事，竟然要"膝行向前"③。二十八日，明军到达大同东北的阳和（今山西省阳高县），而13天前，大同总督宋瑛、总兵官朱冕和都督石亨率领的军队在此迎战也先率领的瓦剌部，因为受太监郭敬的牵制，宋瑛部队全军覆没，尸横遍野的惨景令明军"众皆寒心"④。八月初一，艰难跋涉半个月之久的明军终于到达大同。狡黠的也先为了引诱明军深入，故意北撤。对兵法一无所知的王振看到瓦剌北撤，就坚持北进，扈从大臣纷纷上章请回，王振不允，直至初二大同镇守太监郭敬将也先北撤的用意和我军前线惨败的情况密告王振，王振才开始惧怕，次日下令班师。

闹剧如果于此收场，朱祁镇或许还可以安然回到京师坐他的皇位，而几十万条性命更不会白白地葬送，当然，王振也会继续嚣张跋扈。不幸的是，王振的畸形人格与失常思维促使他并不想如此收场，因为无论王振处于多么显赫的地位，拥有多少物质财富，但他终究是太监，这一身份让他在心理上存在自卑感，因此他希望借助某种仪式来显示叱咤风云、一呼百应的八面威风。

在王振看来，让当朝天子陪着自己出现在昔日对自己不齿的乡人面前，那种威风不亚于当年刘邦登极后"威加海内兮归故乡"，王振便想让皇帝"驾幸其

---

① 《明英宗实录》卷一八〇。
② 〔清〕谷应泰：《明史纪事本末》卷三二《土木之变》。
③ 《明英宗实录》卷一八〇。
④ 《明英宗实录》卷一八〇。

第"。23岁的英宗对王振百依百顺，于是一个皇帝、数十名大臣和数十万大军就浩浩荡荡向王振在蔚州的老家进发，大约走了40多里地，王振又突然想到几十万之众的行军队伍会踩踏他的庄稼，就又命令部队改道向东，奔向宣府。大同参将郭登闻讯力主英宗当从紫荆关回驾，因为这时大军距紫荆关只有40里之遥了。但是，当学士曹鼐、张益将郭登的建议转告王振时，却遭到拒绝。

八月初十，明军退到宣府，瓦剌骑兵突袭而来，明军仓促应战，伤亡惨重。十三日，明军撤军至土木堡。明军抵达土木堡时太阳尚未落山，且离怀来城只有20里，扈从大臣们都主张入怀来，而王振却以"辎重千余辆未至，留待至"。邝埜一再上章请求朱祁镇速速回居庸关，王振不报，邝埜又诣行殿力请，王振呵斥他："腐儒安知兵事，再妄言必死。"邝埜愤然答道："我为社稷生灵，何得以死惧我！"王振愤怒于邝埜对其威严的冒犯，命令左右将邝埜强行拖出行殿。几十万人马于是就留驻在这个"旁无水源，又当敌冲"的危险之地。①

整整一夜的时间足以让瓦剌从容地逼近明军，而王振和朱祁镇无知得连这点常识都不知道。第二天，王振与朱祁镇淡定地打算率领六师起行回京，却没有机会了——也先劲骑从四面八方呼啸而来。明军不敢妄动。人马已经两天没有饮水，掘地两尺不见滴水，15里外的河流已经被也先控制，官兵身体疲乏，士气大减。也先从土木堡旁的麻谷口攻入，都指挥郭懋拒战终夜，敌人倍增，而镇守宣府总兵杨洪竟按兵不动。

八月十五日，狡黠的也先假装撤退，遣使持书向明朝请和，朱祁镇令曹鼐起草"和议"诏书，并遣通事二人与也先使者同赴瓦剌军营。对军事一窍不通的王振马上下令移营就水，饥渴了三天的士兵纷纷逾堑而行，行伍杂乱。明军南行不到三四里地，瓦剌部众从四面围攻上来，明军兵士争先奔逸，势不可阻。敌骑踩阵而入，挥动长刀如砍瓜切菜一般砍杀毫无招架之力的明朝官兵，明军死难将士数十万。②英国公张辅，成国公朱勇，户部尚书王佐，兵部尚书邝埜，学士曹鼐、张益，驸马都尉井源，侍郎丁铭、王永和等50余位朝廷大臣在混战

① 〔清〕谷应泰：《明史纪事本末》卷三二《土木之变》。
② 〔清〕谷应泰：《明史纪事本末》卷三二《土木之变》。

中遇难，扈从大臣中只有大理寺丞萧维祯、礼部侍郎杨善等寥寥数人侥幸逃命。

苍天有眼！这场灾难的始作俑者王振终于得到恶报——明朝的护卫将军樊忠举起手中的铁锤，怒吼着"我为天下诛此贼"，砸碎了王振罪恶的头颅。王振终于结束了其专横跋扈、祸国殃民的一生。

朱祁镇终于看清自己的处境了：官军被屠戮无数，扈从大臣所剩无几，自己一生所倚的"先生"王振也横尸战场，逃离的希望微乎其微。于是，他干脆下马盘腿南向而坐，一个瓦剌士兵看他衣着华贵，想扒走他的衣服，朱祁镇奋力挣扎，这个士兵对这位失败者的反抗很愤怒，挥刀想取他的性命，好在朱祁镇命不该绝，该士兵的兄长见朱祁镇的举止与穿着迥然异于众人，断定他不是等闲之辈，于是几个瓦剌士兵推拥着他去见也先之弟赛刊王。赛刊王随即快报也先，说部下所获一人疑为明英宗朱祁镇，也先令尚在瓦剌营中的明朝使者辨认，证实果然是大明天子。也先大喜过望，问部下该如何处置朱祁镇，有一部下建议不如杀了，也先弟伯颜帖睦尔力主不杀英宗，而也先也想以朱祁镇为人质要挟明朝政府，因此就留下了朱祁镇的性命。

泱泱大国的皇帝就这样成了蒙古瓦剌部的俘虏。朱祁镇则从天堂跌入了万丈深渊——过着俘虏的生活。

这场闹剧般的战争将明朝推到了几乎覆灭的境地，天下生灵面临涂炭之灾，中华民族又一次到了改朝换代或者南北分裂的边缘。

大厦将倾了。

受命为兵部尚书

时代呼唤着英雄挺身而出，扶大厦于将倾。

有些历史场景总是惊人地重现，明朝的这场惊变几乎让所有具备一点点历史常识的人想起了宋时的靖康之难。

然而，比起宋王朝，明朝是幸运的，靖康之难后，宋王朝偏安一隅，中国陷入宋金对峙、南北分裂的状态100多年，南宋最后灭于崛起的元朝铁蹄下；

而明朝军队则成功地抵御住了蒙古部落的进攻，明王朝的统一局面得以延续。

比起宋朝无数"忍死望恢复"的中原"遗民"，①明朝的百姓是幸运的，因为他们终究没有沦为"遗民"而遭到屠戮。

比起宋徽宗赵佶和他的大儿子宋钦宗赵桓来，明英宗朱祁镇是幸运的。徽、钦二帝成为大金骑兵的俘虏后，徽宗皇帝的第九个儿子康王赵构在南京应天府称帝，建立南宋政权，这就是宋高宗，而宋高宗坚持和议的政策，徽、钦二帝至死不得南归，而朱祁镇则没有重蹈客死敌营之覆辙。

国家幸甚，百姓幸甚，英宗朱祁镇幸甚！这一切都是因为明朝有于谦。

明军惨败、英宗北狩的消息传至京师，京师大震。皇族惊惶万分，他们派太监携带宫中财宝前往居庸关外寻找瓦剌军营，奢望能把朱祁镇赎回来，但是，此时朱祁镇已经被瓦剌部挟持着先至宣府而后转往大同了。②

王师覆灭，皇帝被掳，这对忠于国家的朝廷大臣来说是一种不可忍受的耻辱，于谦北望而哭，顿足悲号："誓不与虏俱生！"③

在经过了两天的惊惶、混乱后，太后下诏，立皇长子朱见深（1447—1487）为皇太子，其时，朱见深年仅2岁，于是命时年22岁的郕王朱祁钰监国，辅佐幼主，诏告天下，以稍安人心。④

八月二十日的一场朝廷混乱，使得太后、郕王朱祁钰、王直等大臣对于谦的胆魄和韬略刮目相看，也将于谦推到了历史的前台。

这天，朱祁钰摄朝，临午门，群臣次第宣读弹劾王振奏章，称："振倾危宗社，请灭族以安人心。若不奉诏，群臣死不敢退。"⑤继而痛哭于朝，哭声响彻宫殿。在深宫的歌舞升平中长大的朱祁钰显然没有经历过这种场面，于是临乱

---

① 陆游《关山月》诗有"遗民忍死望恢复，几处今宵垂泪痕"之句。

② 《明通鉴》卷二四。

③ 〔明〕于冕：《先肃愍公行状》。

④ 《明英宗实录》卷一八一。

⑤ 〔清〕谷应泰：《明史纪事本末》卷三三《景帝登极守御》。

心慌，束手无策，起身欲退。正当朱祁钰退缩时，太后有旨籍没王振，并遣锦衣卫指挥马顺传旨，而马顺竟然没有意识到靠山已倒、自己的末日已经来临的现实。"恶有恶报，善有善报"，这句话不会始终是弱者的自我安慰，它偶尔也会应验。马顺乃王振党羽，平素阿附王振，助纣为虐，刘球即为马顺所杀。群臣一见到马顺，自王振擅权以来郁积在心中的愤懑以及对由王振导致的王师覆灭、皇帝被掳的屈辱与悲怆突然找到了一个宣泄口，于是对王振及其党羽的愤怒犹如黄河决堤般不可遏止，昔日令朝臣吞声不敢言的马顺罪有应得地死在了大臣们的拳打脚踢之下，同时被击杀的还有王振另两名同党。三具罪恶的尸体随后被拖至东安门，军士犹争击不已。愤怒不已的人们又将王振侄儿锦衣卫指挥王山捆绑到廷上，令其下跪，众人又唾骂不止。一时间，朝廷喧哗，班行杂乱，无复朝仪。

发泄完愤怒、头脑清醒过来的大臣们，突然都意识到自己杀了人，开始惊恐不安，而身负监国重任的朱祁钰自事件发生起就一直处于恐慌之中，他几次起身，想一走了之。

朱祁钰怕了，在场的大臣们也怕了。此时，于谦站出来了。自此，于谦走进了政治旋涡的中心，前路漫漫，多少惊涛骇浪、多少狂风骤雨、多少雪剑霜刀在等着他，他都已经顾不得了！

就在朱祁钰想退身之际，临乱不惊的于谦径直上前拉住手足无措的朱祁钰，把他按在座椅上，沉着地说："殿下止。振罪首，不籍无以泄众愤。且群臣心为社稷耳，无他。"[1]在于谦的坚持下，朱祁钰降旨奖谕群臣，并宣谕马顺罪当处死，不追究群臣之过，人心始定。朝堂终于恢复了应有的秩序，在混乱中于谦官服的袍袖也被撕裂了。事定退朝，吏部尚书王直拉住于谦之手唏嘘感叹："朝廷正藉公耳！今日虽百王直，何能为！"[2]

挺身而出的于谦让朝廷上下看到了明朝的希望和出路。次日，太后命于谦为兵部尚书。临危受命的于谦以赤胆忠心与雄韬伟略开启了他拯救国家于危难、

---

① 〔清〕谷应泰：《明史纪事本末》卷三三《景帝登极守御》。
② 《明史纪事本末》卷三三《景帝登极守御》；《明史》卷一七〇《于谦传》。

拯救百姓于水火的险途。

明朝京营50万大军在土木堡丧失殆尽，京师所剩羸马疲卒不足10万，京师
戒严，人心惶惶。面对如此危局，于谦果断将两京、河南备操军，山东及南京
沿海备倭军与江北及北京诸府运粮军，宁阳侯陈懋所统领的浙兵等部队立即调
赴京师，抗击敌寇。①其时，通州仓廪积粮较多，如果不及时转移，就有可能沦
为敌资，有人建议焚毁，应天巡抚周忱建议：通州"仓米数百万（石），可充京
军一岁饷，弃之可惜，不如令自取之"②。于谦也忧虑于此，于是奏请朝廷将通
州仓粮运往京师，"运粮二十石纳京仓者，官给脚银一两"，并令"文武京官自
九月至明年五月粮预于通州取给，军人给半年"。又令"新选余丁官军并旧操官
军舍人及报效者，人赐银一两，布二匹。守城匠人，守门军火伕，并皇城四门
内外官军，人赐布二匹"③。

这样，在很短的时间内，各地官军调赴京师，粮食、衣服等初步有了保障。
于谦雷厉风行的一系列举措很快扭转了朝野上下一片恐慌的局面，形成了军民同
仇敌忾的抗敌形势，人们的惧怕恐慌心理渐渐被击退瓦剌的信心与决心所取代。

于谦誓死保卫国家的气概感染了其他的文官武将。八月二十三日，也先挟
持朱祁镇至大同城下，与朱祁镇为姻亲的大同守将郭登拒开城门。朱祁镇自然
很生气，但是皇威不再，只得强压怒火，遣人对郭登说："朕与登有姻，何拒朕
若是？"郭登回复："臣奉命守城，不知其他。"④郭登因此得罪了朱祁镇，后来
朱祁镇南宫复辟后，马上将其降职，以解大同被拒之气。这是后话。

鉴于当时文武官员中有的身体老弱，有的性情怯懦，不堪抗敌重任，于谦
知人善任，大胆整饬，荐拔品德、能力堪当重任的官员。在八月二十四日至二
十五日两天的时间里，于谦荐举了杨洪、陈镒、罗通、石亨、曹泰等多名官员，

---

① 《明英宗实录》卷一八一；又，《明史》卷一一《景帝本纪》；《明史》卷一七〇《于谦传》。
② 《明通鉴》卷二四。
③ 《明英宗实录》卷一八一。
④ 〔清〕谷应泰：《明史纪事本末》卷三三《景帝登极守御》。

加固边防。

于谦请封镇守宣府的都督杨洪为昌平伯。杨洪，字宗道，六合（今江苏省仪征市）人。善骑射，遇敌辄身先突阵，曾任游击将军、都指挥佥事、都指挥同知、都指挥使、左都督、总兵官等。一生征战，机变敏捷，善于出奇捣虚，未尝小挫。久镇宣府，御兵严谨，士马精强，为一时边将之冠。[①]"土木之变"后，宣府悬为孤城，八月十七、十八两日，也先挟持朱祁镇至宣府城南门，胁迫杨洪开门相迎，杨洪或以"天已暮"为由拒绝开门，或干脆令军士回复"镇臣杨洪已他往"，闭门不纳，也先无奈北去。同时，于谦奏请奖谕罗亨信。罗亨信，字用实，东莞人，永乐二年（1404）进士。正统初，以右佥都御史（后改右副都御史），巡抚宣府、大同。对也先野心早就有所警惕的罗亨信曾建议"宜预于南北要害，增置城卫为备，不然恐贻大患"，然而未被朝廷采纳。"土木之变"后，宣府沦为空城，人情汹惧，悲观惧怕者建议放弃宣府城，官吏军民争相而逃，罗亨信仗剑坐于城下，下令说："出城者斩！"又向诸将发出死守宣府的誓言，上下人心始得安定。也先挟持朱祁镇至此，传朱祁镇之命，令其打开城门，罗亨信登城说："奉命守城，不敢擅启。"也先无奈北去。[②]于谦赏识罗亨信与都督杨洪誓死守卫孤城的斗志，于是建议朝廷奖谕杨、罗二人，以激励所有将士。

同日，于谦荐都御史陈镒安抚畿内军民。陈镒，字有戒，吴县（今属江苏省）人。永乐进士。陈镒三度镇守陕西，先后达十余年，颇有政声，很受当地百姓爱戴。史载，陈镒每次还朝，百姓必遮道拥车而泣；每次返任，百姓则夹道欢迎。[③]陈镒的官德使爱民如子的于谦觉得他可以担当安抚畿内军民的重任，而陈镒后来的所为也没有辜负于谦的信任。

八月二十五日，于谦荐擢广东东莞河泊所闸官罗通。罗通，字学古，吉水（今属江西省）人，永乐进士。正统初年，迁兵部郎中，从尚书王骥整饬甘肃边务，因贪淫为王骥奏劾，因而下狱，后谪广西容山闸官，又调东莞河泊所官。

---

① 《明史》卷一七三《杨洪传》。

② 《明史》卷一七二《罗亨信传》。

③ 《明史》卷一五九《陈镒传》。

罗通为人贪婪狂妄，但是于谦深知非常时期需要不拘一格提拔人才，因而向朱祁钰荐举了罗通。①但罗通生就的小人品行使他对于谦的荐举并没有感恩戴德，而是屡屡猜忌于谦，这是一切出自公心的于谦没有预料到的。

为加强边关与京师守备，于谦连续调兵遣将。这段时间，于谦做出的最重要的举措是奏请起用石亨。石亨，渭南（今属陕西省）人。身材魁梧，美髯及膝，擅长骑射，善用大刀。正统初，迁都指挥佥事，进都指挥同知，充左参将，佐武进伯朱冕守大同。正统十四年（1449），因败兀良哈部，进都督同知。也先率瓦剌部大举入寇大同时，石亨和宋瑛、朱冕等战于阳和口，宋瑛、朱冕战死，石亨单骑逃回，因此降官。于谦深知石亨骁勇善战又熟谙军务，虽然有战败后单骑逃命之经历，但是在这样的非常时期，石亨实在是不可多得的将才，于是向朱祁钰推荐石亨，将其升为右都督，总京营兵。②京师保卫战的胜利有很多因素，而起用石亨则是其中的一个重要因素。

要赢得一场战争，仅仅有官员与将领是不够的，必须激发军民的斗志，才能具备胜利的条件。于是，于谦要求兵部榜示官军民众，凡能临阵英勇杀敌者，一律按功给赏。③

拥立景帝

国不可一日无君。英宗被掳，皇太子幼冲，国势危殆，人心惶恐，如此状况让也先心存以英宗为人质胁迫明朝投降的幻想，而且使得朝廷在推行政令时多少会有些不顺畅，只有另立新君才能打破这种胶着的局面。

在新国君的人选上，有的大臣主张立皇太子朱见深，有的则为郕王朱祁钰站队。在国难当头的时刻，年仅两岁的朱见深显然不是合适的人选，皇太后和于谦等文武大臣商议立朱祁钰为国君，在这一决策过程中，于谦起到了至关重要的作用。

---

① 《明英宗实录》卷一八一；又，〔清〕谷应泰：《明史纪事本末》卷三三《景帝登极守御》。

② 《明英宗实录》卷一八一；又，〔清〕谷应泰：《明史纪事本末》卷三三《景帝登极守御》。

③ 《明英宗实录》卷一八一。

八月二十九日，文武百官以"国有长君，社稷之福"为辞恳请太后，请立郕王，虽深居内宫但洞悉国家命运之危急的太后允准了众臣的这一请求，她遣太监金英传旨："皇太子幼冲，郕王宜早正大位，以安国家。"①于是，在国家生死存亡的危急关头，明廷竟然还"拨冗"上演了一出皇位的请让大戏。黄袍加身是多少人梦寐以求的事情，有史以来，多少的沙场纷争，多少的兄弟阋墙，多少的宫廷喋血，多少的明争暗斗，多少人为之抛去头颅，都是为了一个可以统御天下的皇位。朱祁钰在此之前是否有过做皇帝的非分之想，我们永远无法知晓，但可以肯定的是，他的内心一定是不会抗拒这个皇位的，不然后来他哥哥朱祁镇回京受阻以及被囚南宫就无法解释了。当然，无论朱祁钰内心对天子之位有多么渴望，他也不能干脆利索、痛痛快快地立马行登基大典，必须要装一装，上演全套辞让大戏。因此，皇太后的旨意传至朱祁钰那里时，朱祁钰的第一反应就是做出辞让的姿态，他端着架子威严地说："皇太子在，卿等敢乱法耶？"②于是文武大臣再次劝进，朱祁钰再次辞让。就在朱祁钰一再辞让之时，心虑国家命运的于谦慷慨陈词："臣等诚忧国家，非为私计，愿殿下宏济艰难，以安宗社，以慰人心。"③于谦的这番话说得很有策略，他恳请朱祁钰为宗社考虑，尽早登基，绝了也先的幻想，如此，就使得朱祁钰可以坦然去做皇帝，而不用担心天下人对他的质疑甚至诟病。朱祁钰终于接受了太后的旨意，并于九月初六日正式登基，是为景帝，遥尊英宗朱祁镇为太上皇，以翌年为景泰元年。

也先以英宗朱祁镇为人质要挟明廷的希望破灭了。

这就是于谦，他从不考虑自己的所作所为会给个人命运带来什么后果；不会忧虑他今天坚持请立郕王，将来如何面对英宗，而英宗又将会置他于何地。于谦人格的伟大更在于他料到了这样做的后果，在临危受命为兵部尚书后，他总是悲怆呼号："此一腔热血，竟洒何地？"④但是为了国家不致覆亡，为了苍生免遭涂炭，他早已把个人的祸福抛之脑后了。

---

① 〔清〕谷应泰：《明史纪事本末》卷三三《景帝登极守御》。

② 《明英宗实录》卷一八一。

③ 《明英宗实录》卷一八一。

④ 〔明〕于冕：《先肃愍公行状》。

整军经武

明朝立新君的消息传到瓦剌部，也先恨得咬牙切齿，第一时间遣使致书明廷，措辞傲慢无礼，并扬言：行当决战。

于谦知道，箭在弦上，不得不发，恶战势所难免。于是，泣谏景帝："寇贼不道，势将长驱深入，不可不预为计。"[1]也先行当大举入寇，明朝泱泱大国一定要抵御并击败瓦剌，这一必胜的信念在于谦心里从来没有动摇过。但是，士兵数量的不足与作战能力的缺乏、武器等物资保障的局促等情况让于谦忧心如焚。

于谦以其雄韬伟略雷厉风行地解决了上述问题。首先，针对官军数少的情况，于谦奏请景帝宜马上遣官招募官舍余丁义勇，起集附近民夫，更替沿河漕运官军，并令其悉隶神机等营，操练听用；其次，解决京师九门的守卫问题，于谦建议派都督孙镗、卫颖等给领兵士，出城守护，列营操练，以振军威，并选给事中御史王竑等分出巡视，勿使疏虞；再次，现有各营的军资器械十不存一，于谦建议令工部齐集物料，内外局厂昼夜并工，成造攻战器具；此外，瓦剌入侵，郭外居民定遭涂炭，于谦建议将其徙于城内，随地安插，使他们免遭寇掠。[2]这时，于谦已经成为朝廷特别是景帝所倚重的柱石，因而他提出的措施总能在最短的时间内很顺畅地推行下去。

景帝登极的次日，令文武百官举将才，于谦荐擢辽东都指挥佥事范广为都督佥事，充副总兵，佐理石亨操练京营军。范广，辽东人。初为宁远卫指挥佥事，迁辽东都指挥佥事。精通骑射，每临阵杀敌，范广总是身先士卒，骁勇无比，因而得到于谦的赏识与荐举。于谦此荐使明朝又得到一位英才，为京师保卫战增加了取胜的砝码，在几日后的京师激战中，范广跃马陷阵，士卒勇气倍增，群起响应，瓦剌部退兵后，范广又追击至紫荆关。论功进都督同知，出守

---

① 〔清〕谷应泰：《明史纪事本末》卷三三《景帝登极守御》；又，《明史》卷一七〇《于谦传》。
② 〔清〕谷应泰：《明史纪事本末》卷三三《景帝登极守御》；又，《明史》卷一七〇《于谦传》。

怀来。①然而，于谦的举荐使范广在天顺元年（1457）的南宫复辟中被贴上于谦同党的标签，从而难逃冤死的结局，此乃后话。

九月初七日至初十日的四天里，于谦请调山东都指挥韩青协同镇守居庸关；因雁门关为山西喉襟之地，请遣都督孙安往雁门关，修筑城垣壕堑，以断来敌之路；又因马邑县时有瓦剌军出没，请遣都督孙旺率2000官军会同石彪所领3000官军共同剿敌；为加固紫荆关边防，又请再调遣2000官军前往镇守。②

宣府、大同为京师的屏障，宣府又以大同为屏障，而大同以及所辖大同五卫、阳和五卫及东胜五卫，乃也先犯边必经之地，因此，镇守大同的将官肩上责任非同小可。九月十五日，于谦荐举郭登充总兵官镇守大同。郭登，字元登，智勇双全，作战经常能料敌制胜。正统年间，跟随王骥征麓川有功，擢锦衣卫指挥佥事，又跟随沐斌征腾冲，因为战功迁署都指挥佥事。英宗亲征瓦剌时，郭登扈从至大同，超拜都督佥事，充参将，明军撤退时，郭登建议英宗车驾宜从紫荆关入，遭王振拒绝。"土木之变"发生后，大同军士多半战死，堪战者仅数百人，马仅百余匹，城门昼闭，人心不安。陷入困境的郭登并没有弃城而走，而是慷慨奋励，着手修理城墙，修缮兵械，抚恤士卒，悼慰死伤，招募民壮义勇，誓死守卫大同城。经郭登整饬，大同拥有数万精卒和15000匹马，大同镇成了军事巨镇。③郭登曾发誓与大同城共存亡，这种气概和于谦"誓不与虏俱生"的气概很能产生情感的共鸣，也使得于谦毅然将守卫大同的重任交给他来担当。

九月二十三日，于谦命令修葺龙门、独石、紫荆、居庸等各边境关隘。次日，又下令各边关守将招募壮士；三天后，于谦又奏请遣监察御史白圭、李宾及侍讲徐珵等15人分往直隶、山东、山西等地招募民壮，以充实军队力量。

由于瓦剌军劫去大量明军衣甲、旗帜，如果大战爆发，瓦剌部穿着明军服装，就会使得我军将士难以辨认敌我身份，因此，于谦提出为明军更换制服。

这一阶段的景帝对于谦可谓言听计从，于谦的这些建议往往都是即奏

---

① 《明英宗实录》卷一八二；《明史》卷一七三《范广传》。

② 《明英宗实录》卷一八二。

③ 《明英宗实录》卷一八二；又，《明史》卷一七三《郭登传》。

即允。[①]

从在八月二十日的朝廷混乱中挺身而出与次日的临危受命起到九月底的一个多月时间，于谦殚精竭虑，披肝沥胆，使明朝在最短的时间内，人心趋于稳定，武备得以加强，为后来京师保卫战的胜利打下了坚实的基础。

指挥京师保卫战

此时的也先还在做着美梦——当初，在他的凌厉攻势下，明朝50万号称最精锐的部队几乎是在刹那之间土崩瓦解，更遑论区区弱兵羸卒。因此，他认为明朝必将重蹈两宋的覆辙，瓦剌部必将像当年的女真族完颜部一样侵占中原，分割中国南北；当然也先更希望能够像自己的祖先成吉思汗一样统御天下。南北宋之交的抗金英雄岳飞英勇善战，带领岳家军抗击金军，驰骋沙场12年，几乎百战百胜，以至金军发出"撼山易，撼岳家军难"的无奈哀叹。然而，岳飞也许至死都不会明白，宋高宗赵构太想保住自己的皇帝宝座，如果打败金人，势必要将他的哥哥赵桓——宋钦宗——迎回，这样他的帝位就成问题了。因此，赵构必然选择和议。于是，岳飞注定功败垂成，死于赵构、秦桧之手，宋朝也必然苟安一隅。

历史是容不得假设的，但是笔者在回溯明朝这段历史时还是忍不住要作出这样的假设：倘若没有于谦，那么中国历史又该怎样演进？是改朝换代还是南北分裂？可以断定：无论是何种结局，都将会给中华民族带来无边的灾难。所幸，明朝终究不是宋朝，因为有了于谦的力挽狂澜，历史的悲剧没有重演。

于谦指挥的京师保卫战的胜利使得也先入主中原成为一枕黄粱。

正统十四年（1449）十月初一日，也先与脱脱不花挟持朱祁镇，率领瓦剌军，从大同城东门劫掠而过。[②]次日，瓦剌骑兵进犯密云，于谦请再添兵力驻守

---

① 《明英宗实录》卷一八三。

② 《明英宗实录》卷一八三。

密云。①十月初三日，瓦剌部的前锋精骑两万抵达紫荆关北口，而另一路瓦剌军则从古北口进犯。明朝为激励将士勇猛杀敌，敕谕兵部造赏功牌，分奇功、头功、齐力三等。凡挺身突阵斩将夺旗者，得奇功牌；生擒瓦剌兵或杀敌一人，得头功牌；虽无功而受伤者，得齐力牌。②十月初四日，瓦剌三万骑兵过洪州堡进攻居庸关，接着转攻白羊口（在居庸关西南），白羊口守将谢泽率部抵御，但旋即战死，白羊口被攻陷。③短时间内攻陷白羊口使得也先的气焰更加嚣张，十月初七日，瓦剌部攻至大同城下，以奉还英宗为由要挟明军打开城门。令也先意料不到的是，被于谦荐为总兵官的大同守将郭登，对瓦剌军大喊："赖天地祖宗之灵，国有君矣。"④拒开城门。无奈之下，也先不攻而退，绕过大同往南进犯。

"板荡识忠臣"，被置于兵临城下的危急境地中，朱祁钰明白朝廷最可靠的人是于谦，除了顶着皇帝身份的朱祁钰外，于谦在朝野上下已然是"登高而召，应者云集"了。十月初八日，朱祁钰诏命于谦提督各营军马，并给予于谦最高的军权：所有将士皆受于谦节制，都指挥以下不听从指挥者，允许于谦先斩后奏。

"士为知己者死"，对于朱祁钰的知遇之恩，于谦还没有来得及细细体味就将其化为激烈的壮怀、奋励的锐气、必胜的信念和非凡的韬略了。朱祁钰的诏令墨迹未干，于谦就着手部署京城保卫战，他分遣众将率兵22万列阵京城九门，于谦自己与总兵官石亨率副总兵范广等守卫德胜门，都督陶瑾列阵安定门，广宁伯刘安在东直门，武进伯朱瑛在朝阳门，都督刘聚在西直门，镇远侯顾兴祖在阜成门，都指挥李端在正阳门，都督刘得新在崇文门，都指挥汤节在宣武门。于谦下达战前令："临阵，将不顾军先退者斩其将！军不顾将先退者，后队斩前队！"⑤

① 《明英宗实录》卷一八四。
② 《明英宗实录》卷一八四；又，《明史》卷九二《兵志四》。
③ 〔清〕谷应泰：《明史纪事本末》卷三三《景帝登极守御》。
④ 〔清〕谷应泰：《明史纪事本末》卷三三《景帝登极守御》。
⑤ 〔清〕谷应泰：《明英宗实录》卷一八四。

十月初九日，紫荆关失守。瓦剌部进攻紫荆关，守备都御史孙祥率部与之相持四日，坚守关隘。而在"土木之变"中投降瓦剌的宦官喜宁引导瓦剌军改由他道攻关，明军腹背受敌，不敌瓦剌，孙祥及指挥韩青等战死。①

白羊口、紫荆关的相继失陷，使得明朝失去了两道屏障，瓦剌劲骑分两路自紫荆关、白羊口汹涌而来，直逼京城。

一时间，朝野上下，人心惶惶。

都说"疾风知劲草"，危难永远是一面镜子，能够真实地映射出太平之际被各种虚饰和假象遮蔽着的人心百态。国难当头，徐珵之奸佞暴露无遗，这个后来策划导演于谦人生悲剧的重要人物很不光彩地登上了正统十四年（1449）纷乱的历史舞台。

徐珵（后更名为徐有贞），字元玉，江苏人。宣德八年（1433）进士，选庶吉士，授编修，正统十二年（1447）进侍讲。徐珵贪恋功名，又为人奸诈。小人如若不掌握权力倒并不是很可怕，因为顶多坑一坑身边的人，不至于祸国殃民；然而，一旦手握权力那就很可怕，因为他势必要利用手中权力，绞尽脑汁损害他人，不断为自己谋取利益，享受权力带来的快感，徐珵不例外；小人往往狂妄，徐珵也不例外，他号称自己谙究天文、地理、兵法、水利、阴阳方术，并以此招摇惑众；贪恋功名的小人往往见风使舵，利用一切可利用的时机使自己扶摇直上，徐珵更不例外。下文述及的所有史实都很好地诠释了徐珵的小人行径。

《明史》《明史纪事本末》等史书记载，"土木之变"发生前，徐珵曾观察到"荧惑入南斗"的天象，私下里对他的友人刘溥说："祸不远矣。"应该说，徐珵这种所谓观天象知吉凶的行为很不靠谱，退一万步说，既然他深信自己此举靠谱，真的预测到了国难将临，作为吃着国家俸禄的大臣就应当建议朝廷早为区处，可是，徐珵不是于谦，他心中装着的只有关于自家的小算计，危难未及，

---

① 〔清〕谷应泰：《明史纪事本末》卷三三《景帝登极守御》。

他就已经悄悄安排老婆孩子携带家私躲回老家苏州了。①

当也先挥师突破白羊口、紫荆关往南进逼时，徐珵尽显小人本色，他内心经过一番权衡并从宋靖康之难中获得启示，预测朱祁钰一旦拥有皇位后就不愿放弃，要保住皇位就必然会像宋高宗赵构一样阻止皇帝哥哥返国，于是徐珵决计一博，此举成功可以为自己赢来皇帝的宠幸，一步登天，一如秦桧贵为丞相；如果不成功也不会带来损失，大不了还做他的侍讲。于是，在朝堂之上，徐珵大声倡言："验之星象，稽之历数，天命已去，惟南迁可以纾难。"②然而徐珵错了，他可能估计到了南迁之议会遭到于谦的反对，但他没有估计到于谦"为朝廷所倚重"的中流砥柱的地位，特别是对于朱祁钰的影响力，所以，徐珵这一博注定全盘皆输。

徐珵南迁此言一出，于谦怒不可遏，大声呵斥他："京师，天下根本，宗庙、社稷、陵寝、百官、万姓、帑藏、仓储咸在，若一动则大势尽去。宋南渡之事可鉴也，珵妄言当斩。"御史练纲附议说："和议不可就，南迁不可从，有持此议者，宜立诛。安危所倚，唯于谦、石亨，当主中军。"此时的朱祁钰早已是唯于谦是从，于是派宦官金英警告文武百官："死则君臣同死。有以迁都为言者，上命必诛之。"朱祁钰命金英将徐珵逐出大殿。③于谦为主的主战派获得了压倒性的胜利。于谦也由此得罪了徐珵，为自己埋下了祸根，此乃后话。

朝廷随即出榜告谕天下：固守京城，与瓦剌决一胜负。

虽然历史对景泰帝朱祁钰的功过是非毁誉参半，关于南宫复辟时朱祁钰怀疑是于谦所为的历史记载也令后世读史者心寒，但是历史将永远感激朱祁钰在正统十四年（1449）的多事之秋给予于谦的绝对信任，因为如果没有这种信任，徐珵就得以逞智弄巧，成为明代的秦桧；于谦纵有万般能耐也无济于事，"意欲"之冤或许提前几年到来或许不会发生，但是结局只能是如岳飞般功败垂成。

十月初十日，瓦剌军长驱直入，汹涌而来。

---

① 《明史》卷一七一《徐有贞传》。

② 《明史》卷一七一《徐有贞传》。

③ 〔清〕谷应泰：《明史纪事本末》卷三三《景帝登极守御》。

此时，各边关仓廪有着数万计的储备粮草，于谦甚为忧虑，因为如果为敌所夺，后果不堪设想，情势紧急之下，于谦等不及报告朝廷，果断地遣人将之焚毁，事后才将此事奏明朝廷。事前，好心的同僚奉劝于谦宜先奏明朝廷再行烧毁，于谦则义无反顾地说："寇在目前，若少缓，彼将据之，适以赍盗粮耳！独不见宋牛驼岗事乎？"①于谦一生行事都是遵循以国家与人民利益为上的原则，从来都没有想到为自己留条后路。

次日，也先挟英宗朱祁镇率部屯驻于卢沟桥果园，并遣使者至彰义门外与明军对话，企图用朱祁镇胁迫守城将领打开城门，但是也先派来的两位使者一个被明军所杀，一个得以逃脱，虽说两军交战不斩来使是自古以来的规则，但是明军以杀来使的超常举动向也先宣示了决不议和的态度。而也先以此为由列阵至西直门外，并将朱祁镇置于德胜门外。

敌军兵临城下，明朝该攻还是守？众论不一。主守派的代表是石亨，他主张所有官兵撤回到城内，尽闭九门，坚壁清野，以避贼锋；而于谦力主出城迎战瓦剌军，因为"贼张甚矣，而我又先弱，是愈张也"②。

朱祁钰拍板：战！他命令于谦为总指挥，石亨等镇守城北；孙镗镇守城西，刑部侍郎江渊参其军。于谦决定背城而阵，意在和瓦剌决一死战。他躬擐甲胄，亲自在德胜门外布阵，"泣以忠义谕三军"，于是，人人感奋，士气倍增。③烽火硝烟中，高大的身躯傲然挺立，冷峻清癯的脸庞由于日夜操劳而明显地苍老憔悴了，但深陷的双眼始终流露着刚毅的气质和必胜的信念。

当天，瓦剌攻打彰义门，于谦派都督高礼、毛福寿在彰义门北迎战瓦剌，杀敌数百人，救回千余名被瓦剌军掠走的边境百姓。④也先攻城受挫，又看到明军阵容严整、誓死守城，不敢贸然进攻。于是，他听从"土木之变"时投降瓦剌的明廷太监喜宁唆使，以讲和为名，邀明廷遣大臣出迎英宗，意在试探明朝虚实。明廷疑其有诈，就以通政司左参议王复为右通政，中书舍人赵荣为太常

① 〔清〕谷应泰：《明史纪事本末》卷三三《景帝登极守御》。
② 《明英宗实录》卷一八四；又，〔清〕谷应泰：《明史纪事本末》卷三三《景帝登极守御》。
③ 《明英宗实录》卷一八四；又，〔清〕谷应泰：《明史纪事本末》卷三三《景帝登极守御》。
④ 《明英宗实录》卷一八四；又，〔清〕谷应泰：《明史纪事本末》卷三三《景帝登极守御》。

寺少卿，令他们携带羊酒出城，前往也先扎营的土城庙迎接朱祁镇。也先以王复、赵荣的品级太低为由，拒绝奉还朱祁镇，并让王、赵二人回来禀告明廷，要求马上派于谦、石亨、王直等朝廷重臣出城见驾，同时索取金帛无数。

　　面对也先的这一无理要求，朝廷中再一次发生了和与战之争。一些大臣很想接受也先议和之请，以为这样就可以过上安安稳稳的太平日子。朱祁钰的态度也摇摆不定，派人去征求于谦的意见，于谦断然拒绝也先之邀，说："今日止知有军旅，他非所敢闻。"朱祁钰以及太后也意识到于谦等重臣系国家与朝廷所倚仗，一旦被也先所害或扣押，国家必然覆亡，于是拒绝了也先之请。[①]

　　事实上，于谦根本没有理会也先议和的阴谋和朱祁钰等人的动摇心态，就在朝廷为是否接受也先所请徘徊犹豫时，于谦派薛斌（蒙古族人，本名脱欢，其父洪武年间归附明朝，赐姓薛）率官旗23人潜入瓦剌军营，救出1000余名被瓦剌掠走的边境百姓。[②]

　　十月十三日至十四日，于谦指挥军队取得了明朝与瓦剌之役中最辉煌的胜利，重创了瓦剌部，而明军则士气大振，此役成为明朝和瓦剌部交战形势的转折点。

　　也先议和的阴谋没有得逞，就派散骑到德胜门窥探明军军情。于谦获悉这一情况，凭着超凡的军事智慧和丰富的战斗经验料定瓦剌部极有可能要在这里发起进攻，于是让石亨带兵预先埋伏于德胜门外两旁的废弃民房中，先派少数骑兵迎战，继而佯装败退，也先果然中计，率数万精骑呼啸而来，霎时，路旁伏兵骤起，火炮火铳齐发，形成前后夹攻之势，范广跃马当先，冲锋陷阵，官兵勇气百倍，奋力杀敌。在这次伏击战中，瓦剌惨败，也先的弟弟伯颜帖睦尔被火炮击中而死。瓦剌遭到重创后，转攻西直门，守将都督孙镗出城迎战，斩其前锋数人，瓦剌兵稍退，孙镗乘胜追击，瓦剌增兵合围孙镗，敌众我寡，孙镗力战不支，欲退入城门，给事中程信督军守城，城上火炮齐发，压制住了瓦

---

　　① 〔清〕谷应泰：《明史纪事本末》卷三三《景帝登极守御》；又，《明通鉴》卷二四。
　　② 《明英宗实录》卷一八四。

剌部，这时，高礼、毛福寿率兵助战，石亨与其侄石彪领兵前来增援，瓦剌军三面受敌，被迫撤退。①

瓦剌撤退了，于谦没有作片刻歇息，因为他料定也先绝不会善罢甘休，必将卷土重来，因此他对京师九门的兵力重新作了部署，加强了西直门和彰义门（今广安门）之间的兵力。第二天，瓦剌部果然进攻至彰义门，于谦率部反攻，先遣都督毛福寿等堵塞街巷要道，于路口埋伏神铳短枪，再派副总兵武兴、都督王敬等迎战瓦剌。交战后，明军以神铳火器冲锋，列弓弩短兵继进，挫败了瓦剌军的先头部队。本来，明军此时可以一鼓作气彻底击退瓦剌部，然而，意外的事情发生了——明军中有数百骑兵邀功心切，从后面突然冲出，冲乱了阵营，瓦剌军乘机反击，武兴中流矢牺牲。瓦剌追到土城，当地百姓自发登屋号呼，震天动地，以砖石为武器砸向前来侵扰的瓦剌部，高礼、毛福寿援兵及时赶到，在明朝军民强有力的攻势前，瓦剌溃不成军。②

也先此番率瓦剌部深入京畿，原以为明朝数十万大军已经在土木堡覆灭，残兵剩勇必然不堪一击，何况手头还有朱祁镇这张王牌，入主中原指日可待。但出乎也先意料的是，自十月初十日以来，瓦剌连遭败绩，而议和迎驾的阴谋又不能得逞，部属士气一落千丈，也先又听说明朝的援军将至，担心明军断其退路，只得于十五日连夜拔营逃窜。③

城外的瓦剌部刚刚趁黑拔营，于谦就已经侦知朱祁镇被也先挟持先行，不在瓦剌大营之中，他当机立断，命令石亨等率军乘夜举火，用火炮猛轰敌营，击死瓦剌军万余人，再遭重创的瓦剌部从良乡仓皇而退。④十七日，也先率大部队挟持朱祁镇出紫荆关北遁。因为尚有小股瓦剌军散掠各处，于谦继续调兵遣将、追剿余寇。此前，杨洪率领两万人入京增援，于谦就命令他与石亨、石彪、

① 《明史》卷一七三《孙镗传》；又，《明通鉴》卷二四；〔清〕谷应泰：《明史纪事本末》卷三三《景帝登极守御》。

② 《明史》卷一七〇《于谦传》；又，《明英宗实录》卷一八四；〔清〕谷应泰：《明史纪事本末》卷三三《景帝登极守御》。

③ 《明史》卷一七〇《于谦传》；又，《明英宗实录》卷一八四；〔清〕谷应泰：《明史纪事本末》卷三三《景帝登极守御》。

④ 〔清〕谷应泰：《明史纪事本末》卷三三《景帝登极守御》。

孙镗、范广等乘胜追击，石亨、石彪败寇于清风店，杨洪等追至霸州、大败瓦剌残部，孙镗、范广在固安大败瓦剌，共救回被瓦剌掳走的百姓万余人。十一月初八日，瓦剌退出塞外，京城解严。①

　　京师保卫战终于取得了胜利，明朝转危为安，中华民族避免了南北分裂或改朝换代的命运。于谦作为战争的总指挥，无疑是这场战争的最大功臣，是挽救国家和百姓命运的英雄。早在十月十五日，朱祁钰就下诏进于谦为少保兼兵部尚书，仍总督军务，同时封石亨为武清侯，然而视名利如粪土的于谦坚持不受，在奏章中他诚恳地说："臣猥以浅薄致位六卿，任重才疏，已出望外。今虏寇未靖，兵事未宁，当圣主忧勤之时，人臣效死之日，岂以犬马微劳遽膺保傅重任？所有恩命未敢祗受，如蒙怜悯，仍臣旧职，提督军务，以图补报，庶协舆论。"朱祁钰回复于谦："国家重务委托于卿，卿当勉之，所辞不允。"仍然封于谦为少保。②十月二十八日，于谦再一次请求辞去少保之封与总督军务之职，只担任兵部尚书，奏曰："臣本书生，素不知兵，既无骑射之能，又乏运筹之略，叨蒙圣恩，升臣少保，自揣浅薄，上章恳辞，恩命下临，未允所请。臣以此时兵事未息，身在营垒，勉受职命，未敢再辞。今胡虏远遁，人心向安，臣既乏功能，难居重任，而保傅之职所系匪轻，必才能兼优、声望素著者，然后足以当之，岂臣后生晚辈、肤陋鄙薄之人所能负荷？苟臣冒昧荣宠，不自揣度，其如士大夫清议何？其如天下后世公论何？矧惟国家之治乱系乎用人之当否，用人不当则众心不服，众心不服则治功无由而成，祸乱无由而弭矣。伏望圣恩允臣所请，乞回少保总督之命，仍臣尚书旧职，庶几上无负于国恩，下以协乎舆论。"朱祁钰当然继续驳回于谦所请。③

　　于谦最终还是被封为少保。此时，朝野上下对于谦更是一片赞颂之声，或称"今日宋李纲不能及"，而于谦则胸怀坦然——唯以坦然的心态去面对一切，

　　①《明史》卷一一《景帝本纪》；又，《明史》卷一七三《杨洪传》；〔清〕谷应泰：《明史纪事本末》卷三三《景帝登极守御》。

　　②《明英宗实录》卷一八四。

　　③《明英宗实录》卷一八四。

才能泰然面对充满激流漩涡、惊涛骇浪的国家局势，也能淡然面对钟鼓馔玉、功名利禄。当朱祁钰一再对他进行封赏、身边同僚纷纷对他表达钦佩时，于谦没有表现出一丝的居功自傲，只是说："四郊多垒，卿大夫之耻。今但不城下盟，何功也。"①

这才是真正的英雄！

整饬边防

也先虽然从京师撤兵，但是并不愿意就此认输。因此，他一方面派部属三番五次骚扰边境，窥视明朝边防；另一方面，又屡屡声称要将朱祁镇送还明廷，企图以此作为缓兵之计，并索取大量财物。正统十四年（1449）十一月十六日，也先挟持朱祁镇至小黄河苏武庙，进蟒衣貂裘，并设筵席招待，酒席上，也先对朱祁镇说："中朝若遣使来，皇帝归矣。"②当朝文武诸臣大多倾向妥协，主张尽快迎归朱祁镇，并企图以此换取边境安宁。只有于谦洞察到也先的诡计，在朝堂争论中，于谦说："社稷为重，君为轻。"③他力排众议，反对议和。与此同时，于谦申戒各守边将领，不要中敌缓兵之计，并且立刻着手进行边防整饬。

这时，北方鞑靼部也在窥伺明朝边境。

自从正统十四年（1449）秋瓦剌入侵以来，边城大多沦陷，宣府孤危，边防废弛，要确保边境无虞，就必须整饬边防。京师保卫战在短期内能够取得完胜，第一功臣自然非于谦莫属，朱祁钰给了于谦厚厚的封赏，恰恰是因为这一点，使得于谦遭到嫉恨，导致他在后续的边防整饬工作中遇事掣肘，阻力重重。

阻力之一，是朝廷中那些或心胸狭隘或狂妄骄纵的人。在敌人入侵时，他们既因才智所限拿不出战争方略，又为了保全身家性命不愿冲锋陷阵，因而未建寸功；然而，他们嫉妒那些因为在烽火硝烟中无畏战斗而得到回报的有功之

---

① 《明英宗实录》卷一八四；又，〔清〕谷应泰：《明史纪事本末》卷三三《景帝登极守御》。

② 《明英宗实录》卷一八五。

③ 〔清〕谷应泰：《明史纪事本末》卷三三《景帝登极守御》。

臣。于谦现在的核心地位以及朝廷对他的奖赏都使得他们心理失衡，因此，当战争告一段落，他们认为天下相对安全后，就开始了他们擅长的造谣诽谤攻击。侍讲刘定之在朝堂上诬陷于谦、石亨冒领京师保卫战之功："昨德胜门下之战，未闻摧陷强寇，但迭为胜负，互杀伤而已。虽不足以罚，亦不足赏。乃石亨则自伯进侯，于谦则自二品晋一品。天下未闻其功，但见其赏，岂不怠忠臣义士之心乎！"①而狂妄的罗通则在奏疏中对于谦含沙射影："乞敕兵部五军都督府询察都指挥、指挥以下，其中有知兵如韩信、穰苴者，与议而行之。若腰玉珥貂者皆是苟全性命、保守爵禄之人与憎贤忌能、徒能言而不能行者，不足与议此也。"②

阻力之二，是一些曾经在京师保卫战中浴血奋战的将领。他们居功自傲，不愿意再到边关杀敌，而是希望留守京城，安享清闲。如都督顾兴祖，朝廷命其镇守边关，他却赖在京城，不肯启行。③

阻力之三，是在战守方略上与于谦意见相左的重臣。于谦力主整饬边关，而户部尚书兼翰林学士陈循主张将杨洪及其子杨俊等能征善战者以及所领之精锐部队留守京师。当然这件事也许是杨洪本人在暗地里推波助澜，陈循只是受人之托替人传话而已。

阻力之四，是王振余党死灰复燃，企图卷土重来。镇守浙江的太监李德上奏："诸臣擅杀马顺，同于犯阙，贼臣不宜用。"④李德所指自然包括于谦。

最大的阻力是最高统治者朱祁钰，大敌当前，危难之际，挺身而出的于谦被朱祁钰视为中流砥柱；如今，敌人撤退了，朱祁钰对于谦的信任自然不再是当初那种即报即允、唯于谦是听的绝对信任状态。景泰元年（1450）的闰正月二十五日，因为不断有人弹劾于谦、石亨等冒领战功，朱祁钰竟然诏敕于谦，称："先于德胜门、西直门和彰义门等处抗击瓦剌之官军，战功多有不明，然事已往，不必查究，今后俱要如实奏明战功，不许徇私舞弊，不得瞒报漏报，而

① 《明通鉴》卷二五。
② 《明英宗实录》卷一八五。
③ 《明英宗实录》卷一八五。
④ 《明通鉴》卷二五；又，《明史》卷一七七《王竑传》。

使有功者不得升赏，无功者反而得以诈冒滥受，凡敢容情滥报，皆处以极刑，家属发边远之地充军。"①这番话说得很莫名其妙，显然带有弹压于谦、石亨之意。

边防废弛导致了"土木之变"，国家危殆。若将守边精锐部队撤回，势必使得边防再度空虚，京师保卫战的成果就会毁于一旦。于谦的品格中与生俱来的刚毅注定他必将冲破重重阻碍，因为他不能眼睁睁地看着自己深深爱着的国家再受欺凌。

针对户部尚书陈循的建议，于谦在十一月十五日上奏，称："宣府者，京师之藩篱；居庸者，京师之门户。今洪、俊并所领官军既留京师，则宣府、居庸未免空虚，万一逆虏觇知，乘虚入寇，据宣府附近以为巢穴，纵兵往来剽掠，虽不犯我京畿，而京畿能独安乎？故请推选谋勇老成廉静持重武臣一员，充总兵官，镇守宣府；能干才勇武臣一员，守备居庸。"②

所幸，于谦在朝廷上并非完全孤立，他虽然从未结党营私，但仍不乏支持者，兵科都给事中叶盛即为其一。叶盛（1420—1474），字与中，今江苏昆山人。正统十年（1445）进士，授兵部给事中，历官右参政、右佥都御史、礼部右侍郎、吏部左侍郎等职，仕正统、景泰、天顺、成化四朝。久为言官，喜好言兵；志在天下，不为身计；崇尚名检，薄于嗜好，颇有古大臣之风。③叶盛一生清修积学，潜心著述，其中《水东日记》为明代重要笔记作品之一，主要记述明前期的典章制度，间及当时人的一些轶闻逸事。书中也有关于于谦的记述，为后人研究于谦提供了不少重要资料。

叶盛旗帜鲜明地站在于谦一边，他上言："今之极边险要莫若大同、宣府，切近边关莫若居庸，其次紫荆、倒马、白羊。往者马营、独石不弃，则六师何以陷土木？紫荆、白羊不破，则寇骑何以薄都城？即是而观，边关不可不固。而守边固关尤在得人，乃今日所急而不可缓者也。杨洪父子居守二处，号称得

---

① 《明英宗实录》卷一八八。
② 《明英宗实录》卷一八五。
③ 《明史》卷一七七《叶盛传》。

人，故今必求如洪等者以代之，然后足以副重寄而集大功。"①

于谦等人的疾呼终于唤醒了朱祁钰巩固边防、加强武备的意识。于是，自也先撤兵的那天起，于谦坚定地开始了新一轮的整修边防、捍卫国家的艰巨工程。烽火硝烟的岁月使得于谦面容苍老，但是他继续不知疲倦地为国事忙碌操劳，没有任何休整。《明英宗实录》频繁出现的关于于谦的条目以及《忠肃集》奏议卷的幸存篇章都足以印证于谦呕心沥血的轨迹。

于谦敦促朝廷选派将领镇守边防重地。在于谦的举荐与部署下，以左都督朱谦为总兵官，纪广、杨俊分别为左、右参将，共同镇守宣府；又命右佥都御史王竑、都指挥同知夏忠、署都指挥佥事鲁瑄镇守居庸关。派佥都御史萧启等镇守河间府，佥都御史祝暹等镇守保定府，右佥都御史陆矩等镇守真定府，②边防力量得以大大增强。

同时，于谦认为提高士兵的战斗能力是当前国家的重务。而当时京军各营的总兵等官，每天都要在朝参结束后才到教场操练士兵，这显然不利于快速提高部队的作战能力，于谦就奏请免去京师各营总兵、把总官的朝参，让他们一早赴教场操练士兵。由于五军、三千、神机三大营共20多万官兵，集中于京城两个教场进行操练，人众马多，但场地狭窄，难于教演，于谦又会同石亨挑选"游兵""哨马""敢勇"各1万官兵，分别遣往东直、西直、阜成门外之空地筑场，并选拔善战廉干武将管领操练。身为兵部尚书的于谦每天穿梭于各个教场之间，监督各营官军的操练，若有"怠惰贪黩者即奏闻黜罪"③。

在于谦的努力下，明朝的边防得以巩固，军队的作战能力得以提升，对瓦剌的抵御力量日益增强。

明朝广袤的疆土、丰富的物产是也先日夜觊觎的，何况他业已逼近过京师，中原似乎已经唾手可得，虽然进攻京师的军事行动被于谦领导的明朝军队击败，但是野心一旦萌发，就如同被点燃了的秋天森林，纵然是大雨滂沱也很难阻止

---

① 《明英宗实录》卷一八五。
② 《明英宗实录》卷一八五。
③ 《明英宗实录》卷一八五。

火势的蔓延，也先再也不愿意回贫瘠的漠北，况且瓦剌部实力犹存。所以也先虽然在京师保卫战后被迫退到了塞外，始终心存卷土重来的企图。而"土木之变"时投降的宦官喜宁已是也先的心腹，他不断怂恿也先"西犯宁夏，掠其马，直取江表，居上皇（朱祁镇）于南京"①。喜宁的怂恿滋长了也先要与明廷中分天下、隔江而治的野心。

也先有点急不可耐了。正统十四年（1449）底起，也先率部落开始新的一轮对明朝边境的骚扰，他期待着几个月前在土木堡轻而易举地击败明朝几十万大军的场面能够重现。但是，在于谦的苦心经营下，明朝的边防几乎是坚不可摧了。明朝有于谦，也先的"宏伟大业"注定是个败局。

十二月十三日，瓦剌散骑出没于宣府等处，于谦奏请朝廷尽早选派能征善战的将官训练京师三大营官军，在于谦的建议下，武清侯石亨率领一营，都督范广辅佐；昌平侯杨洪统领一营，都督孙镗辅佐；安远侯柳溥统领一营，都督过兴辅佐。石亨、杨洪各统领官军4万人，柳溥统领2万官军，加紧训练京师官军。十七日，瓦剌600余骑逼攻大同城，又有1000余骑兵南行，于谦会同石亨部署紫荆、雁门、倒马诸关守将严加瞭望，相机剿杀。二十五日，又有瓦剌部人马在开平等地屯驻，于谦选拔了200名精锐官军各持短兵火器，潜往敌寇驻扎处，乘夜劫营剿杀。②于谦凭着智慧与经验，预测也先必将率部再次南侵，而大同、宣府将首当其冲。大同、宣府等地自正统十四年（1449）七月瓦剌入侵以来，官军损耗数多，边境墩隘壕堑等俱遭破坏。于谦奏请敕石亨、杨洪各领4万精锐马步官军，石亨从紫荆关开赴大同，杨洪从居庸关开赴宣府，沿途巡哨守备，堵塞墩隘壕堑，布列营阵，暗设埋伏，敌众来攻以计破之，敌少则率兵剿杀。③

设若前线无法抵挡也先的攻势，那么他势必再一次进逼京师。明朝必须未雨绸缪，景泰元年（1450）正月二十八日，于谦向朝廷陈述五条方略：一、鉴于京师各营马匹数少，请敕户部申明买马给授冠带事例，并行总兵官武清侯石

① 《明通鉴》卷二四。
② 《明英宗实录》卷一八六。
③ 〔明〕于谦：《忠肃集》卷七。

亨催督，备足马匹，以候取用；二、各营操练官军缺少衣甲军器，请将内外库藏军器尽给各营，并令工部催督在外军卫成造往送京师；三、紫荆关、白羊口、倒马关一带大小缺口达数百处，漫山都是可通人马之处，此前已令官军砌塞，请朝廷给予官军饷银，并敦促他们快速修饬；四、石亨、杨洪已经各领官军出口巡哨，请敕户部遣官往山西大同、宣府一路设法整备粮草，以资供给；五、直隶真定、顺天府所属州县及涿鹿等卫所军民因瓦剌惊散逃往河南等处，况河南地方有限，流冗无穷，恐聚集太多，别生患害，请令各处巡抚镇守等官对流民善加抚恤，严禁随意拆毁房屋，砍伐果树。朱祁钰全部采纳，敕令各部立即施行。①

事态的发展一如于谦所料。景泰元年（1450）春节刚过不久，边境又频频传来战报，瓦剌开始骚扰宁夏边境，也先率两万余部掠过灵州城，扬言若不开城门迎还朱祁镇，就开始攻城。于谦令总兵、镇守等官保持警惕、严加防备，如当地军马不敷，应立即飞报相邻关隘，调兵策应，并设法招募民壮义勇，协同战守。②于谦又将原本起运粮草赴宣府的两万名京营士兵调回京城，等候调用。③

也先在宁夏边境进行一番杀烧抢掠之后，随即率部进犯大同。大同总兵郭登侦知瓦剌军驻扎于沙埚，就亲率800骑兵奔赴敌营，当时瓦剌军几乎十倍于郭登率领的先锋队，但是郭登面对几千瓦剌铁骑，按剑高呼："敢言退者斩！"他身先士卒，向着敌军阵地拍马奔驰而去，挥刀奋勇杀敌，众将官前赴后继杀向敌军，呼声震撼山谷，大破瓦剌铁骑。继而，郭登率兵追奔40余里，又于栲栳山斩杀200余名瓦剌军，夺回了被掠走的百姓和牲畜。④

郭登在前线奋勇抗敌之时，于谦在京师运筹帷幄，猛将与总指挥的默契配合是战争取得胜利的前提。瓦剌再度来犯时，于谦向朝廷提出四大防守要务：

① 《明英宗实录》卷一八七。
② 《明英宗实录》卷一八七。
③ 《明英宗实录》卷一八八。
④ 《明史》卷一一《景帝本纪》；又，〔清〕谷应泰：《明史纪事本末》卷三三《景帝登极守御》。

一、先此，怀来、永宁等处守城官军弃城而逃，致使瓦剌长驱直入，后虽已令守城官军各自返回二城，然恐其遇警重蹈覆辙，请令都指挥同知杨信等严督守备军士，敢有擅自弃城之士兵以军法处置，而弃城之军官则必杀不宥；二、各处关口虽已调拨官军修筑，然进展如何，未见报明，请行文催促，加快进程；三、请令总兵官石亨等于京师各营官军中拣选精锐者组成营阵，每营选拔骁勇正副将各一员，日夜操练；四、京城四面尚无墩台瞭望，敌寇入侵，无法及时侦知敌情，卒难防备，请于四面离城一二十里或三十里处修筑墩台，以便随时瞭望敌情。①

在京师如何布防的问题上，于谦遇到了来自高层的阻力，户部尚书金濂以保定、定州、河间等地为南北要冲、京畿保障为由，请求在京官军调往上述各地守备。于谦认为保定、定州、河间三处官军数已充足，而京师则为一国之本，亟须重兵防守，因而反对将在京官军调往外地。②好在这一阶段于谦提出的策略基本能够顺利施行。

紧接着，于谦奏请派总兵官石亨率官军往大同安边守备，防御敌寇，屯种田地，护送粮草。因为大同各城官军数少，于谦请令石亨在当地守军中，招募勇敢精锐士兵一万至三万名，分布于各城，守备杀贼。并奏请朝廷给予石亨一定的军法处置权：若有违法者，指挥使以下悉听石亨审问，发往彼处守墩瞭哨，指挥以上军官违法者才奏明朝廷处置。③此外，紫荆关、倒马关、白羊口一带及保定、易州、涿州等地俱为军事要冲，此前曾遣都督同知顾兴祖等前往上述地方，严督官军修砌关口，挖掘壕堑，但是顾兴祖先是赖在京师不肯启程，在朝廷的一再督促下终于赴任，到任后又消极度日，致使工期延误，延久未完，如今战报频传，于谦无奈请求朝廷再次增调官军前往上述各处，协助原守备将领顾兴祖修复城墙壕堑。在于谦的荐举下，朝廷擢拔金吾右卫指挥使戎亨、皇陵卫指挥使陆祥等为署都指挥佥事，协同顾兴祖等分别守备紫荆关、白羊口、倒马关。④

---

① 《明英宗实录》卷一八八。
② 〔明〕于谦：《忠肃集》卷七。
③ 《明英宗实录》卷一八九。
④ 《明英宗实录》卷一八五、卷一八九。

其间，于谦设计除掉了叛徒小田儿。"土木之变"时，小田儿投降了瓦剌，并成为也先进攻京城的向导，屡屡窥探明朝虚实，怂恿也先进犯京师。于谦授计给侍郎王伟，在大同道杀掉了小田儿。①此后，明朝又除掉了也先的另一个间谍喜宁，喜宁原为明朝太监，"土木之变"时投降瓦剌，他一而再地唆使也先进犯边境，向也先献直取江表、拥朱祁镇居南京、与明朝分江而治的策略。英宗被掳后，随其北狩的明朝锦衣卫官校袁彬忠心不二，悉心照料与保护英宗。喜宁忌恨袁彬，几次欲加害袁彬，幸亏朱祁镇及时相救。朱祁镇与袁彬设计，请也先派喜宁进京传命，索取财物，又令明朝军士高磐随行，暗中让高磐将诛杀喜宁的密令带至宣府，让宣府守将设计擒获，也先和喜宁果然上当。喜宁被擒获后即解送京师处死。也先身边最重要的两个间谍终于被剪除。②

除掉小田儿和喜宁，对于明廷而言是除却了心腹之患，而对于也先而言则如同断了臂膀，也先恼羞成怒，下令部落大举进犯明朝边境。他自己和赛刊王入寇大同、阳和，大同王入寇偏头关，答儿不花王入寇乱柴沟，铁哥不花王入寇大同八里店，铁哥平章入寇天城，脱脱不花入寇野狐岭及万全，所过之地，掠夺人畜，烧毁民房。③

明朝又将经历一次危难，相同的是明朝面对的还是野心疯狂膨胀的也先和瓦剌部凌厉的攻势，不同的是朝野上下不再惶恐——当瓦剌几万之众围攻万全等处城池的边报传到朝廷时，朱祁钰不假思索地诏令于谦整搠军马、护卫京师，同时命令都督同知范广充总兵官，右副都御史罗通提督军务、巡哨宣府。④对朱祁钰而言，这已经成了一种思维的惯性，这个朝廷除了于谦，没有第二个人在国难当头的时刻可以担当得了抵御敌人、保卫国家的重任。

新一轮战斗开始了，于谦这个兵部尚书仍然不知疲倦地操持着这个庞大国

①〔清〕谷应泰：《明史纪事本末》卷三三《景帝登极守御》。
②《明史》卷一一《景帝本纪》；又，《明英宗实录》卷一八九；〔清〕谷应泰：《明史纪事本末》卷三三《景帝登极守御》。
③〔清〕谷应泰：《明史纪事本末》卷三三《景帝登极守御》。
④《明史》卷一一《景帝本纪》。

家的所有大小军事事务——大到守国方略的制定、将领的选拔、部队的调防、粮草的储备，小至兵器的改良、阵亡将士的安葬、受伤士兵的救治等事宜。于谦得知鹞儿岭、土木一带尚有明朝阵亡将士暴尸于外，就派游击将军都指挥杨能领军寻找阵亡将士遗体，善加埋葬，以免守边将士见之寒心；①明军原来所用武器为杆长刃短之长枪，于谦在战场上看到士兵手持这种兵器在回转攻刺时极不便捷，将其改为刃长杆短，自此，明军所用长枪遂改为刃长杆短；②紫荆关、白羊口、倒马关、天寿山及黄花镇诸关隘修葺将完，可是武器不足，于谦请令有司为守军提供铜铁铳等火器；③瓦剌犯边的声息不绝，可是大同、应州等处粮草不敷，于谦将大同部分守军调回京师，既解粮草之不足，又增京师之守兵。④

作为全军的统帅，兵部尚书于谦思索更多的是守国方略，在明朝与入侵的瓦剌部对峙的一年多时间里，于谦以守国韬略为主旨的奏章多到可以编辑成书。景泰元年（1450）的四月初三，于谦奏准下列事宜："一、以南京为国家根本，灾异屡见，恐奸人窃发，不可不防；众心摇动，不可不虑，请敕守备太监及文武重臣抚恤人民，整搠军队，严防奸细，固守城池；二、方今天下之患于西北，中原亦然，万一荒歉，其患不可胜，请敕善加抚恤，密切整饬，务在处置得宜，有备无患；三、各布政司并南北直隶招抚勇敢捕盗，差内外文武官员络绎迎送，烦扰百姓，请召还上述官员，其所委事务令巡抚镇守官办理；四、在京操练官军从各处调来者居多，盘费尽绝，往往逃亡，请量加恩泽以济之；五、各营马匹中多有瘠弱者，不堪骑操，必得草豆饲秣，斯可备用，请敕户部取勘旧赐官员草场，暂借一年，或收草，或牧放，候边事宁息，仍归所赐之人；六、方今天旱不雨，生意未遂，请恤刑狱，如此，则天意回而和气应，雨泽降而生意遂矣。"⑤

当瓦剌部数千骑兵入寇大同时，杨洪之侄杨俊建议悉发京营各军与诸镇兵

① 《明英宗实录》卷一八九。
② 《明英宗实录》卷一九〇。
③ 《明英宗实录》卷一九一。
④ 〔明〕于谦：《忠肃集》卷一。
⑤ 《明英宗实录》卷一九〇。

出击瓦剌，杨俊的这一建议几乎是正统十四年（1449）七月瓦剌部入侵时王振昏招的翻版，如果从杨俊之议，那么明朝有可能重蹈土木之败的覆辙。当朝廷上下又为此迷茫时，于谦制止了这一愚笨却致命的错误："报仇雪耻，臣等职也。顾兴兵举事，系社稷安危。即如俊所言，万一我军出塞，贼以偏师缀我，而别遣部落间道乘虚入寇，是自撤藩篱，非万全计。"①

此时，朝堂上再一次出现了和议与战守之争：议和主张的提出者是大同参将许贵，许贵在"明修栈道，暗度陈仓"的幌子下，建议朝廷可以一面遣使者厚赂瓦剌，假托和好，暂示休兵；一面修饬墩隘，广积边储，整练士卒。当时，主战派人物练纲当即厉声责骂许贵为卖国奸臣，并请求处死许贵。

几天前，许贵就曾经建议求和，朱祁钰未置可否，许贵于是就再次奏请与瓦剌讲和。事实上，许贵的建议纯属临阵退缩之托辞，因为，此前明廷曾经派遣都指挥李铎、指挥岳谦等赍执金缯往使瓦剌营中，以示和好，但是明朝使者才入穹庐，瓦剌的铁骑已至关口，明朝的厚礼则如肉包子打狗一般有去无回；后又遣少卿王荣、通政王复前往敌营觐见朱祁镇，但是也先以各种理由阻止明朝使臣觐见朱祁镇，王荣等无功而返。"其狡焉侮我而啗我，何似可以言和？"于谦的刚烈脾性是无法容忍这种享受国家高额俸禄却贪恋富贵的介胄之臣的，于是在朝堂上他愤而陈词："也先与我乃不共戴天之仇，理固不可和；万一和而彼遂肆无厌之求，从之则坐弊，不从则生变，势亦不可和。为今之计，莫若选将练兵养威蓄锐。万一敌寇复有大举入寇之谋，则我操习有素，加以将帅思奋，臣等当尽死效力，以图剿灭，以雪国耻。"于谦被投降派的言论激怒，他愤而奏请诛杀许贵。②朱祁钰的天平再一次倾向于谦，边将人人誓死战守。

瓦剌离边关尚远，京师的防守必须未雨绸缪，于谦对京师九门的守将、兵力、武器装备、战守方略进行了全面部署。

---

① 〔清〕谷应泰：《明史纪事本末》卷三三《景帝登极守御》。
② 〔明〕于谦：《忠肃集》卷一；又，〔清〕谷应泰：《明史纪事本末》卷三三《景帝登极守御》。

笔者不可能将《明实录》和《忠肃集》等文献中收录的相关奏章全部引用，因为那样会消耗大部分读者的阅读耐心。但是，笔者在夜深人静阅读这些奏章时，内心震撼以至湿润双眼，这些奏章让人时刻感受到于谦为国家几乎付出了全部心力和才智。以六月二十二日的奏章为例，身为军事总指挥的于谦对京师九门的防守部署已经细密到了极致，仅看其中的一小段便可知他的操劳："凡分守官军每二万余作一处，数内约量分一半步军于土城外下营，外围用鹿角、车辆、神铳、牌刀、弓箭、将军大炮、盏口铳、磁炮、飞枪，次列斩马刀枪，又马步兵相兼应敌，营外多掘壕堑、暗沟，分布钉板、铁蒺藜，其余步军精骑俱于土城内下营，以观外营对敌事势，随宜出奇，或左右夹攻，或前后邀截。其都督范广与都指挥石彪各将轻骑为游击，专备出奇策应巡哨截杀。臣谦与（曹）吉祥往来各营总督，如遇紧要受敌去处，当先督军杀贼。其土城坦平处所铲削陡峻，令彼不得登眺观望。其正南、东南各门不系紧要，令侯伯等官守城，于舍人营腾骧锦衣等卫与各监局内定拨，一体给与神铳、火器守备。"[1]为保证京城守备的万无一失，于谦又增加了易州、涿州、保定、真定、通州等地的兵力，使京师藩屏更为坚不可破。[2]

从景泰元年（1450）四月到六月间，瓦剌多次进犯明朝边境，但都没有能够突破明朝的边防线。四月二十三日，瓦剌部数万之众自鸦儿崖蜂拥而至，分三路进攻雁门关，被都指挥李端率兵击退后，瓦剌随即转攻雁门关南端，朱谦等奋力抵抗，但是由于兵力悬殊，未能将敌人击退。其时，烽火连属，战报频仍，大臣们纷纷请求大举发兵增援雁门关，而于谦则料定也先的军事策略可能是声东击西，如果将军队悉数调往增援雁门关，京师守备必然空虚，也先极有可能会乘虚而入，这显然不是善策，所以于谦遣延绥总兵率部渡河，于保德州设伏截杀敌寇，又命令石亨等坚壁清野，各营厉兵秣马，给也先造成明军将大举反攻的假象，也先果然上当。[3]而大同总兵官郭登更是堪称明朝边防线上的长

[1]《明英宗实录》卷一九三。
[2]《明英宗实录》卷一九一；又，〔清〕谷应泰：《明史纪事本末》卷三三《景帝登极守御》。
[3]《明英宗实录》卷一九一；又，〔清〕谷应泰：《明史纪事本末》卷三三《景帝登极守御》。

城，四月三十日，瓦剌军进攻大同，郭登出门迎战，佯装不敌，将敌人诱入土城，事先埋伏在城中的官军突然冲入敌阵，瓦剌军猝不及防、腹背受敌，大败而逃。郭登并没有被一时一役的胜利冲昏头脑，他的头脑很清醒，料定瓦剌必将反扑，于是命令军士装扮成扫墓的百姓，赍毒酒、羊、猪、纸钱至城外，远远看到瓦剌军追过来，就假装惊慌，丢下食物逃走，长途奔袭、饥肠辘辘的瓦剌士兵一看见酒肉等，争相饮食，结果被毒死者甚众。①六月初十日，瓦剌部骑兵部队进攻大同，总兵官郭登再一次击退他们。六月十四日，也先率部至大同，再次上演老把戏——以送还朱祁镇为名要求入城，郭登埋下伏兵，打算将也先和朱祁镇放进城门，然后关门打狗，擒拿也先，救回朱祁镇，不料也先刚及城门就察觉到了郭登的计策，又挟持着朱祁镇撤退。宣府在总兵官朱鉴的镇守下，巍然成为边陲重镇，瓦剌对宣府的每次进攻都遭到朱鉴的猛烈反击。②

也先原来以为手中掌握着朱祁镇这张王牌就可以要挟明朝就范，明朝的广袤疆土可以唾手可得。没有料到阴谋如肥皂泡一般很快破灭了，也先不能以朱祁镇作为人质要挟恫吓明朝；如果杀掉朱祁镇则势必导致与明朝关系的彻底破裂，对也先来说这是有百弊而无一利的事情；以征伐夺取中原显然是白日做梦，一年多的征战没有取得任何战功，因为在于谦的努力下，明朝的防线已经无法被突破。

也先开始重新考虑如何对待手中的"奇货"朱祁镇，事实上也先只有一条路可以走——主动请和，将朱祁镇送还明朝，以此修复与明朝的关系，还可以趁机索要金帛。

英宗南返

也先释放出主动送回朱祁镇的意图，引出了一个敏感而不得不面对的问题——已经成为太上皇的朱祁镇回到朝廷后，九五之尊的皇位将归属谁？

---

① 《明英宗实录》卷一九一；又，《明史》卷一一《景帝本纪》。
② 《明英宗实录》卷一九二；又，〔清〕谷应泰：《明史纪事本末》卷三三《景帝登极守御》。

估计这个问题从朱祁钰骤登大位以来就一直盘桓在他的脑际。从骨肉之情和孝悌之义来说，朱祁钰是不能把亲哥哥朱祁镇永远留在漠北的。但是，朱祁钰是在非常时期登上皇位的，如果朱祁镇回到朝廷，并坚持要索回皇位也未尝不可，何况朱祁镇在朝廷上也不乏支持者。虽然当初的朱祁钰在皇袍突然加身之际做出恭谦退让状，然而一年之后，朱祁钰在于谦等众大臣的扶持下威势日隆，皇帝身份给他带来的至高无上的权力使他开始害怕失去皇位。

朱祁钰的这种尴尬心态让我们很容易联想起宋高宗赵构来。相比之下，赵构要比此时的朱祁钰更让人感喟皇族宗亲之间情感的凉薄。靖康元年（1126），金人提出要太上皇宋徽宗赵佶赴金营谈判，赵构的哥哥宋钦宗赵桓体谅父皇，于是代赴金营谈判，很有点慷慨悲壮的意味。钦宗此去就如羊入虎口，金人扣下了他，以此向宋朝索要金银财宝。次年，宋徽宗和皇后、太子以及诸王妃统统被掳至金军营中。康王赵构建立南宋之后，为了保住自己的皇位，坚持和议政策，目的是阻止哥哥钦宗的南归，此举不仅置手足之情于不顾，甚至牺牲了整个国家和民族的利益，岳飞就冤死在这一妥协的政策之下。南宋绍兴三十年（1160），被金人囚禁了30多年的宋钦宗赵桓终于如赵构所愿客死五国城（今黑龙江依兰），赵构终于可以心安理得地当他的皇帝了，然而，南宋的恢复大业由此葬送，最终元朝的铁蹄长驱直下，赵宋王朝彻底覆亡。

无论景帝朱祁钰在迎还英宗这一事件上经过怎样复杂的心路历程，无论英宗朱祁镇回到明朝以后的境遇如何，英宗最终还是回到明朝了。在这一点上，历史应该给予朱祁钰应有的宽容和理解。

景泰元年（1450）五月，瓦剌知院阿剌遣使贡马请和。事实上，这是阿剌暗中接受也先的指派遣使来试探明朝的态度，因为也先觉得自己直接向明朝请和有失面子。景帝客客气气地赏赐给阿剌厚礼，但强硬地拒绝了他的请和之议，甚至让他带话给也先："也先挟诈，义不可从。即阿剌必欲和好，待瓦剌诸部北归，议和未晚。不然，朕不惜战也。"①六月下旬开始，也先感到除了请和并归

---

① 《明英宗实录》卷一九二。

还人质朱祁镇之外，实在没有第二条路可以走了，因此屡屡遣使讲和，都被明朝拒绝了。六月三十日，也先再次派遣参政完者脱欢等五人到北京，向明朝请和，并提出要送还朱祁镇。①也先使者脱欢等抵达北京的当天，礼部尚书胡濙奏请奉迎英宗，朱祁钰不假思索地驳回了。②

七月初一日，朱祁钰于文华殿召集百官，合议也先请和以及迎复英宗朱祁镇之事。实事求是地说，朱祁钰是不希望哥哥朱祁镇回来的，因为毕竟会对他的帝位构成威胁，而且即使哥哥心甘情愿做他的太上皇，朱祁钰也会觉得皇室宗亲、文武百官未必全都站在他这边。因此，当礼部尚书胡濙等朝廷重臣坚决要求迎复英宗时，朱祁钰很不高兴，他以国家利益为挡箭牌，说："朝廷因通和坏事，欲与寇绝，而卿等屡以为言，何也？"不料，吏部尚书王直还是坚持以为："上皇蒙尘，理宜迎复。乞必遣使，勿使有他日悔。"朱祁钰终于按捺不住，脱口而道："我非贪此位，而卿等强树焉，今复作纷纭何！"③众大臣没有料到朱祁钰会这么直白地说出他不愿意迎复英宗的真实原因，一时间，群臣不知所措了。

朝堂上安静极了，泱泱大国的皇帝被羁押在北方部落，毕竟有失大国体统，何况也为人伦纲常所不容，可是这些股肱大臣谁也不敢在有关皇位归属的敏感问题上对当今的皇帝有所违逆。大臣们或沉默以明哲保身，或大脑空白以至不知该如何回复景帝的反诘。也许在这样的时刻他们已经习惯依赖于谦，他们了解于谦是不会明哲保身的，一定会站出来打破眼下的胶着局面。

果然，短暂的沉默过后，于谦从容地对景帝说："天位已定，孰敢他议！答使者，冀以舒边患，得为备耳！"④于谦说的"天位已定"意即皇位已经属于朱祁钰了，与朱祁镇已经无关了，这番话后来成为朱祁镇夺回皇位后迫不及待要杀于谦的因素之一，于谦自然不会考虑这些后果，他只为国家计。事实上，这番话是朱祁镇得以回归明朝的关键，因为它虽然给朱祁钰吃了定心丸，却使得朱祁镇南归有了最充分的理由——"冀以舒边患"。当然，朱祁镇是不会懂得于

① 《明英宗实录》卷一九三；又，〔清〕谷应泰：《明史纪事本末》卷三三《景帝登极守御》。
② 《明英宗实录》卷一九三；又，〔清〕谷应泰：《明史纪事本末》卷三三《景帝登极守御》。
③ 《明英宗实录》卷一九四；又，〔清〕谷应泰：《明史纪事本末》卷三三《景帝登极守御》。
④ 《明英宗实录》卷一九四；又，〔清〕谷应泰：《明史纪事本末》卷三三《景帝登极守御》。

谦在促成他南归这件事情上的良苦用心的，或者说即便知道他得以南归是于谦之功，但为了给他的复辟找一个冠冕堂皇的理由，他也只能佯装不知了。

朱祁钰毕竟不像赵构那般狠心，赵构是铁了心不让他的哥哥宋钦宗赵桓南归的，并以此为出发点来制定整个国家的政治、军事总方针——和议。朱祁钰不然，他心中或许多少还装着点国家的利益，或许多少还念及兄弟骨肉之情和孝悌之义，又或许朱祁钰太在乎那层"仁义"的面子，总之当他听到于谦的陈词后，终于同意派遣使者前往漠北，觐见哥哥朱祁镇。

明朝升礼科都给事中李实为礼部右侍郎，任正使；升大理寺丞罗绮为少卿，任副使，率领随从人员随也先使者脱欢出使瓦剌。明朝致国书给脱脱不花可汗及也先，称："近得阿剌使奏言，已将各路军马约束回营，是有畏天之意，深合朕心。特遣使赍书币达可汗，其益体朕意，副天心。"①十天跋涉之后，李实、罗绮等抵达也先营中，也先随即让明朝使者到伯颜帖睦尔营里觐见朱祁镇。朱祁镇请李实等回明朝后，务必立即回复当今皇上朱祁钰，请求弟弟无论如何要尽早派人来接他南返，并表示只要回到明朝，哪怕是看守祖宗陵墓甚至是做一介平民都愿意。也先也对明朝使者表示，朱祁镇留在瓦剌营里已经没有任何意义，还不如还给明朝，也好图一个青史留名，所以请李实等奏请景帝，尽早将朱祁镇接回明朝。

在经历了那么多的挫败后，也先已经迫不及待地向明朝求和了。李实、罗绮等明朝使者尚未踏上返程，也先又遣使者皮儿马黑麻赴京朝贡，敦促明朝求和并接回英宗。其间，也先使者皮儿马黑麻的随从官伯颜答里（原系忠勇伯把台的部下，"土木之变"时忠勇伯把台随英宗北征被也先掳）密告于谦："把台在彼，每有南归之心，无计可脱。"于谦乃密奏景帝敕谕忠勇伯把台，告知其家属无恙，并令其设计暗杀也先。②这件事情说明于谦在也先求和这个问题上始终保持着高度的警惕。

① 《明英宗实录》卷一九四；又，〔清〕谷应泰：《明史纪事本末》卷三三《景帝登极守御》。
② 《明英宗实录》卷一九四。

于谦等大臣在朝廷上力请景帝尽快遣使迎回英宗，朱祁钰终于在七月十八日令右都御史杨善、工部侍郎赵荣为正使，都指挥同知王息、锦衣卫千户汤允绩等为副使，出使瓦剌。①但是，和前几次派出使者一样，这次朱祁钰交给杨善的敕书仍然没有关于接回朱祁镇的片言只语，甚至都没有赏赐给朱祁镇一件换洗衣服。杨善实在没辙，就在出发前自己掏钱给朱祁镇买了几件衣服，才不至于让朱祁镇这个曾经的大明天子看上去太寒酸。七月二十七日，杨善抵达也先驻地。也先看到杨善带来的明朝国书，立刻很敏感地问杨善："敕书何以无奉迎语？"杨善很机敏地回答他说：这是明朝皇帝"欲成太师之名，使自为之，若载之敕书，是太师迫于朝命，非太师诚心也"。②杨善的机智果决既遮掩了朱祁钰表面应承而心里不愿迎回哥哥的本意，又迎合了也先的虚荣心理，成为促成英宗南返的临门一脚。

八月初二日，被也先羁留在漠北达一年之久的明英宗朱祁镇终于踏上了南归之路。③

有些巧合并非只有在虚构性叙事文学中才可能出现。朱祁镇是在上年的"团圆节"（即中秋节）——农历的八月十五日④遭遇土木之败，被掳漠北的；而他南返明朝抵达京师的日子恰巧又是农历的八月十五日。"团圆节"和春节一样是中华民族传统文化中最富于亲情的节日，但是，朱祁镇和朱祁钰兄弟俩在这个日子"团圆"却具有一种反讽的意味——朱祁镇甫抵京师，朱祁钰就将这个还不到23周岁的哥哥"送"入南宫"安享晚年"，隔绝了他与诸旧臣的来往；而在朱祁镇南宫复辟的几天后，朱祁钰便不明不白地死去了。有了上面这个注脚，下面这个见诸众多史书的貌似感人的见面场景就虚伪得太可笑了——朱祁镇抵京时，朱祁钰令朝廷百官奉迎于安定门，朱祁镇进安定门后，换乘法驾，配以简陋的仪从，到东安门，朱祁钰在此迎接，两个亲兄弟见面"相拥而泣"，

---

① 《明史》卷一一《景帝本纪》。

② 《明史》卷一七一《杨善传》；又，《明英宗实录》卷一九四。

③ 《明英宗实录》卷一九五。

④ 明代称中秋节为"团圆节"，见程裕祯：《中国文化要略》，外语教学与研究出版社1998年版，第373页。

还彼此推让皇位，"各述授受意，逊让良久"①，当然此时的两兄弟必然是心照不宣：朱祁镇明白弟弟也就是拘于礼节不得不假客气一番，而朱祁钰也料定哥哥定然是不敢伸手接的。

也先派使者来到明朝，双方恢复了通贡和互市关系。

英宗南归了，瓦剌请和了，天下太平了，皇帝和大臣们认为可以高枕无忧了，将士们开始懈怠了，朝野上下到处充斥着对天下太平局面的赞颂之声。即使在这样的情况下，于谦对于明朝边防的忧患意识从来没有削弱过，八月初十，于谦在得悉英宗已经启程多日的消息后，考虑到由于敌情得以缓和，入京道路畅通无阻，但是大同、宣府等地的粮储缺少，万一敌人突然入侵，军饷无从接济，后果不堪设想，于是，提醒朝廷备足大同、宣府粮草储备，以备不测之需。②

朱祁镇南归才四天，天真的朱祁钰就发出诏令，将"土木之变"后调来京师守卫作战的各地运粮官军发回原地。于谦深以为虑，他认为瓦剌虽然已经请和，但其性情反复无定，因此不可放松守备，而且京师守备官军数量本来就不多，如果将各地运粮官军全部放回，加之在京官军还要定期拨往边关轮替，守备力量将更为薄弱。因此，于谦请求将扬州、凤阳、庐州、六安、淮安等处，山东等都司，直隶、天津等卫所的官军驻留京师，以防也先趁京师防守空虚，再起衅端。③鉴于大同、宣府等地官军伤亡数多，墩台壕堑等边关设施损坏严重，八月二十八日，于谦奏请令石亨、杨洪等各率四万名精锐官军，石亨自紫荆关往大同，杨洪自居庸关往宣府，负责上述几处关口的堵塞、墩堡的修葺、士兵的操练和边关的守备等事项，这样就使也先在看到明朝边防牢固后能克制侵扰之心，以保国家安宁。④

对于也先来说，以征伐消灭明朝显然是梦中黄粱，以英宗为人质要挟明朝也无法达到目的，权衡再三，只得停战求和，送回英宗。但是，豺狼永远不会

---

① 《明英宗实录》卷一九五。
② 《明英宗实录》卷一九五。
③ 〔明〕于谦：《忠肃集》卷七。
④ 〔明〕于谦：《忠肃集》卷一。

在朝暮之间变成绵羊，也先贪婪的秉性是不会改变的，议和之后他故伎重演——以多派使者的方法向明朝索取更多的财物。十月初，也先所遣使臣超过了3000人。于谦担心贪婪成性的也先另有企图，奏准在五军、神机两营各选拔士兵15000人，前往居庸关镇守。①

于谦认为也先反复无常，和议之策本不足恃，边境的防备一刻也不能松懈。经过很多天的深思熟虑后，于谦于十月二十八日再上奏疏，陈述现阶段的守边方略，大略为：一、请令宣府、大同两地的镇守官军尽快修复战争中损坏的城堡墩台沟堑，以备不测；二、因战事频繁，瓦剌抢掠，宣府、大同各城军民粮食匮乏，请紧急起运粮食前往宣府、大同，以接济饥民，并且严禁总兵等官以及监军太监私役军士、私养牲畜、克扣粮饷；三、紫荆关、倒马关、白羊口等都是控临边境的险要之地，原本已遣官率兵修塞隘口、开掘沟堑，虽然瓦剌已经请和，建议朝廷不宜取回上述关隘的守备官军。于谦所言句句切中边务要害，景帝当即下令兵部全部照办。②

景泰元年（1450）的九月二十七日，明景帝朱祁钰为了褒奖于谦对国家的贡献，赐其诰命，并封赠其曾祖、祖父母、父母及妻。③虽然光宗耀祖不是于谦誓死捍卫国家的本旨，但总算是明朝皇帝对于谦呕心沥血的回报吧。

创设"团营制"

也先送回英宗后，于谦对形势的判断是：瓦剌的求和究其实乃无奈之举，北边部落的侵扰始终存在，如果明朝不加强国防力量，就不能彻底断绝瓦剌入主中原的企图，北方边境的安宁就难以持久。

明成祖迁都北京，立京军三大营，一为五军营，有步队、马队，专教阵法；

① 《明英宗实录》卷一九七。
② 《明英宗实录》卷一九七。
③ 《明英宗实录》卷一九六。

二为三千营，为骑兵，专事扈从皇帝出入；三为神机营，主要是步兵，使用火器。①三大营各有总兵官，同归五军都督府调度，而掌府官只分管军政文书，不直接负责操练，遇警临时调拨，各为号令，不相一致，且兵将互不相习，营制非常不合理。正统年间，由于军中世袭贵族将领和其他军官贪赃枉法，京军各营腐败不堪，或者有额无兵，或者即使有兵亦多老弱病残，强壮者常年为军官所私役，士兵久不操练，战斗力缺乏。在"土木之变"中，京军不堪一击，数十万大军在瓦剌部骑兵的铁蹄下覆没。为了抵御瓦剌部的南下，于谦立即将两京、河南备操军，山东及南京沿海备倭军与江北及北京诸府运粮军等部队调赴京师，解了燃眉之急。②在指挥京师保卫战的整个过程中，于谦洞悉明朝军队的积弊，但是，那时于谦暂时无暇顾及京军营政败坏和营制紊乱的状况。

如今，瓦剌暂时求和，英宗南归，北部边境暂趋宁靖，部队可以稍作休整。于谦认为，此时朝廷正好可以腾出手来改革军队、革除积弊。于是，一项重要的改革军政的举措就这样出炉了，这就是于谦创立的团营制度。③

于谦从五军、神机、三千三大营中选拔15万精锐官军，分编为10营。每营有1.5万人，置坐营都督1员，统率本营；坐营都督下置都指挥3员，每一个都指挥统领5000军士；都指挥下置把总，每一个都指挥统领把总5人，每营共有把总15人，每一个把总统领1000军士；每一个把总下辖指挥2人，全营共有指挥30人，每一个指挥统领500军士。每一个指挥下置领队官5人，各领100军士。每一个领队官统率管队2人，每一个管队统领50军士。10个团营设一总兵官，当时由石亨担任，总领团营军务，受兵部尚书于谦节制。太监刘永诚、曹吉祥等为监军。没有编入团营的军士，仍然归属三大营操练。团营建立之后，于谦加强了京军的日常军事训练，要求上至总兵下至管队的所有军官都要在安定门外校场操练武器、演习阵法。把总、指挥、领队官、管队等军官必须熟谙自己所管辖的每个军士的姓名、年龄、相貌以及卫所番号等信息。

---

① 《明史》卷八九《兵志一》。
② 《明英宗实录》卷一八一。
③ 《先忠肃公年谱》谓于谦创立团营系景泰二年（1451）事；《明史》《明英宗实录》均记为景泰三年（1452）事，且《明英宗实录》记录于谦立团营的确切时间为景泰三年十二月初五日。从后说。

于谦团营制的创设，使得京军能军将相习、互相统属，"管军者知军士之强弱，为兵者知将帅之号令"①，《明史》称于谦"创立团营，简精锐，一号令，兵将相习，其法颇善"，"京军之制为之一变"②，明朝军队的战斗力由此得到很大提升。团营制堪称中国古代军事史上具有节点意义的一项改革。

让人痛心的是，团营制在于谦被害后即遭废止。朱祁镇从被幽闭的南宫突然之间坐回了九五之尊的皇位，瞬息之间经历了地狱到天堂的命运变迁，尚沉浸在巨大的喜悦之中，兼之奸佞缠绕，不能对形势作出基于理性的客观判断，因此他在复辟的十余天后就废除了于谦这一创举。史书记载，天顺二年（1458），西北边报频仍，朱祁镇忧形于色，站在边上的恭顺侯吴瑾无不伤感地对皇上说："使于谦在，当不令寇至此。"③英宗默然良久，他的心里一定很懊悔，然而他是皇上，皇上不能认错，因而只有迁怒石亨等人了。

让我们再回到景泰初年：于谦整军经武，革除积弊，巩固边防，瓦剌部始终无法突破于谦经营的北部边防，而南侵之事也随着蒙古各部的内讧、也先的被杀搁浅了。

瓦剌失败北退后，统治阶层内部矛盾迭生，也先与脱脱不花互相猜忌。当时，瓦剌内部的实际掌权者为也先，脱脱不花名义上为可汗，实则手中没有多少兵马，阿剌知院兵则更少。脱脱不花妻是也先之姊，也先自恃势强，垂涎汗位，欲立其姊子为太子，脱脱不花自然不从。也先又怀疑脱脱不花暗通明朝，阴谋害他，就于景泰二年（1451）率部众进攻脱脱不花。起初，脱脱不花与其弟阿噶巴尔济联手对抗也先，彼此实力相当，难分胜负。但是，脱脱不花兄弟内讧，阿噶巴尔济叛投也先。脱脱不花势孤败走，遁入兀良哈部，欲投靠前妻之父沙不丹，可是沙不丹却因为畏惧也先而杀死了脱脱不花。④脱脱不花死后，

---

① 《明英宗实录》卷二二四；又，《明史》卷一七〇《于谦传》；《明通鉴》卷二六。

② 《明史》卷八九《兵志一》。

③ 《明史》卷一七〇《于谦传》；又，〔明〕王世贞：《弇州续稿》卷八五《于太傅公传》；〔清〕谷应泰：《明史纪事本末》卷三六《曹石之变》。

④ 《明英宗实录》卷二三二。

也先又用计诱杀阿噶巴尔济，吞并了他的部众。景泰五年（1454），也先自称"大元田盛（天圣）大可汗"，建号"添元"，以其次子阿失帖睦尔为太师。①也先乘胜将蒙古各部置于自己的统属之下，东及建州、兀良哈，西及赤斤蒙古、哈密。然而由于也先并非成吉思汗的后裔，兼之处事骄横、冷酷残忍、虐待诸部。不堪压榨的兀良哈三部相继叛离，通贡明廷，驻牧于近塞。②

景泰五年（1454），因左翼哈丹特穆尔丞相、右翼阿拉克丞相（阿剌知院）不满也先的独揽政权和刻薄寡恩，发动兵变，也先被杀。③鞑靼别部酋长孛来文攻杀阿剌，夺走了也先的家属及玉玺。

此后，瓦剌各部分散，纷争不已，势力日趋衰落。

瓦剌部的衰亡有诸多因素，其中的重要因素是，也先觊觎南方广袤而富庶的土地，发动侵略明朝的战争，在以于谦为总指挥的明朝军队的顽强抵抗下，瓦剌部的南侵以失败告终。由此使得也先在蒙古各部中失去了威信，统治阶层内部矛盾重重，最终导致也先的死亡和瓦剌的衰落。

在这一过程中，起决定性作用的人物无疑是于谦。

---

① 阿失帖睦尔，《明史·瓦剌传》作也先孙，误。《明宪宗实录》卷三七，成化二年（1466）十二月丁未条载朱见深给阿失帖睦尔谕旨称脱欢为其祖可证。

② 《明英宗实录》卷二三二、卷二三三、卷二三四。

③ 关于也先之死，有多种说法。《蒙古源流》与《蒙古黄金史》俱称被布库索尔逊之子所杀。《明英宗实录》"景泰五年十月甲午"条则载为阿拉克丞相旧部曲卜剌秃金院等所杀。《明史》卷三二八《瓦剌传》则载为阿剌知院攻杀。

第五章　无言结局

易储之争

天顺元年正月二十二日（1457年2月16日），历史的天空出现了令后人永远不忍看的一幕，一代英雄于谦以极其悲壮的方式谢幕——成功保全社稷后竟遭枉杀。

古代帝王"家天下"的固有观念使得景帝朱祁钰自登基后，就期望皇权能够在他自己的嫡传子孙身上延承。

可是，景帝要实现这一愿望面临一个很难逾越的障碍：皇太子仍然是他的侄儿——朱祁镇的长子朱见深。自己总有驾崩的一天，如果不易储，皇权将重新归属朱祁镇这一脉了，对于已经坐上皇位的朱祁钰来说，实在心有不甘。

因此，边境略安宁之后，朱祁钰就处心积虑地易储。

景泰初年，景帝下诏给太监金英："七月初二日（朱祁钰之子朱见济的生日，笔者注），东宫生日也。"金英反应敏捷，他顿首答道："东宫生日是十一月初二日（皇太子朱见深的生日，笔者注）。"[1]金英，在宣宗朝就任司礼太监，宣德七年（1432）被赐予免死诏。至英宗朝，金英更趋显贵。正统十四年（1449）

---

① 〔清〕谷应泰：《明史纪事本末》卷三五《南宫复辟》。

筑坛于大理寺，金英张黄盖中坐，尚书以下左右列坐，此举显系抑九卿于内官下。英宗亲征瓦剌，命太监金英辅郕王朱祁钰居守北京。[①]可见金英是朱祁镇的心腹，而且在朱祁钰登基后仍然具有不可低估的作用，因此景帝要想易储，必须得到金英的支持和帮助，然而遭到了他明确的拒绝。当然，金英为此付出的代价是：不久以后，景帝以金英犯赃罪为由，将其禁锢，废而不用。[②]

易储之议虽然遭到了金英的反对，但朱祁钰心意已决、志在必得。

见势力日盛的金英不是自己的心腹，朱祁钰就在太监之中培植了一些忠实的奴才，王诚、舒良即是。王、舒二人给景帝支招，让他先给大臣们升官晋爵和金银赏赐，以此笼络他们，至少可以封住他们的嘴巴。于是，景泰三年（1452）初，朱祁钰就将都御史杨善、王文晋升为太子太保，又分赐内阁诸学士金50两、银100两。又命于谦、王直、胡濙、陈循等俱兼支二俸。[③]

大部分晋爵和受赏赐的大臣都接受了，朱祁钰从中看到了希望。后代的很多历史学者指责这些人见利忘义，但实事求是地分析，他们并非都是蝇营狗苟、趋利忘义之辈。没错，他们中有的人确实是为贪图利禄富贵而选择支持朱祁钰易储；有的官员本来就是朱祁钰的支持者，乐得接受从天而降的高官厚禄；还有一部分人实出于无奈，除于谦坚决辞让赏赐外，王直拿到所赐金银时，叩案顿足道："此何等事，吾辈愧死矣！"[④]

朱祁钰的运气真是不错，正当他忙于笼络和收买大臣，为易储做各种铺垫时，在几千里外的广西突然冒出一个叫黄竑的人，上疏建议"易储"——这真是天赐良机。

黄竑原为广西浔州守备都指挥使，是思明府知府黄㙷的庶兄。景泰三年（1452），黄㙷因年迈致仕，其子黄钧袭知府。黄竑对知府之位觊觎了很久，遂

① 《明英宗实录》卷一八一。
② 《明史》卷三〇四《宦官一》。
③ 《明英宗实录》卷二一五；又，《明史》卷一一九《诸王四》；〔清〕谷应泰：《明史纪事本末》卷三五《南宫复辟》。
④ 〔清〕谷应泰：《明史纪事本末》卷三五《南宫复辟》。

与其子矫军门令征兵思明府，并率骁悍者数千人，趁夜杀了黄堈全家，并将黄堈父子碎尸之后藏于瓮中，瘗于后圃。黄堈的仆人福童趁乱逃脱，到巡抚和总兵处告发了黄竑的恶行，巡抚李棠和副总兵武毅在调查核实后立即上报朝廷，要逮捕黄竑父子，并将其治罪。①

恶行昭昭、死罪在所难免的黄竑竟然想出了一条妙计，他立刻写了一本奏章，请求易储以"永固国本"，派出心腹袁洪星夜兼程、驰赴京师、将奏疏呈给朱祁钰。朱祁钰见此奏章如获至宝，他喜出望外地说道："万里外有此忠臣。"立刻下令释放黄竑父子，予官都督。②

朱祁钰以最快的速度将黄竑的奏疏交廷臣集议。参加集议的91名文武诸臣中很多人心里以为不可，但谁也不敢直言犯上，一时陷入僵局。司礼监太监兴安厉声打破沉默："此事不可已，即以为不可者勿署名，无得首鼠持两端。"于是，大学士陈循、礼部尚书胡濙以及都御史王文率先签名，其余官员一一署议，且联名合奏："父有天下必传于子，此三代所以享国长久也。惟陛下膺天明命，中兴邦家，统绪之传，宜归圣子。今黄竑所奏宜允所言。"③

景泰三年（1452）五月初二日，朱祁钰废皇太子朱见深，立自己的嫡子朱见济为皇太子，又废英宗皇后汪氏，立见济母杭氏为皇后。④诏书云："天佑下民作之君，实遗安于四海；父有天下传之子，斯固本于万年。"⑤这个对句是当时的吏部尚书何文渊的手笔，今天看来，所谓的"天佑下民作之君""父有天下传之子"实在是强盗逻辑。

五月十五日，以柳溥为正使、于谦为副使，持节更封见深为沂王。张軏为正使，何文渊为副使，持节封见清为荣王、见淳为许王。

朱祁钰凭借着已经在握的最高权力如愿以偿地将亲生儿子推上了太子宝座，

① 〔清〕谷应泰：《明史纪事本末》卷三五《南宫复辟》。
② 《明史》卷三一八《广西土司传》；又，《明英宗实录》卷二一五。
③ 《明史》卷一一九《诸王四》；又，〔清〕谷应泰：《明史纪事本末》卷三五《南宫复辟》。
④ 《明英宗实录》卷二一六。
⑤ 〔清〕谷应泰：《明史纪事本末》卷三五《南宫复辟》。

然而"易储"的成功竟然得益于如此恶劣的黄竑杀人事件，实在是具有讽刺意味——皇权斗争本来就充满着血腥、肮脏和丑陋，很多时候又都有冠冕堂皇的幌子，然而有时为了得逞竟然连遮羞布都可以不要。朱祁钰明知道黄竑父子杀人，而且手段极其残暴，却因为他们能够投己所好，便堂而皇之地予以赦免乃至嘉奖。当然，黄竑事件也仅仅是加速朱祁钰易储的催化剂，即便没有黄竑事件，朱祁钰最终还是要立自己的儿子为太子的，只不过要寻找其他的契机。

为了巩固朱见济的太子位，朱祁钰继续以官爵和金银笼络众大臣：所置东宫官皆以大臣兼任，王直、胡濙俱太子太师，陈循、高谷、于谦俱太子太傅，俞士悦、王翱、何文渊等俱太子太保，萧镃、王一宁太子少师。上述东宫官员均兼支二俸。

在笼络大臣的同时，景帝严密防范朱祁镇及其身边的人。景泰三年（1452）七月，在南宫照顾朱祁镇的太监阮浪将朱祁镇赐给他的镀金绣袋及束刀赠给门下内竖王尧，不慎被锦衣卫卢忠偶然发觉，卢忠将王尧灌醉后拿走其绣袋及束刀，向景帝告发，谓"南宫谋复皇储，遗留刀求外应"，朱祁钰怒杀阮浪、王尧，并欲穷治不已。幸有学士商辂与司礼监太监王诚谏阻说："卢忠狂言不可信，坏大礼，伤至性，所关不小。"此事才得以平息。①朱祁钰难道不知道卢忠所说乃狂悖之言？大概率他应该知道，只是他迫切需要杀鸡儆猴，卢忠恰好献上了鸡，阮浪与王尧必死无疑。

行文至此，不得不中断对景帝易储的叙述，来讨论一下关于于谦"不争易储"的话题。后人对于谦"不争易储"颇有微词，侯方域《于谦论》曰："谦虽位为大司马而其权过于相，盖景皇帝帷幄腹心之臣也，黄竑之议一萌，使谦造膝密陈其不可，则景帝必徘徊而不敢出，而况其率群臣面折廷净乎？然谦亦唯唯署名，故非社稷臣也。"②侯氏将易储成功归咎于于谦一人，显然武断，且有失公允。

---

① 〔清〕谷应泰：《明史纪事本末》卷三五《南宫复辟》。
② 〔清〕侯方域：《于谦论》，见〔清〕丁丙：《于公祠墓录》卷六。

于谦是否在易储这件事情上抗争过，后人猜疑纷纭，莫衷一是。相传"齐次风侍郎尝宿祠中，梦忠肃告曰：'当日谏易储疏，留中不发，外人无知者。子异日入史馆，当为我表章之。'既而侍郎果直禁廷，与修《明史》，遍检前明档案无之。余姚邵二云先生习闻其语，入馆后留意搜访，最后于通政使署得当时旧册，有大学士于某为太子事一折，具载月日。数百年疑案，至是始定"①。这一则记述显然不属实，因为于谦未尝为大学士，因此很可能为于谦的仰慕者杜撰。

于谦对朱祁钰易储有所抵触却证据凿凿。景泰三年（1452）四月，朱祁钰命于谦、王直、胡濙、陈循等俱兼支二俸。于谦、王直等立刻上疏请辞，朱祁钰自然不予允准。②在景帝易储成功的两天后，于谦再次上疏请辞二俸，他说："臣阖门良贱，仅逾数口，原俸资给有余饶。即今边境、京师粮用浩大，人民之转输未息，军士养赡未优，国赋经营日不足给。而臣以一介之微，叨冒千人之食，扪心知惧，揣分奚堪？乞止支一俸，以省浮费，以惬舆情。"③景帝当然予以驳回。第二次上疏辞让赏赐的大臣只有于谦一人，这种一而再的辞让并非是否领景帝人情的问题，而是要表明对易储的不合作态度。《明史纪事本末》记载，当朱祁钰将黄竑的请易太子疏交给廷臣集议时，只有于谦、王直两人"相顾眙愕"④。

还有一件事情可以证明于谦的态度：在御史钟同和礼部郎中章纶先后奏请复朱见深储位并被下锦衣卫狱的事件发生后，有一个叫杨集的进士曾上书于谦，谴责于谦说："奸人黄竑进易储之说，以迎合上意，本逃死之计耳。公等国家柱石，乃恋官僚之赏，而不思所以善后乎？脱章纶、钟同死狱下，而公坐享崇高，如清议何！"于谦将杨集的信拿给王文看，王文曰："书生不知朝廷法度，然有胆，当进一级处之。"于谦、王文欣赏杨集的胆魄，为了保护杨集，遂将此事秘

---

① 〔清〕吴庆坻：《蕉廊脞录》卷三，中华书局1990年版。
② 《明史》卷一七〇《于谦传》；又，《明英宗实录》卷二一五。
③ 《明英宗实录》卷二一六。
④ 〔清〕谷应泰：《明史纪事本末》卷三五《南宫复辟》。

而不宣，并荐举其为六安州知州。①

于谦是否争易储，尚无定论，而以现有的资料来看，于谦的确没有旗帜鲜明地反对易储，即便如此，也不能因此判定他"非社稷臣"。于谦是真正的"社稷臣"，他捍卫了国家的尊严，维护了国家的统一，他的历史功绩和光辉人格永远抹杀不了。

让我们结束对于谦是否争易储的议论，来关注"易储"成功后的朱祁钰。他一定高枕无忧了：朱祁镇被关，朱见深被废，自己的儿子成了太子，皇位可以在自己的子孙间代代相传。然而，造化弄人，以宿命的话语来表述，就是朱见济命运并不"见济"，注定无法登上九五之尊，立为皇太子仅一年有余，就在景泰四年（1453）十一月突然因病夭折了。

于是，再建皇储成了朝廷的焦点。

由于朱祁钰只有朱见济这么一个儿子，因此，一些官员建言恢复朱见深的皇储之位，朱祁钰对此自然无法接受，这一建议不仅戳中他的丧子之痛，而且在他看来，这些官员显然是藐视他的生育能力，因为这一年他才25周岁，他甚至都怀疑这些官员在咒他此生无嗣。于是他对持这一主张的官员恨得咬牙切齿，以雷霆手段进行最狠厉的镇压。御史钟同和礼部郎中章纶先后上疏，请复朱见深储位，朱祁钰大为光火。当时已近傍晚，宫门已关，从门缝中递出景帝的命令，立即将钟同和章纶关进锦衣狱鞫讯，逼供主使及勾结南宫的罪状，重刑之下，钟同、章纶体无完肤，但两人"濒死无一语"，钟同死于杖下，章纶仍然被关锦衣卫狱，直至天顺元年（1457）英宗复辟后被释放。②

朱祁钰一直把朱祁镇看成是威胁自己皇位的心腹大患，心里面一定希望朱祁镇能一夜之间从世界上消失。但是，身为帝王的他，并不能为所欲为，礼法的约束、优柔寡断的性格、虚伪的道德感或尚未泯灭的道德底线等因素使朱祁钰不会采取诸如让朱祁镇"暴病而亡"的极端手段。因此，他一面严密监视朱

---

① 〔清〕谷应泰：《明史纪事本末》卷三五《南宫复辟》。
② 〔清〕谷应泰：《明史纪事本末》卷三五《南宫复辟》。

祁镇在南宫的活动，掐断其与外界联系的所有可能性；一面又要向世人彰示他的孝悌仁慈。当时，还发生了一件极为荒唐的事情，给事中徐正密奏景帝："今日臣民有望上皇复位者，有望废太子沂王嗣位者，陛下不可不虑。宜出沂王于沂州，增高南城数尺，伐去城边高树，宫门之锁亦宜灌铁，以备非常。"徐正实在道出了朱祁钰心里很想说而又不能说的话，然而朱祁钰竟然一面责徐正有悖仁德并将其谪戍铁岭卫，一面又依照徐正之策加强了对南宫的监视力度，把南宫及其附近的树木全部砍掉。①朱祁钰这种内心的阴暗与外在的威严形成的反差实在富于喜剧效果，朱祁钰错就错在他太想维护这种虚伪的道德感了。

局面始终为朱祁钰所操控着。由于朱祁钰的严密防范和打击，从表象来看，复储之议渐趋平息，但事实上它成了一股暗流，只要给一个出口，就会喷薄而出，冲决朱祁钰煞费苦心垒起的防护堤。

景泰七年（1456）年末以来，朱祁钰一病不起，到次年正月，病情愈益加重，连正月初一的朝贺都无法举行了，朝廷上下弥漫着忧惧的气氛。当时还有传言称大学士王文与太监王诚密请太后，迎取襄王世子。正月十一日，都御史萧维祯会同百官在左顺门外向景帝问安，探问病况。景帝身边的太监兴安对百官说："公等皆朝廷股肱耳目，不能为社稷计，徒日日问安何益？"②群臣领悟到兴安的言外之意，便于正月十四日合议复立沂王朱见深为皇太子之事，除大学士王文、陈循、萧镃等人，于谦、王直等大多数官员都表示赞成，于是就合辞请复立沂王。但是，朱祁钰岂肯轻易放手，他传谕大臣："朕偶有寒疾，十七日当早朝，所请不允。"③十六日，于谦、王直、胡淡会诸大臣再次合辞请复沂王太子位，推商辂主草，谓："陛下宣宗章皇帝之子，当立章皇帝子孙。"奏疏写就时天色已晚，已经来不及上奏，于谦、王直等打算十七日一早呈入。④

但是，为时晚矣。

① 〔清〕谷应泰：《明史纪事本末》卷三五《南宫复辟》。
② 《明通鉴》卷二七。
③ 《明英宗实录》卷二七三。
④ 《明史》卷一七六《商辂传》。

"夺门之变"

仅仅一夜之间，历史车轮转弯之猛，舞台变换之疾，令后世观史者惊叹不已。在石亨、徐有贞等人的策划与导演下，上演了一场惊心动魄的充满着阴谋与杀戮的历史大戏——使朱祁镇重新坐回皇位的"夺门之变"，于谦、王文、范广等人成了这场皇权斗争的牺牲品。

"夺门之变"的策划者石亨、徐有贞在本书的第四章已经登场了，这里稍费笔墨简要叙述一下他们在京师保卫战之后的经历。

实事求是地说，石亨在抗击瓦剌、保卫京师的战争中发挥了举足轻重的作用，而朱祁钰待石亨实在不薄，仅从朱祁钰和石亨之间的关系看，几乎找不出石亨背叛景帝的理由。在于谦的举荐下，景帝重用了石亨。京师保卫战中的德胜门一役胜利后，景帝先是封石亨为武清伯，继而进侯。景泰二年（1451）二月，命其佩镇朔大将军印，率京军三万人巡哨大同，同年秋天，景帝又赐予其世袭诰券。易储后，加太子太师。于谦创立团营，景帝以石亨为总兵官，提督京营。景帝对于谦一向有所防范，时不时地借机掣肘或敲打，但是他对石亨则信任有加，几乎毫无嫌隙，景泰八年（1457）正月十二日，朱祁钰强撑病体到南郊祭祀，宿斋宫，因病不能行礼，就不假思索地将石亨召至病榻前，要他代行郊祀礼。①

徐有贞或许对朱祁钰有所怨望。徐有贞由于当年在朝廷上倡言南迁，为人讪笑，甚至于被人喊杀，因而久不得升迁。偏偏他又是一个急于功利的人，于是就阿谀巴结时为户部右侍郎兼学士的陈循，徐有贞悄悄送给陈循一条玉带，并对他说："公带将玉矣。"没过多久，陈循果然加少保、腰玉带，由此陈循屡荐徐有贞。徐有贞曾经托于谦谋求国子监祭酒一职，于谦碍于同僚情面帮他转达了，然而朱祁钰当即驳回于谦的荐举，并说："此议南迁徐珵邪？为人倾危，

---

① 《明史》卷一七三《石亨传》。

将坏诸生心术。"朱祁钰对他一而再、再而三的压制，一定引起了他的嫉恨。他原名徐珵，在陈循的建议下，改为徐有贞。此举果然奏效，景泰三年（1452）徐有贞迁右谕德。景泰七年（1456）因治黄河有功，景帝对其褒奖有加，进左副都御史。虽然终于得以升迁，但是之前景帝对他的屡次打压，他始终耿耿于心，不能释怀。①

石亨在朱祁钰登基后可以算是核心人物了，然而尚有于谦等人位居其上；至于徐有贞，离位极人臣还有很远的距离，他们自然不满于这种现状。对于石亨、徐有贞这样汲汲于功名利禄、权力欲望膨胀的野心家来说，只要遇到能够让他们飞黄腾达的机会，就会牢牢拽住，而置旧主的恩情于不顾，何况徐有贞对朱祁钰尚心怀怨望。

朱祁钰做梦都不会料到，他在景泰八年（1457）正月十二日对石亨的莫大信赖铸成了无法挽回的大错，石亨即此成了南宫复辟的始作俑者。如前所述，石亨在这一天被朱祁钰召至榻前，让他代行郊祀礼，他注意到这位皇帝似乎已经病入膏肓、康复无望了。石亨虽然是一介武夫，但官场上的摸爬滚打、起起落落使他的政治嗅觉变得很灵敏，瞬息之间他嗅出了其中蕴藏的绝好机会。他那武夫的脑袋里萌生出一个大胆的计划："请复立东宫，不如请太上皇复位，可得功赏。"他马上唤来同党都督张軏、左都御史杨善及太监曹吉祥等，张、曹等人都同意石亨的计划，便开始密谋如何让太上皇朱祁镇顺利复辟。随后，他们跑去和太常卿许彬商议，许彬本人虽不愿意参与，却建议他们去找徐有贞，他说："此社稷功也，彬老矣，无能为，盍图之徐元玉（徐有贞字，笔者注）？"②

石亨等立刻跑到徐有贞府上，所谓物以类聚、人以群分，重利之下，这帮蝇营狗苟、逐臭追腥之徒，一拍即合。正月十三日，他们将计划秘密通知了朱祁镇；十六日，朱祁镇设法将同意计划的回复传递给他们。于是，一帮人在当日晚开始密谋实施方案。

---

① 《明史》卷一七一《徐有贞传》。
② 〔清〕谷应泰：《明史纪事本末》卷三五《南宫复辟》。

徐有贞在朝廷中以逞智巧、多心术、善计策为名，号称天文、历法、地理、星象等等无所不通。现在，他又开始逞智弄巧了，石亨、张𫐐等人眼巴巴地看着他，问"计将安出"，徐有贞煞有介事地跑到屋顶去观察天象，不多时，他从屋顶上下来，兴奋而笃定地对大家说："事在今夕，不可失。"当晚，适逢边吏报警，徐有贞就说："乘此以备非常为名，纳兵入大内，谁不可者！"阴谋已定，石亨、徐有贞、张𫐐三人前去和曹吉祥、王骥、杨善和陈汝言等人会合。出发前，徐有贞焚香祝天，告别家人时大有"壮士一去"的慷慨悲壮，他说："事成，社稷之利；不成，门族之祸。归，人；不归，鬼矣。"①

自景泰三年（1452）于谦创立团营以来，石亨就担任总兵官，手中握有兵权，因此可以轻易地调动军队。他们先安排张𫐐率兵等候于长安门外，以备接应，同时收了各城门的钥匙。夜四鼓，张𫐐率领的军士由长安门进入皇城，守卫的士兵都惊愕莫名。他们的人马全部进入后，徐有贞又锁好城门，并将钥匙投入水窦中，以阻遏救驾朱祁钰的军队形成内外夹攻之势。当时，天色晦暝，石亨感到惶恐不安，就问徐有贞："时当济否？"徐有贞鄙夷石亨的临阵胆怯，大声呵斥他："时至矣，勿退！"率领众人直奔南宫。此前，朱祁钰为了防止哥哥复辟，令人用熔化的金属灌入门锁，门锁无法开启，徐有贞就命令士兵将巨木悬置空中，然后令几十个士兵一起发力以木撞门，又令一些身手好的士兵逾墙而入，内外合力破坏宫墙，墙体在巨力撞击下终于坍塌。石亨、张𫐐等冲进南宫，跪拜于地，合声对朱祁镇说："请陛下登位。"然后呼士兵举辇，徐有贞扶朱祁镇登辇，大家拥着朱祁镇向奉天殿行进。路上，镇定的朱祁镇还问明了这群人的姓名、官职，以便日后封赏。至东华门，守门的军士不让他们进入，朱祁镇厉声道："吾太上皇也。"军士自然不敢阻挡。石亨、徐有贞等拥朱祁镇御奉天殿，扶其升座，鸣响钟鼓，大开宫门，高呼万岁。

此时已天光熹微，而且三天前景帝曾下诏说"十七日当早朝"，因此百官正在朝房中等待景帝视朝，忽然听到殿上嘈杂喧哗之声，大家不知发生了什么事。正在百官惊诧之际，徐有贞对群臣高呼："上皇复辟矣，趋入贺！"百官震惊，

① 〔清〕谷应泰：《明史纪事本末》卷三五《南宫复辟》。

相顾愕然，旋即反应过来，就班朝贺。随后，太上皇朱祁镇以当朝皇帝的身份宣谕百官。①改年号为天顺。

在徐有贞的精心谋划下，朱祁镇竟然在没有遇到任何抵御的情况下轻而易举地夺回了失去近八年的皇位。

卧病在床的明景帝朱祁钰在毫无防备之中输给了被他禁锢在南宫、他以为完全丧失了抗衡能力的哥哥。天顺元年（1457）二月一日，朱祁钰被废为郕王，迁西内。朱祁镇可不像他弟弟那般摆出一副"孝悌仁厚"的样子给天下人看，18天之后，他就让弟弟"病"死了。正史对朱祁钰之死都以"王薨于西宫"这样简略得不能再简略的文字一笔带过，就如宋太祖赵匡胤之死的真相被宋太宗赵炅一朝修撰的正史抹去，仅在野史中留下"烛影斧声"的猜测一样，皇帝召集人马编修的正史出于不可言说的原因对于某些历史事件真相的隐饰甚至篡改，使后人再也无法了解背后的真相了。

这个问题其实已经无关紧要了。对朱祁镇而言，重要的是朱祁钰死了，他可以高枕无忧地安享失而复得的皇权了。

具有讽刺意味的是，朱祁钰死时，朱祁镇赐给他的谥号为"戾"——罪戾之意，毁掉了朱祁钰所营造的寿陵，以亲王之礼葬之于西山，真是极尽刻薄之能事。而曾经被朱祁钰夺去太子位的朱见深对叔叔倒是宽容大度，朱见深登基后就恢复了叔叔的皇帝号，公道客观地评价了叔叔对于国家的贡献："朕叔郕王践阼，戡难保邦，奠安宗社。"②朱祁钰死后有知，也可以聊以自慰了。

"意欲"之冤

"土木之变"以来，于谦常常因为政务繁忙不归私第，夜晚总是在朝房将就休息。朱祁镇复辟的这个晚上，于谦照例宿于朝房。儿子于冕急匆匆地赶来，

① 〔清〕谷应泰：《明史纪事本末》卷三五《南宫复辟》。
② 《明史》卷一一《景帝本纪》。

将石亨等拥英宗复位的事情告诉父亲，希望父亲能早作防备，于谦板着脸呵斥了于冕："小子何知国家大事？自有天命，汝第去！"少顷，于谦也获知英宗已经复辟，仍然神态自若地整撷朝服入朝。[1]

这一去，再也没有回来。

宫廷的权力之争每每以很多无辜者的生命为代价。仅仅在几个小时之后，于谦就被逮捕，被关进了锦衣卫狱，同时遭此厄运的有大学士王文，都督范广，尚书俞士悦、江渊，学士陈循、萧镃、商辂，太监王诚、舒良、王勤、张永等。石亨、徐有贞唆使六科十三道劾于谦、王文等迎立外藩之罪，并奏请将王文、于谦、王诚、舒良等明正典刑，榜示天下。[2]

在石亨、徐有贞等人的授意下，刑科都给事中王镇起草并当廷宣读了弹劾于谦等人的奏章，奏辞说："王文、于谦俱以小人滥膺重任，一以不学无术之庸才而司台辅，貌实陋而心实险；一以舞文弄法之小智而与兵权，言似清而行实浊。不思保乂王家，却乃肆为奸宄，交结权宦，挟天子以令群臣；树立党私，引凶邪以充庶位。内则太监王诚、舒良、张永、王勤等为之腹心，外则内阁陈循、江渊、萧镃等同其党恶。附和黄竑之邪议，易立储君；逢迎人主之非心，废黜汪后。公攘名器，酬平时贿赂之私；强立刑诛，钳当代言官之口。台谏多为之鹰犬，忠义咸畏其排挤。数年以来，内外显官皆出其门，奔竞成风，阿谀充位，君子无以安其位而行其道，小人得以遂其志而售其奸。遂使天下之人但知有王文而不知有人主，但知有于谦而不知有朝廷。忠良解体，义士痛心，流毒生灵，贻殃兆庶。至于咎征屡见，构巧辞以粉饰太平；灾异迭臻，献谀言以荧惑圣听，诚国家之巨蠹，一代之奸雄。乃者，景皇帝不豫，连日不能视朝，岂意王文、于谦、舒良、王诚不顾宗社之重，惟务身家之谋，阴结异图，包藏凶祸，欲召外藩继位，紊乱宗枝。事虽传闻，信实显著，人心汹涌，中外危疑。"[3]这本奏章变白为黑、倒上为下、污贤为邪的水平简直臻于"化境"了。

---

① 〔明〕田汝成：《西湖游览志余》卷八。
② 《明英宗实录》卷二七四；又，〔清〕谷应泰：《明史纪事本末》卷三五《南宫复辟》。
③ 〔明〕郎瑛：《七修类稿》，见〔清〕丁丙：《于公祠墓录》卷一〇。

　　刚直不阿的于谦在朝，使得石亨、徐有贞每每有所顾忌。如今，对手已经是阶下囚，石、徐等人岂有不借机报复之理？可是，于谦没有半点低眉敛目的囚徒之态，有的是睥睨群小的傲然，于谦的这种傲骨更加刺激了石、徐等人的病态心理。当时，负责审讯于谦、王文等人的都御史萧维祯是石、徐的党徒，他承石、徐之风旨，预设了于谦等人的迎立外藩谋逆之罪，但找不到证据，即便是栽赃也来不及了，徐有贞就说："春秋之法，将则必诛，何必佐证也。"萧维祯得到这条指令就欣然署奏，曰："事出朝廷，不承亦难免。"于是文致其词，竟以"意欲"二字附会成狱，坐《谋逆律》，拟判极刑。当时，王文不堪诬陷，申辩不已，于谦则不屑于和这些虚骄恣肆者对话，他冷笑着劝解王文："亨等意耳，辩何益？"①

　　于谦犀利地指出了石、徐等人的漏洞，他说："召外藩非金符不可，符藏内府，岂外廷所能得？"于是石、徐等人就令太监查检各王府金符，唯独找不到襄王府之金符，众人深感惊讶，就问一退仕老太监，这个老太监说："尝记宣德间老娘娘（即张太后）有旨取去，不知何在？老宫人某尚在，必知其详。"又去问这个老宫人，她回忆说："宣庙殡天时，老娘娘以国有长君，社稷之福，尝欲召取襄王，故取金符入内，后以三杨学士议不谐而止，今在后宫暖阁中某处。"果然在老宫人所说的地方找到了襄王府之金符。②

　　襄王府之金符找到了，退仕老太监和宫女的证词洗却了于谦的不白之冤，却起不到任何证据与证词的作用，复辟了的朱祁镇还有石、徐等人是一定要置于谦于死地的。最终，于谦被诬以"意欲"谋逆之罪，英宗批斩立决，抄没其家，儿子于冕和女婿朱骥等家人发戍边卫。

　　天顺元年正月二十二日（1457年2月16日），于谦被冤杀在他浴血守卫过的京城。

　　挽狂澜于既倒、扶大厦于将倾、救人民于苦难的一代英雄没有战死在沙场，

---

① 《明史》卷一七〇《于谦传》；〔清〕谷应泰：《明史纪事本末》卷三五《南宫复辟》。
② 〔清〕孙承泽：《天府广记》卷九，北京出版社1962年版。

却成了皇权斗争的牺牲品。斯人已逝，对于谦来说，所有的愤怒、不平与冤屈都随着行刑者鬼头刀的挥落永远消逝了，留给后人的是无限的愤懑、痛惜和悲伤。

北京城的西四牌楼，如今由于牌楼被拆除而简称"西四"，也是京城的闹市地带，车水马龙，人来人往，而这里曾经是明代处决死囚的刑场——西市。这里曾经伫立着刑场的标志性建筑——高耸的牌楼，牌楼的边上还立着一根比牌楼更高的木杆，用以悬挂被割下的头颅。西市见证过很多的生命在这里戛然而止，见证过处决太监刘瑾这样快意的场面，也见证过那些被冤屈的人无端在这里结束生命的悲愤，而于谦的血染西市应该是它最不愿意见证的场面。

历代统治者几乎都将刑场设在闹市，以便示众，为了使得处决囚犯更好地起到以儆效尤的作用，统治者将其程式化为一种仪式，并且提前告知民众，而民众也往往很乐于围观这种刺激的场面。因此，每到行刑之日，人们挤在囚车必经之路的两侧，看辚辚作响的囚车，看被枷锁镣铐囚笼紧紧困住的死囚犯，看光着膀子、满身横肉、眼露凶光、手持鬼头大刀的行刑手；在刑场，看行刑手挥舞鬼头大刀砍向被捆缚着的跪在地上的囚犯，看受刑者的头颅骤然之间滚落在地，看他们的鲜血在刑场飞溅，还有死囚犯亲朋的哭天抢地的哀号……许是看多了这种场面，更多的时候人们总是漠然地围观着刑场上发生的一切。

然而，这一天，京城的民众无论如何都无法做到以旁观者的冷漠来围观于谦被杀的场景。即将被处死的是他们心中的英雄，是他们的救世主，他以血肉之躯奋力保卫了这座城市以及这座城市中的无数生灵，如果不是于谦率领军民拼死抵御，那么瓦剌部势必突破已经如豆腐渣般不堪一击的明朝边防，直趋而下，攻占京城，那将会使无数生灵遭受屠戮。"土木之变"前后，瓦剌在边境各镇掳走了很多手无寸铁的百姓，是于谦在瓦剌求和后建议由朝廷出资将他们都赎了回来，使他们远离了梦魇般的"奴隶"生活。劫后余生的百姓没有料到他们心中的救世主竟然会蒙冤致死。

史书记载，于谦遇害之日，"阴霾翳天，行路嗟叹"①，"阴霾四合，天下冤之"②。苍天也不忍目睹这场忠良被害的旷古奇冤，而百姓则以各种方式宣泄他们的悲情。京城百姓夹道哭送于谦人生的最后一段路程，还有远郊的百姓为了最后送于谦一程，为于谦洒一把眼泪，竟从百里之外赶赴西市。他们在刑场酹祭酒，烧纸钱，大放悲声。

对石、徐一伙人来说，最具有讽刺意味的是他们的同党曹吉祥部下有个名叫朵儿的锦衣卫指挥，他在于谦遇害的当日，就在于谦被杀头的地方，祭酹被冤杀的于谦，而且恸哭不已，曹吉祥觉得很丢脸，狂暴地鞭笞他，可是，次日，朵儿又在于谦遇害处祭酹，恸哭如旧，丝毫不惧曹吉祥的威势及鞭杖。③

于谦巡抚河南时，官署设在开封城马军衙桥西。河南父老听到于谦遇害的噩耗，都哭着前往旧时于谦的官署，设灵位祭奠。不久，于谦遇害的消息就传遍南北，天下人涕泣而歌："京都老米贵，那里得饭广？鹭鸶冰上走，何处寻鱼嘇？"④这首民谣用谐音表达了民众对含冤被杀的范广（"饭广"）、于谦（"鱼嘇"）的追思。

王世贞的《于太傅公传》记载，于谦遇难前，他的家乡杭州府奇旱，西湖干涸，湖底龟裂。当时，孙原贞担任浙江巡抚，他伤感地对朋友说："贤才之生，实钟山川之秀。今日之兆，哲人其萎乎？吾甚虞于公（于谦，笔者注）。"古人以为天生异象必有灾殃，这竟然应验在了于谦身上。⑤当然，这只是一个悲伤的传说。

一腔热血"洒何地"

在从事于谦研究的二十余载里，笔者一直敬佩于谦作为一个军事家和诗人

---

① 〔清〕谷应泰：《明史纪事本末》卷三五《南宫复辟》。
② 《明史》卷一七〇《于谦传》。
③ 《明史》卷一七〇《于谦传》。
④ 〔明〕于冕：《先肃愍公行状》；又，〔明〕王世贞：《弇州续稿》卷八五《于太傅公传》。
⑤ 〔明〕王世贞：《弇州续稿》卷八五《于太傅公传》。

的成功，甚至欣赏于谦作为一个政治家的缺陷。于谦的性情气质注定了他的悲剧结局，于谦临危受命成为京师保卫战的总指挥以来，常常拊膺长叹："此一腔热血，竟洒何地！"他似乎对自己的人生结局早有所料。

廖可斌教授在给拙作《于谦年谱》所作的序中，对于谦的悲剧色彩有这样一段深入而精辟的分析："搞政治的人大致可以分成几种类型，一类是完全根据个人和小集团的利益办事的，这种人太卑鄙，算不上政治家；一类是完全凭着一种理想办事的，虽然高尚，但没有把握政治的真谛，往往也不大行得通，因此也不能算是典型的政治家；第三类则是既有一定的政治理想，又懂得人们主要是靠利益联系在一起的，因而注意处理相互间的利益关系，在这两者之间寻求平衡，这种人才是比较典型的政治家。于谦属于第二类，他是一个典型的理想主义者，他一直都是按自己的理想原则办事，而不是根据个人和小集团的利益办事。他不注意培养自己的个人势力，不注意树立自己的权威，因为他坚信自己走得正行得直，用不着这些。别人奉承他，他毫不留情予以斥责；别人诋毁中伤他，他也无意予以报复打击，因为他看不起这种行为。结果拥护他的人并不是没有，但一盘散沙，缺乏结构性力量；反对他的人则越来越成了气候，有恃无恐。有些本来想跟他套近乎的人，见他不理这个茬，甚至给人难堪，往往也转而汇集到反对他的队伍中去了。他可以说只有同事，没有朋友，更没有同伙。即使是在'夺门之变'中与他同时被害的王文等人，与他也没有什么私人交情。他拥立景帝完全是为社稷苍生考虑，而不是为了自己建拥戴之功、享从龙之利。他也没有意识到自己已经与景帝的命运紧密联系在一起，不注意与景帝沟通，以致景帝虽表面上对他极为尊礼，实际上心怀猜忌，在得知有人篡位后，首先想到的竟是于谦，这足以让于谦心寒，让世人感叹。正因为官场上像于谦这样的人是极个别的另类，他于是感到极度的孤立。他发现世界上的人都是那样庸俗卑鄙，自己与他们相处共事是那样的困难、那样的痛苦，所以他才发出了'此一腔热血，竟洒何地'的悲怆呼号。像于谦这样的人，如果能获得权威者的赏识保护，是可以干出一番事业的。他自己一旦被推到了总揽全局的位置上，面对更为复杂的利益关系，他的理念与现实的矛盾冲突就会加剧，以至无法调和。他不把自己的利益放在心上，因此往往不能预先采取保护自己利益的措施，比方说培养自己的亲信、布置自己的耳目、加强对景帝的保护，甚至先下手为强、掌握废立的主动权等；对他人因受利欲驱动而产生的图谋也缺乏敏感，因而也没有及时采取防范措施，如及早对某些阴谋集团予以打击，加强对英宗的看管，密切注视石亨、徐有贞等人的动静等。以他的智慧和能力，他不是做不到这些，而是不屑于做这些。直到他的儿子告诉他石、徐等人已行废立，他还要斥责儿子妄议朝廷大事。他自信问心无愧，也相信任何事情总有一个解决办法。殊不知世上本无所谓天理，违理之事倒是无奇不有，他最后竟做了英宗和石、徐等人为'夺门之变'寻找合法理由的无辜牺牲品。于谦的上述某些行为可以说有些迂腐，但从他的人格心理来分析，却完全可以被理解。因此，除了种种外在的原因，于谦特有的人格心理也是铸成他的悲剧结局的重要原因。"

基于上述深层次的原因，我们的结论是：只要发生"夺门之变"或者类似的夺权事件，于谦就注定要成为牺牲品。因为，英宗朱祁镇、石亨、徐有贞、张軏……太多人想置他于死地。

先来剖析朱祁镇的心态。史书但凡述及"夺门之变"和于谦之死，都有这样的叙述：石亨、徐有贞等以"意欲"谋逆为由奏请英宗判处于谦、王文等极刑。当时，朱祁镇心里犹豫，说："于谦实有功。"不忍除掉于谦。但是，徐有贞进言："不杀于谦，今日之事无名。"朱祁镇心意乃决，下令立斩于谦。[①]这些正史的修撰者文过饰非的技巧真是超人，这种出于为尊者讳而刻意修饰的文辞也许连修史者自己都觉得太虚假，说朱祁镇的原意是不想杀于谦，恐怕朱祁镇自己也不会相信。

无论那些修史者如何粉饰，笔者固执地以为，朱祁镇重新坐上龙椅再次操控生杀大权时，第一个要杀的应该是弟弟朱祁钰，第二个大概就是于谦了。因此，在企图置于谦于一死的人当中，朱祁镇当属首位。虽然他心里明白于谦有再造社稷之功，而且也深知如果没有于谦的坚持，他朱祁镇很有可能就要客死

---

① 《明史》卷一七〇《于谦传》；又，〔清〕谷应泰：《明史纪事本末》卷三五《南宫复辟》。

在瓦剌部的营帐中。

"土木之变"中，朱祁镇被瓦剌掳走，沦为人质，仅仅过了半个月于谦等就拥立郕王朱祁钰。此举第一使英宗朱祁镇成了有名无实的太上皇，第二使朱祁镇失去了人质的价值，他南返的希望变得渺茫。瓦剌部挟持朱祁镇至大同城下，胁迫明军打开城门，于谦举荐的大同守将郭登对城下的瓦剌军大喊："赖天地祖宗之灵，国有君矣。"拒开城门。①

正统十四年（1449）十月十二日，也先进攻京师受挫，听从太监喜宁的唆使，以讲和为名，要求明廷派遣大臣出关迎返英宗，并索要数以万计的金银财物，于谦拒绝讲和之议，并且说："今日止知有军旅，他非所敢闻。"②朱祁镇会认为于谦又一次让他失去了早日南返的机会。

后来，也先几次对英宗说："中朝若遣使来，皇帝归矣。"③又扬言欲送英宗归明廷。这时，朝廷大臣多主议和、迎归英宗，而于谦不仅坚决反对议和，竟然说此时应该"社稷为重，君为轻"④。在皇权至上的社会，于谦的话是冒犯君王之狂言，无论哪个皇帝听了都会心存芥蒂。英宗最终得以回到明朝，于谦的祸机也就由此萌生了。

朱祁镇要杀于谦的第二个原因就是因景帝易储而迁怒于谦。黄竑为逃死罪，上疏请易太子，迫于情势，于谦同诸大臣一同署议。易储之是非功过暂且不去评价，但朱祁镇一定认为他儿子朱见深被剥夺太子位，于谦难辞其咎。

现在，朱祁镇重新掌握了生杀予夺的权力，当然要新账老账一起算，于谦又怎能不死？！

退一万步而论，即使朱祁镇不杀于谦，于谦也逃脱不了被枉杀的结局。这不是宿命，这是势所必然。于谦的品德与才智，罕见其匹，其谋国之忠和至刚大勇让后人难以望其项背，然而于谦的性情气质却屡屡招祸，这本不足诧异。

① 〔清〕谷应泰：《明史纪事本末》卷三三《景帝登极守御》。
② 〔清〕谷应泰：《明史纪事本末》卷三三《景帝登极守御》。
③ 《明英宗实录》卷一八五。
④ 〔清〕谷应泰：《明史纪事本末》卷三三《景帝登极守御》。

　　"性格决定命运"。于谦"无欲则刚"，他从来不计个人私利，为官争理不争利，更不会因此阿谀奉承权贵或搞阴谋诡计，不拉帮结派，没有自己的小团体；他疾恶如仇，遇到邪恶之人和事，他就"如蝇在喉，吐之乃已"；他的处世方式直来直去，不加任何掩饰。这种性情气质和处事方式是一把锋利的双刃剑——正是因为上述品质，于谦才光风霁月；但这种品质和行为方式对一个政治家而言就是一种"致命伤"，一种足以断送政治前程的"人格缺陷"，于谦因为这一"人格缺陷"得罪了太多人，被得罪者或欲伺机报复或落井下石。

　　首先来看徐有贞（徐珵）。在发动"夺门之变"的人当中，他杀于谦的动机最强。正统十四年（1449）十月，瓦剌劲骑自紫荆关、白羊口两路大举进犯京城，身为侍讲的徐珵建言朝廷迁都南京，遭到于谦的厉声呵斥，于谦还上疏说："（徐）珵妄言当斩。"徐珵虽然保住了脑袋，但是在朝廷上丢足了面子，以致很长时间无法升迁。景泰初，徐珵多次托人游说于谦，求国子监祭酒一职，于谦无奈只有将徐珵所请转告景帝，可是被景帝拒绝了。徐珵没有得到祭酒职位，于谦又不便向徐珵解释自己曾经推荐过他，但景帝不允，而徐珵则以为于谦贬抑他，因此衔恨于谦。[①]叶盛的《水东日记》还记载一件事：景泰年间，徐珵曾受命治理黄河水患，但未能建功，于谦曾与同僚开玩笑地说："徐先生五墨匠耳，奈何令脱土墼也！"一句戏言，足以取怨，得罪于人。[②]徐有贞对于谦的仇恨便愈积愈深，而毫无心机的于谦则浑然不知。

　　其次看石亨。于谦对他是有恩的，因为于谦的一纸奏疏，石亨的命运一夜之间发生了巨变。于谦于正统十四年（1449）八月二十一日受命为兵部尚书，二十四日就奏请起用石亨，此前石亨被谪为事官，而于谦荐举其为右都督、总京营兵。也先寇犯京师，于谦令石亨守德胜门，因为于谦正确的指挥调度，石亨伏兵诱敌，杀死敌兵数众，论功封武清伯，继而进侯。石亨之侄石彪骁勇敢战，于谦以其为前锋，因战功进署都指挥佥事，至都督佥事。[③]起初，石亨对于谦是心存感激的，景泰二年（1451），石亨向朝廷荐举于谦之子于冕，其时于冕

---

　　① 〔明〕焦竑：《玉堂丛语》卷八，中华书局1981年版；又，《明史》卷一七一《徐有贞传》。
　　② 〔明〕叶盛：《水东日记》卷十一。
　　③ 《明史》卷一七三《石亨传》。

在杭州府侍奉祖父母，景帝下诏召于冕赴京，于谦再三推辞，还上疏说："为人父者，莫不欲其子之贵显，臣岂独无是心哉？但方国家多事之秋，宜以公义为重，不当顾其私恩。伏念臣才乏寸长，官跻一品，顾已乖于清议，敢重冒于殊恩？况臣男器非远大，名位爵禄非所能胜。且亨不闻举一岩穴幽隐，拔一行伍微贱，以裨军国之务，顾乃荐臣之子，于公义安在？况臣叨掌兵政、选法，比以军功妄报，得多不准，理所以杜侥幸，革冒滥也，岂宜臣之子而冒官赏乎？仰祈圣鉴，令冕回还原籍，庶上不玷朝廷之名器，下以协舆论之至公，而臣亦免非分之责。"最终朝廷授于冕府军前卫副千户。[1]史书评价石亨此举的出发点是自己功不如于谦却得以封侯进爵，心存惭愧。但是不能否认石亨此举有对于谦感激和示好的因素，可是于谦不仅毫不领情，甚至以此狠狠地弹劾了石亨一把，而且用语强硬，不留一丝情面，给了石亨一个大大的难堪，石亨对于谦的仇恨由此而生。李贽《续藏书》认为，于谦有恩于石亨，但是石亨后来恃功骄纵，于谦时时裁抑石亨，石亨心有畏惧，不敢妄动，积恨于心。[2]《明史纪事本末》记载，石亨侄子石彪贪暴，于谦奏请出之大同，石亨更加衔恨于谦，故有夺门之诬。[3]可见，于谦是硬生生地将石亨这样一个本来可以成为同盟者的人推向了与己为敌的阵营中。

太监曹吉祥对于谦也是有所嫉恨的。"土木之变"发生后，曹吉祥监京营军，可是常常受到总指挥于谦的节制，而且重要决策都出自于谦，曹吉祥必定会感到失落，甚至是心理失衡。何况，于谦曾经非常"不合时宜"地奏请裁革内臣监军之制，明朝宦官监军制始自永乐八年（1410）明成祖朱棣遣内臣王安监军，此乃"祖制"，岂可裁革？朱祁钰自然驳回了于谦所请。这一来，就得罪了身为监军太监的曹吉祥。

"夺门之变"的另一员干将张轨也对于谦有着切齿之恨。张轨，祥符（在今河南开封）人，其父张玉为明成祖起兵之大将，阵亡，成祖即位追赠荣国公。张轨及其兄张辅以功臣子授职。张轨于永乐中入宿卫，为锦衣卫指挥佥事，从

---

① 《明史》卷一七〇《于谦传》；又，《明英宗实录》卷二〇五；〔明〕于冕：《先肃愍公行状》。

② 〔明〕李贽：《续藏书》卷一三、卷一五。

③ 〔清〕谷应泰：《明史纪事本末》卷三五《南宫复辟》。

宣宗亲征高煦之叛，又从成国公朱勇出塞，正统十三年（1448）以副总兵征麓川，又讨伐贵州苗民反叛，积功为前府右都督，总京营兵。张轵与总兵官都督宫聚率军15000余人在贵州、平越等地镇压反叛之苗人，张轵刚愎自用，遇警粗率，毫无计谋，轻率出兵，兼以纪律不明，营阵无法，既不禀命于主将，又不审察敌情，结果官军大败，万余人惨死于无辜，而张轵竟弃甲曳兵，徒跣逃命。景泰元年（1450）四月初五，于谦奏劾张轵"器非远大，质本凡庸，素无汗马之劳，虽列官资于五府，萃恩宠于一门，然惟知纵欲以肆非，罔顾越理而犯分，骄奢淫逸，而僭逾之恶屡彰；卤莽粗疏，而统御之才安在"，并奏请景帝予以重惩。①张轵素来骄纵不法、纳贿乱政，于谦对他多有贬抑。②就是这个张轵在"夺门"成功后，与石亨、徐有贞、曹吉祥一起合力制造了于谦冤案。

都督同知卫颖也是"夺门"之"功臣"。景泰二年（1451）二月，六科十三道曾交章弹劾都督同知卫颖、范广、陶瑾和都督佥事郭瑛、张义等奸宿乐妓之罪，朝廷宽宥了他们。于谦却不依不饶，复劾卫颖等"俱以凡才叨膺重任，擢居都府，分掌兵戎，不能宣力竭忠，乃敢纵欲败度。况终日饮酒为乐，又复用钱买奸，若非剥削害军，此物从何而得"，称卫颖等所为"上辜朝廷之恩，下失军士之望，廉耻荡尽，忌惮全无"，请将卫颖等调往北部边境，守边赎罪。③卫颖本非善类，翻盘成功后当然会把于谦往死里整。

于谦是一个理想主义者，他一心要把明朝军队锻造成一支英勇善战、军政清明的队伍，他不能容忍那些陈年痼疾继续侵蚀军队，不能容忍那些贪婪骄纵者继续危害国家，他要整顿，于是付出了惨重的代价。

景泰二年（1451）初，在北方边境稍为宁靖后，于谦就着手严整军队，以肃军政。当时，军中贪污成风，受贿卖军已成流弊。在于谦的建议下，景帝下令石亨等各营大小军官务须尽心抚恤军士、保全名节、毋蹈前非；若继续受贿或卖放操军回还原籍或原卫所三名以上者，自都督以下不分官职大小，俱降三

① 〔明〕于谦：《忠肃集》卷七。
② 《明史》卷一四五《张轵传》。
③ 《明英宗实录》卷二〇一。

等，调往边卫哨守。①镇守宣府等处的总兵等军官因受人之利而擅自纵放操备士兵，于谦坚决予以制止。②京军中还有一个顽疾就是一些军官克扣军饷甚至盗卖月粮，士兵饥饿难耐，只得逃离军营。于谦奏请景帝敕令石亨严加戒饬官员，修举戎政，并将违法军官纠送法司，明正其罪。经过于谦的严厉整顿，军官克扣军饷和盗卖军粮的行为稍有收敛。③

"土木之变"发生后，为抵御瓦剌，明朝军队快速扩充，况且在这种国家存亡的非常时刻，往往超常规地遴选提拔军官，这就难免泥沙俱下、鱼龙混杂，因此京军中把总、管队等官，有的是夤缘冒进、非才滥充者，轻则无勇无谋、无法带兵上阵；重则贪图贿赂，剥削害军，视兵政为等闲，视士卒如仇敌，败坏军纪。于谦会同石亨对京师各营坐营把总、管队等军官进行考核，并将考核结果上报朝廷，此举一来可敦促军队任用得人、武备修举、不误边事；二来对众军官会有所约束。④

对于那些不法军官，无论职位的高低、出身的贵贱，哪怕是自己荐擢的，于谦都从不姑息。这里选录部分于谦执掌兵部至景泰三年（1452）间他对那些不法军官的弹劾记载，我们再一次很不情愿地得出这样的结论：于谦的确不是一个"成功"的政治家。

正统十四年（1449）九月二十二日，于谦奏劾三千营总管赵荣不赴营操练，以致军容不整、纪律全无、士卒喧哗、行伍错乱，请治其罪。景帝即令法司禁锢赵荣。⑤而正是这个赵荣后来将朱祁镇从瓦剌那里接了回来，成了英宗眼里的大红人，从瓦剌营返回北京的路上，指不定趁机给于谦上了不少眼药。⑥十月十七日，都指挥魏兴等在西直门外遇敌，临阵脱逃，躲回营寨，于谦请求治其死罪，而景帝则宽宥了魏兴。⑦

---

① 《明英宗实录》卷二〇一。
② 〔明〕于谦：《忠肃集》卷一。
③ 〔明〕于谦：《忠肃集》卷五。
④ 〔明〕于谦：《忠肃集》卷五。
⑤ 《明英宗实录》卷一八三。
⑥ 《明史》卷一七一《赵荣传》。
⑦ 《明英宗实录》卷一八四。

仅据《明英宗实录》《忠肃集》两种文献，于谦在景泰元年（1450）的正月有四次弹劾下属的记录。奏劾永宁卫千户汤顺等守边不谨，纵军出口搬粮，为瓦剌所掳，又引敌进入腹里，斫伤士兵，请求逮捕汤顺，并治其罪；①巡按陕西监察御史刘文请求将充军左参将都督佥事王喜按例调往陕西行都司，于谦则以为王喜临阵退缩、贻误战机、陷没官军、情节严重、难比常例，因而反对刘文所请；②参劾右参将都督佥事杨俊；③奏劾镇守雁门关都督佥事孙安纵寇殃民，草菅人命。④

景泰元年（1450）三月，于谦奏劾都督佥事王斌擅调官军，扰乱边务，请治其罪，景帝宥其罪。⑤四月，因镇守广西总兵官田真不经奏请定夺，擅将援助广东之官军调回广西，用以镇压苗民起义，于谦奏劾田真方命专权、奸诈欺罔、法所难容，又徒劳士马、虚费粮储、两处地方俱不得济，本应将田真拿送法司究问，以为将臣专权欺罔之戒，然因边方多故，正当紧要用人之时，仍请令田真奋勇杀贼、以功赎罪，如再失机误事，治以重罪。⑥五月，于谦上疏请治千户马青、马云之罪，他们此前出使瓦剌，擅自许诺也先以笙箫细乐以及能唱之女子，甚至许诺也先可与明朝结亲，更恶劣的是将边境消息透露给瓦剌。于谦劾其贪利肥家，屈节辱国，又架捏虚词，夸大张皇，肆为欺罔，边境不宁，酿成巨祸。⑦九月，于谦奏请将协守甘肃右参将都督佥事毛忠执付法司审问，因礼部侍郎李实曾称其屡与瓦剌相通，于谦以为如若属实，当严惩不贷。⑧十二月，湖南苗民造反，进攻长沙、宝庆、武冈所属州县，于谦以为显系当地司府州县官员素无武备、坐视民患，故奏请将其交法司治罪。⑨同月，于谦认为宁夏总兵官张泰殊少勇敢、守则有余、战则不足，于谦荐举陕西都司指挥使马让为都督金

---

① 《明英宗实录》卷一八七。
② 《明英宗实录》卷一八七。
③ 〔明〕于谦：《忠肃集》卷七。
④ 《明英宗实录》卷一八七。
⑤ 《明英宗实录》卷一九〇。
⑥ 〔明〕于谦：《忠肃集》卷三。
⑦ 〔明〕于谦：《忠肃集》卷一。
⑧ 《明英宗实录》卷一九六。
⑨ 〔明〕于谦：《忠肃集》卷三。

事、充副总兵、往宁夏协同张泰镇守。①

景泰二年（1451）二月，于谦奏劾广东都指挥金事王忠等畏缩无谋、失机误事。②四月，于谦得知左军都督府右都督王祯在边境多事之秋、朝廷正当用人之时，借口省视母亲告假回陕西，事实上王祯妻妾随往，老母却遭其遗弃。于谦痛恨王祯这种临阵退缩又弃亲弗养的不忠不孝的恶劣品性，奏请执王祯送法司问罪，以为群臣之戒。③七月，奏劾镇守湖广总督军务左副都御史王来、镇守贵州总兵官梁珤"挟奸计而玩寇殃民，坏法玩事"，请治二人罪。④

景泰三年（1452）四月，于谦奏劾镇守广西副总兵都督武毅等不能振肃兵威、慑服奸宄，辜负朝廷之重托，地方不能得到保障，于谦以为似此等无勇无谋、玩寇误事、不曾立有寸功、专务虚文延调者，不能为朝廷所倚重。请敕武毅等申明号令赏罚，作兴士气人心，安抚民心，务要保地方宁息。⑤六月，广东黄肖养叛乱虽稍已宁靖，且黄肖养已伏诛，但尚有其他反叛势力，望广东救兵增援，然副总兵右都督董兴则不肯发兵。于谦奏请急令董兴调度官军，前去广西，会合武毅除一方之患，不许退缩观望，致贻后患；⑥湖广苗民叛乱经久未宁，反而日甚一日，骚扰地方，不可胜言，于谦以为显系各官互相推诿所致，奏请令王来、梁珤等亲领官军设法抚招；⑦陕西都司管操都指挥同知杨得清贪图财贿、卖放私役军士，于谦请将其问罪。⑧七月，于谦奏劾广东副总兵都督董兴、广西副总兵都督武毅软弱无为，贪墨玩事，纵寇长奸，以卖军得财为能事，并请执董兴、武毅赴京师问罪；⑨以都指挥孙旺遇警闭门高坐、临敌束手旁观、耽酒恋色、玩寇殃民，请治孙旺失机误事、贪淫害军之罪。⑩八月，广海卫备倭

① 〔明〕于谦：《忠肃集》卷一。
② 《明英宗实录》卷二〇一。
③ 〔明〕于谦：《忠肃集》卷八。
④ 〔明〕于谦：《忠肃集》卷五。
⑤ 〔明〕于谦：《忠肃集》卷三。
⑥ 〔明〕于谦：《忠肃集》卷三。
⑦ 〔明〕于谦：《忠肃集》卷四。
⑧ 〔明〕于谦：《忠肃集》卷九。
⑨ 《明英宗实录》卷二一八；又，〔明〕于谦：《忠肃集》卷四。
⑩ 〔明〕于谦：《忠肃集》卷四。

指挥佥事王俊将缴获的战利品偷运回家，更为恶劣的是透露消息给倭寇，纵寇逃脱，卒难追捕，以致官军失利，于谦奏请敕左都御史王翱查清此事，并请就地诛杀王俊；①又奏劾湖广宝庆府武冈州都指挥佥事范真不敢出城追剿反叛之众，请治其畏缩失机之罪。②是月，于谦奏劾巡抚四川左佥都御史李匡不轨行为，但是考虑到如果先治其罪，又恐其怀挟私忿、激变民壮、殃及无辜，并构成边患，加之四川军民连年征运、已甚疲弊、不堪战乱，遂奏请先将李匡取回京师，再行究问。③李匡抵达京师后，于谦与六科十三道交章劾其素行不轨、弄权舞智、毫无法度。十一月二十五日，李匡被逮入狱。④

　　宦官向来是皇宫中一股不可忽视的力量，正统以后，宦官可以操纵朝廷中很多的大小事宜，甚至左右着皇帝在很多事情上的决定，因此纵使贵为阁臣乃至首辅，也往往勾结趋附宦官。但是，于谦从来不把宦官放在眼里。当时，宫内遣宦官往真定、河间等地采办野味，往直沽、海口收集干鱼，宦官负责采购物资是宫里一直以来的做法，可在于谦心中，百姓的分量实在太重，所以他坚决反对这种对百姓敲骨吸髓的做法。景泰元年（1450）三月二十日，他指出真定等地当贼寇扰攘之余，公私匮乏，兼以久旱不雨，五谷未植，徭役重繁，请停上述扰民之事，⑤朱祁钰允准了于谦所请。于谦此举一方面使宫里减少了物资供应；另一方面，很多宦官从采办货物中谋取私利，于谦所奏却断了他们的财路，损害了他们的利益。如前所述，他还奏请取消宦官监军制，也遭致宦官的嫉恨。

　　还有那些勋臣后代也得罪不得，他们每一个个体都有很大的能量，而且又结成一张关系网互为保护。景泰元年（1450）二月二十九日，刑部右侍郎江渊奏称，勋臣后世子孙得以承袭爵禄，或使管理军务，然而他们都出自膏粱，素享富贵，唯务安逸，不习劳苦，贤智者少，荒怠者多。国家有事之际，若委以

① 〔明〕于谦：《忠肃集》卷四。
② 〔明〕于谦：《忠肃集》卷四。
③ 〔明〕于谦：《忠肃集》卷九。
④ 〔明〕于谦：《忠肃集》卷九；又，《明英宗实录》卷二二三。
⑤ 《明英宗实录》卷一九〇；《明史》卷八三《食货志六》。

机务，莫不张皇失措、一筹莫展，皆由平日骄纵懒惰、不学无术所致。于谦立刻附议，并进而奏请朝廷从即日令勋臣后代随各营总兵官操练。①这些人平日四体不勤，安逸享乐，哪里经受得了操练之苦，他们由此痛恨于谦。

于谦疾恶如仇，眼睛中容不得一颗小沙砾，他不懂得什么是中庸之道，天生不会八面玲珑、左右逢源，于是成了一个独行者。

孤独者的悲剧

王镇弹劾于谦的奏辞中称于谦"交结权宦，挟天子以令群臣；树立党私，引凶邪以充庶位"②，佞臣们的无中生有真是到了极致。于谦在朝廷上没有势力上的同盟者，他是一个孤独的人，正如他自己所说："满怀心事谁能识，独坐花前听鸟啼。"（《日暮漫书》）③他持守着这份高洁的孤独，不结党，不培植自己的个人势力，公正无私地对待每一个人。因此，即便是因他荐举而得以上位的人，也没有成为他的盟友。上文所述，手握重兵的石亨就是于谦亲自荐擢又亲手将其推向敌对阵营的。而另一些他荐举的人虽然没有成为敌对势力，但是也并没有成为同盟者。

"夺门之变"中同遭诬陷并遇害的范广被石亨等诬为于谦私党，这真是很可笑的事情。范广确因于谦荐举而擢升，但绝非于谦私党，这一点石亨等心里明白得很。仅举一例就可看出于谦和范广的关系。景泰元年（1450）四月二十四日，于谦奏劾范广、罗通等将领守备不严，纵敌失机，致使瓦剌300余人从石峰口入境，烧毁关门，又从石峰口出境，如蹈无人之境，请求治范、罗之罪。④于谦不树私党，因此不偏袒任何人，对范广也不例外。关于范广遇害的真正原因，史书里交代得再清楚不过了，《明史·范广传》记载：范广助石亨提督团

---

① 〔明〕于谦：《忠肃集》卷七。
② 〔明〕郎瑛：《七修类稿》，见〔清〕丁丙：《于公祠墓录》卷一〇。
③ 〔明〕于谦：《于肃愍公集·文集》卷四。
④ 〔明〕于谦：《忠肃集》卷一；又，《明英宗实录》卷一九一。

营，"（石）亨所为不法，其部曲多贪纵，（范）广数以为言。亨衔之，潜罢广，止领毅勇一营。广又与都督张轨不相能"。又，范广"最为于谦所信任，以故为侪辈所忌"，"及英宗复辟，亨、轨愬'夺门'功，诬广党附于谦，谋立外藩，遂下狱，论死"。①

其次是昌平伯杨洪。"土木之变"后，杨洪镇守宣府，也先挟英宗命，胁迫杨洪开门相迎，杨洪拒不开城门，也先的阴谋未能得逞。于谦曾于正统十四年（1449）请封杨洪为昌平伯。②于谦后来还作《颖国武襄公杨洪画像赞》，曰："神完气充，貌伟言扬，江湖宇量，铁石肝肠。胸盘韬略而鬼神莫测，手操剑戟而星斗垂芒。摧锋万里，轰雷迅电，号令三军，烈日秋霜。功在朝廷，威震边疆，一骑前驱，万夫莫当，旌旗所指，犬羊遁藏。知其内者以为孙、吴、管、乐，识其外者以为卫、霍、关、张。曰福曰寿，自天降祥，尔公尔侯，子孙蕃昌。噫！斯人也，所谓勋业盖世，而身名流芳者欤！"③但是，对于这样一个手握重兵又是为自己所激赏的人，于谦也公事公办，绝不袒护。杨洪有个儿子叫杨俊，因在居庸关击败瓦剌别部，论功由都指挥佥事进都督佥事，不久充右参将，佐朱谦镇守宣府。但杨俊倚恃其父亲的威势在军中恣意妄为，曾经为了泄私愤杖死都指挥陶忠。景泰元年（1450）初，擅将守备永宁的官军调往怀来，并将永宁城门砌塞，于谦奏劾其"不洗心改过，仰答皇上委任之重，仍复恃权妄为，愈加放肆，谓国法不足畏，谓军士不足恤，谓刚愎为可恃，谓骄纵为可久，徇私积怨，人所共知"，"方命专权，擅作威福，下欺主将，上侮朝廷，视边务如等闲，弄军马如儿戏，强梁跋扈，旁若无人"，"若不整治于今日，无以警戒于后来"，故请治其罪，以为边将擅权弃城之戒。④杨洪也担心儿子因败坏边务而获罪，就奏请让杨俊还京、随营操练，杨洪是京师保卫战的大功臣之一，这点面子景帝还是要给他的，于是就允准将杨俊调到京师。可是，于谦穷究不舍，杨俊到京师后，于谦并劾其独石弃城、丧师辱国及发泄私仇、捶死边将之

---

① 《明史》卷一七三《范广传》。
② 《明英宗实录》卷一八一；又，〔清〕谷应泰：《明史纪事本末》卷三三《景帝登极守御》。
③ 〔明〕于谦：《于肃愍公集·文集》卷八。
④ 〔明〕于谦：《忠肃集》卷七。

罪，谓："诚国法之所难容，人神之所公怒，若不明正其罪，无以警戒将来。"①
杨俊被下狱论斩，后随杨洪立功赎罪。不久，杨俊又因被劾冒领擒杀太监喜宁
之功，被降官，令其剿贼自效。景泰四年（1453）复充游击将军，送瓦剌使者
归，至永宁，喝至酩酊大醉，杖都指挥姚贵八十，并欲斩杀姚贵，幸诸将力解
而止。②似杨俊这等胆大妄为、飞扬跋扈之徒的确该斩，于谦所为本来就是为国
家利益计，但是这一来，无疑失去了杨洪的支持。

兵部右侍郎王伟，在"夺门之变"中被诬为于谦同党而罢归。王伟，正统
元年（1436）进士，改庶吉士，授户部主事。英宗北狩，命行监察御史事，集
民壮守广平。王伟多智巧，于谦荐引其为职方司郎中。当时，军务繁多，而王
伟的处置往往能恰中机宜，于谦遂荐擢其为兵部右侍郎，王伟后来用于谦之计
除掉了"土木之变"时沦为瓦剌间谍的小田儿。令人寒心的是，尽管王伟的两
次升迁都是于谦所荐，但是他本人担心朝廷中那些嫉恨于谦的人目己为朋附，竟
然秘密上奏诬陷于谦，以期自解。景帝将他的奏折给了于谦，于谦出来，正好遇
到王伟，王就问："上与公何言？"于谦笑着对他说："我有失，望君面规我，何
至尔邪？"并拿出王伟的奏章给他看，王伟丢了大面子，自然记恨于谦。③这样
一个背后陷害于谦的人，也被视为于谦朋党，"朋"从何来？"党"从何来？

笔者不避冗赘地叙述于谦和众多同僚的这种相处方式，并非为了向读者表
明于谦有人格的缺陷，恰恰相反，于谦的上述做法证明他是一个人格高尚的人，
他将国家利益、百姓利益放在首位，既然国家赋予他总督军务的重任，就要在
其位谋其政，谨守本职，纠错惩恶，兴利除弊，刚正严明。作为一个兵部尚书，
于谦有太多建立庞大关系网的机会，但是他对此嗤之以鼻，弃之如敝屣。景泰
元年（1450）年末，朝廷拟将抵御瓦剌之有功文职官吏送吏部升秩，于谦却以
为瓦剌虽已请和，然其诡诈难测，奏准俟边务宁靖，再行升秩。④仅此一次，就

---

① 《明英宗实录》卷一九二；又，《明史》卷一七三《杨洪传》。
② 《明史》卷一七三《杨洪传》。
③ 《明史》卷一七〇《于谦传》。
④ 《明英宗实录》卷一九九。

不知放弃了多少支持自己的力量，因为像于谦这样可以置功名利禄于度外的人实在寥若晨星，于谦自己不想得到封赏，但是其他大多数人是希望得到的。于谦像是一个生来就与周遭抵牾的人，他的这种品性和行事方式使他四方树敌、陷于孤立无援之境地。

于是，终于导致了这样一个匪夷所思的悲哀结局：当石亨、徐有贞一伙阴谋拥戴朱祁镇复辟时，竟然没有一个人将这一情报送给身为兵部尚书的于谦，于是阴谋者从容地策划并实施了阴谋，轻易地将于谦送上了断头台。

景帝的礼遇与猜忌

笔者在讲述于谦的人生悲剧及其成因时，将他和景帝朱祁钰的关系单列一节，目的是要凸显于谦人生的悲剧色彩。

于谦和景泰皇帝之间的关系犹如一团乱麻，很难理清。

《明史纪事本末》在述及英宗复辟时的一段文字不禁让后世观史者或爱戴于谦者感喟不已：石亨、徐有贞、曹吉祥等拥英宗祁镇复辟时，病榻上的朱祁钰"闻钟鼓声，大惊，问左右曰：'于谦耶？'既知为上皇，连声曰：'好，好'"。①景帝的这一问如果传到于谦的耳朵里，他一定会彻骨心寒吧？

如果仅凭上述细节断定景帝对于谦很不信任，显然失之偏颇。事实上，景帝对于谦的态度有一个从信任到猜忌的变化过程。

在"土木之变"发生之初以及之后较长的一段时间内，景帝对于谦的态度称得上极度信任、极度尊礼，甚至有一种心理上的依赖。正统十四年（1449）八月十七日，时为郕王的朱祁钰受命监国，辅佐幼主朱见深。三天后，朱祁钰首次摄朝，就发生了众大臣群殴王振党徒致死的事件，一时朝廷喧哗、班行杂乱。从来没有见过这种场面的朱祁钰根本无法操控局面，因为极度恐慌，几次想逃离混乱的现场，百官也惊恐不安，是于谦救郕王于尴尬的境地。危难之中，

---

① 《明英宗实录》卷二七四；又，〔清〕谷应泰：《明史纪事本末》卷三五《南宫复辟》。

于谦成了朱祁钰、皇族宗亲和文武百官心中倚重的人，受命为兵部尚书。仅仅隔了几天，朱祁钰由郕王一跃而为景帝，他很清楚于谦在拥立自己为帝的过程中所起的关键作用，因为如果不是于谦力主战守，明朝所走的路可能就是和瓦剌妥协，割地送银，赎回朱祁镇，朱祁钰就只能永远憋屈地做着他的郕王。于谦雄韬伟略，殚精竭虑，扶危定邦，明朝在惊涛骇浪中渡过了劫难，朱祁钰也由此确立了威信。因此，朱祁钰对于谦自然心存感激。景帝登极之初，国势维艰，他对于谦的信任几乎是无以复加的，在景泰初年的朝廷中，庶几可谓重要事务皆裁决于于谦。

撇开景帝听到英宗复辟的钟鼓声后的那一句"于谦耶"之问，在于谦担任兵部尚书一直到景帝被夺帝位，景帝对于谦表面上都是极为尊礼的。如上文所述，对于于谦所奏事宜景帝一般都允准。此外，有几件事情也可以看出这一点：景泰元年〔1450〕三月，景帝特赐于谦父亲于仁葬地粮米。①九月，景帝赐其诰命，并封赠其曾祖、祖父母、父母及妻。②景泰四年（1453）七月再一次赐于谦等诰命，并封赠其曾祖父母、祖父母、父母及妻。③景泰二年（1451）二月，景帝怜恤于谦居所简陋，赐给他一处宅第。④

2003 年播放的电视连续剧《大明王朝惊变录》讲述的是正统十四年（1449）"土木之变"发生后，于谦抗击瓦剌、守卫京师却惨遭冤杀的一段历史，该剧用了近半集的片长渲染了这样一个场面：景帝亲自带领人马在一片茂密的竹林里取竹沥为于谦治痰疾，贵为皇帝的朱祁钰为于谦重病担忧的神情和亲手烤取竹沥的情景让人感动落泪。据《明英宗实录》，确有其事，它发生在景泰五年（1454）于谦57岁时，巡抚晋豫的18年已经使他积劳成疾、未老先衰，而"土木之变"后为国事的过度操劳更使于谦心力交瘁，兼之他生活俭约，身边又乏人照顾，因而身体虚弱。史书记载于谦"素病痰"，这年十二月更甚，以致不能上朝，景帝令内臣兴安、舒良等携御医前往于谦的寓所探视，并赐敕说："昨

---

① 《明英宗实录》卷一九〇。
② 《明英宗实录》卷一九六。
③ 《明英宗实录》卷二三一。
④ 《明英宗实录》卷二〇一。

闻卿偶婴重疾，朕为惕然。念卿夙膺委托，旦夕不可或无。已令近臣偕医往视，兹复赐卿白金五十两为汤药费，并赐羊酒、白米。卿其勉抚病体，副朕眷眷之意。"①兴安、舒良等见于谦居所如此简陋、生活如此简朴，不禁叹息不已，回宫告诉了景帝，景帝特地下诏：但凡于谦治病所需费用物资全部由朝廷提供。当时，御医诊断之后汇报，治疗于谦当用竹沥和药，而北方竹林很少，竹沥不易取，景帝就亲自带领内臣到万寿山，伐竹取沥。②

　　然而，上述种种细节再感人也无法遮蔽有关景帝对于谦的猜忌、提防和牵制的历史真相。后人可以痛斥朱祁钰那一句"于谦耶"是对于谦人格的玷污，但对于当时的朱祁钰来说，这样的心理也在情理之中。因为历史上有过很多这样的先例，李渊之于隋朝，赵匡胤之于后周等等，这类前车之鉴在那些做皇帝的人心里永远不会尘封，朱祁钰也同样。

　　景泰元年（1450），杨洪就曾经请敕总督军务少保于谦以将权。景帝回答："于谦已总督军务，即将权也，其余军务，兵部即计议行之。"③事实上，于谦军权受制是朝廷中尽人皆知的事情，他曾经奏请裁革内臣监军之制，景帝不允，命内臣监军如故。此外，朱祁钰还通过罗通等人来制约于谦的军权。

　　罗通是一个品行恶劣、张狂不义之徒。德胜门一战胜利之后，朝廷进于谦为少保兼兵部尚书，封石亨为武清侯，褒奖了近2万名将士，抚恤了3000余阵亡者。④罗通自己不敢赴前线杀敌，自然没有得到任何物质奖励和职务晋升，心理失衡的他就捏造事实诋毁于谦、石亨，说："诸边报警，率由守将畏征调，饰诈以惑朝廷，遇贼数十辄称杀败数千。向者德胜等门外不知斩馘几何，而获官者至六万六千余人。辇下且然，何况塞外？"⑤罗通还请求景帝诏令"兵部五军都督府询察都指挥、指挥以下，其中有知兵如韩信、穰苴者，与议而行之"，扬

　　① 《明史》卷一七〇《于谦传》；《明英宗实录》卷二四八。
　　② 〔明〕夏时正：《怜忠祠记》，见〔清〕丁丙：《于公祠墓录》卷四。
　　③ 《明英宗实录》卷一八七。
　　④ 《明英宗实录》卷一八四；又，〔明〕于谦：《忠肃集》卷七。
　　⑤ 《明史》卷一六〇《罗通传》。

言"若腰玉珥貂者皆是苟全性命、保守爵禄之人与憎贤忌能、徒能言而不能行者，不足与议此"，又"请选文臣刚毅者充总督军务官"，将攻击的矛头直指于谦、石亨等。于谦百忙之中还得应付罗通，上奏说："武清侯石亨、昌平侯杨洪、安远侯柳溥等头珥貂蝉，与都督范广、孙镗、卫颖等俱腰玉带之人，亦有守战功绩，不见苟全性命、保守爵禄之情。今通奏其不与议此事，又自荐其仕途年久，颇知边情，恐有如韩信、穰苴堪任大将之人，宜就令指实姓名保荐。""切念臣谦既无此才，又素不知兵，宜罢少保总督之命，或就令通或别选老成大臣，代臣管理，臣指挥部事，捐躯尽瘁以报朝廷。"景帝出面做和事佬，下诏说："卿等所言皆是。于谦公廉勤慎，才识俱优；石亨存心宽厚，善抚士卒；杨洪军旅整肃，有谋有勇，三人朕亲用之，故特授以重职。罗通志在灭贼，以国为计，卿等将此意间谕谦等，今后同心协力，不许互相猜疑，以妨兵务。"①

景泰元年（1450）三月，瓦剌两万之众围攻万全等处城池，总兵官朱谦告急，于谦请令都督同知范广充总兵官，右副都御史罗通提督军务、巡哨宣府。但罗通竟然因为惧怕不愿前往。②在朝廷的一再催促之下，罗通终于前往守关，但是当瓦剌来袭时，他不敢迎战，纵敌失机，致使敌人如入无人之境，烧掠劫杀，关门被毁。③同年，由于战祸连绵，口外百姓不能如期种植庄稼，于谦恐瓦剌无所收获后，会挟持着英宗率部突至太原，就建议选派有谋略的文职大臣镇守山西，没想到景帝又诏令怯懦猥琐的罗通前往，而罗通则又借口不接受任命，一直赖在京师。后来，杨洪又奏请差文武大臣率兵从雁门关押送山西人夫往大同，景帝再次令罗通前往。罗通不仅坚持不赴任，还厚颜无耻地上奏说："以臣观之，当今位高名重莫有过于此二人者，然建此良策，皆不自行而付之他人，何哉？宜令谦及洪同臣往山西，行彼所建之策，庶边务、粮储两皆不误。"罗通简直就是在耍无赖了，其心胸狭隘，可见一斑。面对罗通这种无理取闹的挟私报复，于谦非常大度，对景帝说"当国家多事之秋，非臣子辞劳之日"，自己曾巡抚山西18年之久，熟谙山西地形、民情和军务，因此请求景帝派自己前往山

① 〔明〕于谦：《忠肃集》卷七。
② 《明史》卷一六〇《罗通传》。
③ 〔明〕于谦：《忠肃集》卷一；又，《明英宗实录》卷一九一。

西镇守。景帝自然不会将身为军事总指挥的于谦调离京城，因为这时的朝廷，如果少了于谦，景帝乃至满朝官员都会失去安全感。因此，景帝仍令罗通镇守山西，并诏敕罗通："今特命尔往彼，镇守地方，提督军马，修整器械，设法训练，分守关隘，以防御之，务令寇不能侵，地方宁靖，庶尽而职。"①

景帝谂知于谦和罗通之间的不谐关系，故而有意利用处处抵牾于谦的罗通来牵制于谦。景泰二年（1451）十一月，户部侍郎江渊奏请将罗通从山西调回京城，另遣人往镇山西。这一请求很蹊跷，虽然没有史料证明江渊所奏是受朱祁钰暗示还是受罗通所托，但是这种怀疑并非没有理由。下兵部议后，于谦自请代罗通往镇山西。朱祁钰自然要驳回于谦所请，但是他竟然召罗通返京，协赞京营军务。②这一任命足见朱祁钰对于谦的猜忌心思。罗通回兵部后，虽然职务在于谦之下，但是处处掣肘于谦。当时，兵部其他官员如职方司郎中王伟等上言景帝，请重总督军务少保于谦将权。于谦说："臣才识疏浅，既掌部事，又总兵权，委难负荷。今副都御史罗通已召至京，乞令提督训练军马，臣专理部事。"③朱祁钰令于谦总督军务，同时又令罗通协赞提督操练。所谓"协赞"其实就是牵制，甚至是监督。

国家倾危时，于谦是中流砥柱，然而国家稍有宁靖之时，嫌猜者日众，怨谤随兴，身居高位的于谦俨然成了众矢之的。景泰二年（1451）之后，朝中时常有人弹劾于谦权柄太重，而景帝对于谦猜忌与防备的记录也随处可见。景泰三年（1452）十一月，于谦请辞总督军务之职，理由为"五军、三千、神机等营各有总兵等官，又有臣厕其间，不免彼此牵制，难于行事。且洪武、永乐以来，原无总督之称"，兼之"权势太重，亦当贬损"，他建议朝廷专令石亨统领各营军马。于谦此次辞总督军务，是因为朝中有人说于谦"猥以书生，不通世务，于兵家进止之法、攻守战阵之谋一无所知"，又"权势太重"，景帝虽然驳回于谦所请，但是仍然诏令于谦和石亨共同统领军队，④景帝心里很明白石亨和于谦历来互相不和，但是他丝毫没有贬石尊于的意思。景泰五年（1454）二月，

① 《明英宗实录》卷一九三。
② 《明英宗实录》卷二一〇。
③ 〔明〕谈迁：《国榷》卷二九，中华书局1958年版。
④ 《明英宗实录》卷二二三。

兵科都给事中苏霖奏劾于谦权势过重，"平日军务悉凭节制，自总兵而下莫不钳口结舌以依从，俯首帖耳以听服"，却又"推诿责任"，而朱祁钰竟然"嘉纳"苏霖之谏，下令于谦等上陈攻守方略，不要临事推诿，[①]弹压于谦之意昭然。于谦当然能感觉到景帝对他的猜忌，所以才屡屡上章请辞总督军务一职。同年，监察御史李琮等上疏诬陷于谦"恃权蒙蔽，如兵部郎中吴宁、项文曜、邹幹、王伟、蒋琳、殷谦等皆无出众之才，徒以乡里亲戚，乘时警急，俱擅荐之，布居要职"，又无中生有诬陷于谦欲荐陈汝言、陈金等人。景帝随即诏称："谦职专兵政，举人亦其所宜也。已往者置不问。"但是景帝又说："今后如有假公营私，必罪以祖宗成宪，不宥。"[②]这句话很微妙，隐含着景帝对于谦的敲打。

还有什么可说的，于谦真的无言了！

于谦必死

有一个问题几乎缠绕于我做于谦研究的整个过程，那就是：于谦如果功成身退是否可以避免天顺之祸？

于冕《先肃愍公行状》记载："初，公（于谦，笔者注）被害时，皇太后（英宗母，笔者注）秘而莫知，后闻之，嗟悼累日，适上（英宗，笔者注）来问安，太后语之曰：'于谦曾效劳，不用，当放彼归田里，何忍置之于死？'上益悟其冤而深悔之。"[③]这段记载曾经让我误认为于谦本来是可以全寿考、享天年的，于冕是否也这样认为？如果于谦在此之前就解甲归田，他是否会幸免于天顺之难？当我们参透了于谦的悲剧命运的必然性之后，我想这种推测根本不会成为可能。

于谦是想过功成身退的，景泰元年（1450）抗击瓦剌胜利之后，他不止一次地请求罢官归乡。景泰二年（1451）之后，同僚的猜忌、卑鄙者的诬陷，尤

---

① 《明英宗实录》卷二三八。

② 《明英宗实录》卷二四一。

③ 〔明〕于冕：《先肃愍公行状》。

其是景帝的戒备，使得身段笔直、不善周旋的于谦产生了深深的无力感，他屡次向景帝请求辞去总兵之权，致仕归田。

"逢人只说还家好，垂老方知济世难。恋恋西湖旧风月，六桥三塔梦中看。"（《自叹》）① "秋来万事纷如结，老去孤忠耿不磨。"（《暮秋感怀》）② 性情刚烈的于谦除了总是在夜深无眠的时候仰天长叹："此一腔热血，竟洒何地。"只有将这种悲愤和无奈宣泄于诗歌中。天顺之劫后，于谦"土木之变"后的诗作所存甚少，但留下的不多篇章仍然可以照见于谦当时的一腔无奈。

客邸光阴似水流，又看五十五春秋。深惭一品三孤秩，敢望千金万户侯。辇路尘清残雪在，御炉香暖瑞烟浮。老来况味俱萧索，只有归心不自由。（《新年客怀》）③

万里云同无雨雪，不知天意欲如何？江湖冻合鱼龙冷，树木萧疏乌雀多。一曲阳春谁唱和，半窗风月自吟哦。老怀未遂归田计，追逐羞看两鬓皤。（《遣怀》）④

景帝是不可能让于谦解甲归田的，作为一个彰显自己爱才的活广告，他也必须把于谦留下，何况景帝明白自己的朝廷中不能少了于谦，即使他对于谦心存戒备。因此，于谦终究难逃一劫。退一万步论，就算朱祁钰将于谦放归乡里，朱祁镇和石亨、徐有贞等也不会放过于谦。

木秀于林，风必摧之；行高于人，众必非之。于谦必死！

"千古英雄多少恨，江声夜夜吼钱塘！"⑤

---

① 〔明〕于谦：《于肃愍公集·文集》卷三。
② 〔明〕于谦：《于肃愍公集·文集》卷四。
③ 《于谦集·文集》卷四。
④ 《于谦集·文集》卷四。
⑤ 史鉴诗，见〔清〕丁丙：《于公祠墓录》卷八。

第六章　魂归西湖

奇冤昭雪

公元1465年，37岁的朱祁镇驾崩，太子朱见深登基，这位年仅18岁的成化皇帝具有弥足珍贵的仁厚与大度——虽然当初叔叔朱祁钰让他过了七八年憋屈难挨的日子，但是他一登基就下诏恢复朱祁钰被他父皇废除的帝号，昭雪于谦冤案。

这里有必要追述于谦遇害后石亨、徐有贞、曹吉祥、张軏等人的境遇。

英宗复辟后，自然要礼遇厚赏那些使他重新登上皇位的人，对南宫复辟事件的总策划者徐有贞更是"倾心委任"，"事权尽归有贞，中外咸侧目。而有贞愈益发舒，进见无时"①。得意忘形的徐有贞便开始利用英宗对他的眷隆，经常裁抑石亨、曹吉祥，感到威胁的石、曹二人开始联手反击，他们设计陷害了徐有贞。于是徐有贞才得意了五个月，就落得个下狱贬谪的下场。

石亨在"夺门之变"后，肆无忌惮地排除异己，构陷大臣，数兴大狱，在设计将昔日的同伙徐有贞赶出朝廷之后，更是大权独揽，几乎不把英宗视作皇帝，"无日不进见，数预政事"。然而，石亨犯了一个很大的错误，他忘记了一

---

① 《明史》卷一七一《徐有贞传》。

个简单的生存法则：无论他的功劳有多大，他始终是人臣，人臣如果藐视皇权，让皇帝产生压抑和威胁感，那么他的末日就要来临了。石亨的所作所为显然表明他已经得意得连常识都忘了，"所请或不从，觖然见于辞色。即不召，必假事以入。出则张大其势，市权利"①。天顺初年，英宗命有司为石亨营造宅第以为报答，然而竣工后，其壮丽豪华程度逾越了人臣之制。石亨的侄儿石彪骄横跋扈一如石亨，叔侄两家"蓄材官猛士数万，中外将帅半出其门。都人侧目"②。英宗终于不堪忍受，常常表露出对石亨的不满。于谦遇害后，阿附石亨的陈汝言被荐举为兵部尚书，可是至同年十一月，陈汝言就贪赃事发，抄家时抄出难以计数的金银财宝，英宗下令将所籍没的财物陈列在大内庑下，召石亨等大臣入视，恼怒地说："景泰间，任于谦久，籍没无余物。汝言未期，得赂多若是耶？"石亨听出英宗的恼恨显然是针对他的，为之色变，俯首不敢对。自此，英宗"渐悟谦冤，而恶石亨等"③。次年，西北边报频传，英宗忧形于色，恭顺侯吴瑾趁机进言："使于谦在，当不令寇至此。"英宗默然良久，更加迁怒于石亨。④天顺四年（1460），石亨终于以"怨望逾甚，与其从孙俊日造妖言。且蓄养无赖，专伺朝廷动静，不轨迹已著"⑤，坐谋叛律斩，竟瘐死狱中，其侄石彪伏诛。⑥

太监曹吉祥在夺门成功后迁司礼太监，总督三大营。嗣子曹钦以及侄儿等统统得以官都督，"门下厮养冒官者多至千百人，朝士亦有依附希进者，权势与石亨埒，时并称曹、石"。曹钦忘乎所以，竟然窥伺皇位，他问门客冯益："自古有宦官子弟为天子者乎？"冯益诌媚地回答："君家魏武，其人也。"⑦天顺五

① 《明史》卷一七三《石亨传》。
② 《明史》卷一七三《石亨传》。
③ 《明史》卷一七〇《于谦传》；又，〔明〕王世贞：《弇州续稿》卷八五《于太傅公传》；〔清〕谷应泰：《明史纪事本末》卷三六《曹石之变》。
④ 《明史》卷一七〇《于谦传》；又，〔明〕王世贞：《弇州续稿》卷八五《于太傅公传》；〔清〕谷应泰：《明史纪事本末》卷三六《曹石之变》。
⑤ 《明史》卷一七三《石亨传》。
⑥ 〔清〕谷应泰：《明史纪事本末》卷三六《曹石之变》。
⑦ 《明史》卷三〇四《宦官一》。

年（1461）曹吉祥与曹钦谋反，事败后，曹钦投井死，曹吉祥被磔于市，可怜家人无论老小全部被诛杀。

张轨也很快就遭到恶报，天顺二年（1458）春，张轨早朝还家，途中做拱揖状，身边的人诧异地问他何故，张轨回答："范广过也。""遂得疾不能睡，痛楚月余而死。"①大约张轨没有达到作恶者的最高境界，做了坏事后良心始终得不到安宁，日积月累，终致精神崩溃而死。

明宪宗朱见深登基不久，监察御史赵敩上奏，要求为南宫复辟中的屈死者平反，奏称："往年，尚书于谦等为石亨等设诬陷害，榜示天下，怨抑无伸。其后，亨等不一二年亦皆败露，实天道好还之明验。今陈循、俞士悦等前后遇蒙恩宥，天理已明，无俟臣言。独正统十四年虏犯京城，赖于谦一人保固，其功不小而已怨死矣，余亦可悯。伏乞收回前榜，凡死者赠官遣祭，存者复职致仕，或择可用者取用。"朱见深答复说："御史言是。自昔奸凶之徒不诬人以恶，则不能甚人之罪；不甚人之罪，则不能大己之功。朕在青宫稔闻谦冤，盖谦实有安社稷之功而滥受无辜之惨，比之同时骈首就戮者，其冤尤甚。所司其悉如御史言亟行之。"②于是，于谦、王文等人的"意欲"谋立外藩的罪名得以彻底洗清。

天日昭昭，公道始白！

真假子嗣后裔

于谦身后出现了子嗣后裔真假难辨的情况。

清朝康熙年间，有一个名叫于继先的人就自称是于谦的十世孙，并以于谦后裔的身份编撰了大约3000字的《先忠肃公年谱》，借该年谱告诉世人他是于

---

① 《明史》卷一七三《范广传》。
② 《明宪宗实录》卷一四。

谦少子于广的九世孙。那么，于谦是否真的有少子于广？

1998年，于谦诞辰600周年纪念活动举行之前，河北井陉、邯郸，以及浙江杭州、富阳等地都有于姓者声称是于谦的嫡系后裔，有的持有家谱以为佐证。信也？非也？

笔者感伤于一代伟人虽然功绩彪炳日月但子嗣后裔真假难辨的情况，曾经花一年多时间企图廓清弥漫在于谦子嗣后裔问题上的重重疑云，为此查阅了大量文献，遗憾的是未能完全如愿。虽然如此，还是对文献资料进行了梳理分析，希望本书抛出的几块碎砖能够在学术界引起些许回响，最终使这一问题得以解决。

　　于谦有一子即于冕、一女即于璚英（婿朱骥）。

关于于谦的子女，史料其实已经交代得很清楚了，于冕《先肃愍公行状》称于谦"男一，即冕；女一，适锦衣卫千户朱骥"①。《明史》《明史稿》等史书记载，于谦之子"冕，字景瞻，荫授副千户，坐戍龙门。谦冤既雪，并复冕官，自陈不愿武职，改兵部员外郎。居官有干局，累迁至应天府尹。致仕卒"②。于谦在巡抚晋豫期间因想念女儿作《忆璚英》诗。璚英后嫁锦衣卫千户朱骥，《明史》载兵部右侍郎吴宁"为谦择婿，得千户朱骥"③。于谦有子冕，女璚英，女婿朱骥，这是没有任何疑问的。

于谦论罪下狱时，儿子于冕和养子于康、女婿朱骥就被贬谪龙门。龙门卫，在今河北省赤城县，距京师数百里之遥，于冕等被贬谪时正值天寒地冻的时节，年届六十、疾病缠身的父亲尚系于狱中，朱祁镇以及石亨、徐有贞等会怎样搒掠羞辱父亲？父亲几时问斩？谁为他收殓遗体？于冕唯有昂首问苍天，可怜苍天也无语，和父亲作死别的机会都没有，于冕等在贬谪路上以及其后长达八年谪居穷边的痛楚和艰辛，又怎是一句"间关万里，屡濒死亡"④了得？

---

① 〔明〕于冕：《先肃愍公行状》。
② 《明史》卷一七〇《于谦传》；又，《明史稿》卷一五四《于谦传》，雍正元年敬慎堂刻本。
③ 《明史》卷一七〇《吴宁传》。
④ 〔明〕过庭训：《本朝分省人物考》卷四二《于冕》，天启二年刊本。

成化元年（1465），随着父亲冤案的昭雪，于冕得以复官。于冕被贬谪前是锦衣卫副千户，复官后自陈不擅也不愿担任武职，于是改兵部员外郎。后任礼部郎中，升南京太仆寺少卿，迁应天府尹。晚年归休钱塘故里，弘治十三年（1500）十二月十一日病卒，终年76岁。史书记载，于冕"聪达，好学知礼，小心勤恪，善处兴废，既构家难，放徙穷边，而能闭门却扫，以读书纂言为事，故虽罹忧患疾疢，而声问不辍。后起谪籍，官两京，所在以修谨称，盖无愧名家子云"①。于冕延续和传承的不仅是于氏家族的血脉，更是家族的精神和人格。

于冕做了两件对于谦作品的传世和史迹的传播功莫大焉的事情，就是辑录刻印《先少保存稿》（详见本书第七章）和《旌功录》以传世。《旌功录》辑录有关于谦的"褒典及状碑奠诔之作"，②共有五卷，卷尾有于冕的两首诗：

> 大化无情岁月徂，手编遗录继朝晡。梦回长夜音容杳，目断苍旻血泪枯。先世忠勋扶社稷，后人身世渺江湖。天高地厚君恩重，永感堪怜不肖孤。（其一）
>
> 贼桧当年诬武穆，古今一辙事堪悲。生前大节遭奸妒，死后无辜赖主知。愤激人心那不辨，疏干天听敢容私？《吁天录》苦遗千载，没齿吾当感孝思。〔其二〕③

于冕另有《武林耆旧集》，其中有很多追思父亲之作，摘录两首如下：

> 山深祠宇夜萧然，秉烛斋居悄不眠。昭代旌功恩显赫，祠官供祀礼精虔。功垂百世安宗社，血食千秋永墓阡。庭燎光中云雾敛，神明陟降斗回天。
>
> 往事悲酸不忍论，秋来祠下几消魂。先臣曾建中兴绩，恤典重颁再造

① 《万历杭州府志》，见〔清〕丁丙：《于公祠墓录》卷末。
② 程敏政：《旌功录序》，见〔清〕丁丙：《于公祠墓录》卷七。
③ 〔明〕于冕：《武林耆旧集》，见〔清〕丁丙：《于公祠墓录》卷末。

恩。报国精忠昭日月，终天苦痛切晨昏。未霜陇树先枯瘁，半是孤儿血泪痕。①

　　于继先所说的于谦少子于广并不存在。

　　康熙五十五年（1716），科试官员刘公按试归德，命各属举前代名臣后裔，于继先等以于谦嫡派后裔被举荐，准补博士弟子员，并给衣、顶奉祀。②又命访求遗书，于继先遂以于谦十世孙的身份辑录《于公文集》，该文集的"跋"称："继先，原籍河南考城人也，自十三世祖讳九思仕元，为杭州路总管，遂家于钱塘太平里，至十世祖讳谦谥忠肃仕明，历官少保兵部尚书，被徐、石之诬。第三子讳广年十六岁，随中官裴公潜逃原籍考城，初冒裴姓，后归本姓，子孙又复为考城人。"③按于继先的说法，于谦遇害时，16岁的于广随太监裴氏逃往考城，定居于此，繁衍后代，于继先即为于广九世孙。于继先又编撰《先忠肃公年谱》，并于康熙五十七年（1718）请谈九叙作序，谈氏在《于公年谱序》中说："公遇害时，中官裴姓匿公第三子而逃于此者，绵蕃至今已十二世矣，奉祀生继先录公之年谱。"④黄洵《于公文集跋》也有类似之说，⑤于继先《先公文集跋》作于康熙五十六年（1717）春，王贯三《于公文集跋》作于是年季冬，谈九叙《于公年谱序》作于康熙五十七年（1718），且王氏、谈氏等皆在文中称因于继先之请而作。因此，完全可以推测王贯三、谈九叙、黄洵等人的说法均源于于继先。

　　于继先《先忠肃公年谱》中有如下条目：宣德十年（1435）于谦"次子生，未几殇"；正统六年（1441）"三子生，名曰广"；天顺元年（1457）于谦被害时，"有太监裴姓者，怜公忠义，窃其少子广而逃之考城，时人不知"。⑥

　　问题来了：于谦是否尚有一少子于广？

①〔明〕于冕：《武林耆旧集》，见〔清〕丁丙：《于公祠墓录》卷末。
②《于忠肃公集·王跋》，康熙六十年刻本，福建省图书馆特藏部善本室藏。
③〔清〕于继先：《先公文集跋》，见〔清〕丁丙：《于公祠墓录》卷七。
④〔清〕谈九叙：《于公年谱序》，见〔清〕丁丙：《于公祠墓录》卷七。
⑤〔清〕黄洵：《于公文集跋》，见〔清〕丁丙：《于公祠墓录》卷七。
⑥〔清〕于继先：《先忠肃公年谱》。

于谦本人现存的诗文中没有提及于广或少子的文字。他在巡抚河南、山西时，曾作《寄内诗》，诗云："大儿在故乡，地远音信杳。二女正娇痴，但索梨与枣。"①诗中的"大儿"乃相对于年龄尚小的"二女"而言，应该不是相对于"小儿"；"二女"并非指两个女儿，而是指排行第二，意即比"大儿"小，就是璚英。于冕《先肃愍公行状》、倪岳《神道碑文》、《明史》、《明史稿》及其他相关史料皆可为佐证。正统十年（1445），于谦妻董氏病卒于京城，于谦正巡抚河南、山西，不能回京，悲恸之余，作《祭亡妻淑人董氏文》，但只提到"男冕来京，当扶柩归还故乡"②。

于冕称自己是于谦唯一的儿子。于冕在《先肃愍公行状》中称于谦"男一，即冕"。而且于冕因只有六个女儿、没有儿子，只得将同族直隶新安卫千户于明之子于允忠（原名恕，以字行）过继于自己门下。弘治十年（1497），于冕曾为此事上奏朝廷："缘臣父止生臣一子，先年蒙念臣父微劳，授府军前卫世袭副千户职事，后臣乞恩改武就文，历升今职致仕。今年七十四岁，既无同胞兄弟，又乏嫡庶子息，恂恂老独，四顾无依。臣节该伏睹大明（疑缺一"律"字，笔者注），今凡无子许令同宗昭穆相当之侄承继，先仅同父周亲，次及大功小功缌麻。如俱无，许择立远房及同姓为嗣，钦此钦遵。臣思有宗弟于明，任直隶新安卫千户致仕，生有五子，已尝遵例告官行文该卫，择取其次子允忠为嗣，祠堂坟墓日后皆付托于允忠。"③于冕在奏疏中说得明明白白，他既没有同胞兄弟，也没有嫡庶子息，才择族弟之子为继嗣。假如于冕确有胞弟于广，在于谦昭雪前，于冕可能会为保护家人而隐瞒他有一胞弟的事实。但于冕的《先肃愍公行状》以及《左军都督府为于允忠乞恩继绝疏》等都作于于谦昭雪之后，这样就无法解释于冕隐瞒有一胞弟的动机。

于谦和于冕父子俩的亲友或同僚均从未提及于谦有少子于广。假设于谦确有少子于广而于冕又因某些原因隐瞒这一事实，当然这种隐瞒事实上不可能成功，因为于谦地位显要，同僚不可能不知其子嗣情况。遇害时，其家属受牵累

---

① 〔明〕于谦：《忠肃集》卷一一。
② 〔明〕于谦：《忠肃集》卷一二。
③ 〔明〕于冕：《左军都督府为于允忠乞恩继绝疏》，见〔清〕丁丙：《于公祠墓录》卷三。

皆远戍边卫，徐有贞、石亨等不会浑然不知于谦有两个儿子，从而让于继先《先忠肃公年谱》所说的年已 16 的于广轻易逃脱。于谦父亲于仁病故，于谦请同僚王直作墓表，墓表说于仁"孙男一，即冕；孙女一"①。是墓表作于正统十二年（1447），假如于谦真有少子于广，且如于继先所称生于正统六年（1441），那么，于仁病卒时于广业已七岁，王直就该提及。景泰五年（1454），屡有言官奏劾于谦权柄过重，太监兴安为于谦辩护说："日夜与国家分忧，不要钱，不爱官爵，不问家计，一子一女不顾。朝廷正要用人，似此等寻一个来换于某。"②再则，倪岳的《神道碑文》也称于谦"生子一，即冕"③，倪岳之父倪谦因主持顺天府乡试忤逆权贵被谪戍龙门，与于冕"卜邻几四载"④，加之倪岳之弟倪阜又是于冕的女婿，故倪岳该十分了解于氏家庭情况，但他没有谈到于谦尚有一少子。此外，倪谦的《赠于永亨南还序》记载了于谦养子于康（字永亨）的一段话，其中有"余自幼赖先人教育，以底成立，抚爱不啻所生，况先人无他嗣，唯余与景瞻（于冕字，笔者注）耳矣"⑤云云。

以上所列文献记载足以让我们否定于谦少子于广的存在，这样于继先自称于广的九世孙亦即于谦十世孙的说法也就不攻自破了。

于冕生有六个女儿。因没有儿子，以族弟于明之子于允忠为继嗣。

于冕的六个女儿，其中两个女儿为于冕与发妻邵氏所生，长女嫁与吏科给事中张晟为妻，不久因病早逝，次女又嫁与张晟。成化二十一年（1485），张晟奉命出使，在去江西的路上去世，其时于冕次女 26 岁，已怀张晟遗腹，意欲为张晟死节，后经于冕与邵氏相劝，不再言死，但从此不服华丽，不食膏腴，谨

---

① 〔明〕王直：《抑庵文后集》卷二六《侍郎于公墓表》。

② 《明英宗实录》卷二四一；又，〔明〕夏时正：《怜忠祠记》，见〔清〕丁丙：《于公祠墓录》卷四；〔明〕王世贞：《弇州续稿》卷八五《于太傅公传》。

③ 〔明〕倪岳：《青溪漫稿》卷二一，影印文渊阁四库全书本，台湾商务印书馆。

④ 〔明〕倪谦：《倪文僖集》卷四《夏景诗意画为于景瞻题并序》，影印文渊阁四库全书本，台湾商务印书馆。

⑤ 〔明〕倪谦：《倪文僖集》卷二一《赠于永亨南还序》，影印文渊阁四库全书本，台湾商务印书馆。

抚遗孤成人。明世宗嘉靖三年（1524）朝廷曾予以旌表。①

于冕的另外四个女儿均为庶出，分别嫁给工部主事倪阜、德清县学生徐九万、益都知县孙武卿、杭州府学生沈继荣。②

如前所述，于冕因没有儿子，弘治十年（1497）将族弟于明之子于允忠过继在自己门下。于允忠有子于一芳。于一芳有子于岳、于嵩。王世贞《议处于肃愍公谥号后裔修葺祠墓稿》记载："于允忠生于一芳，袭授前职，加纳指挥佥事，长男于岳阵亡，于一芳升授指挥同知。历升广东都指挥佥事，次男于嵩袭授指挥同知。"③陈思禅《寄笔谈》说："允忠有子于一芳，芳之子岳雅有志操，时为应袭武生。嘉靖乙卯（三十四年，1555）倭夷徐啸聚陶宅，岳持大刀手刃数人，后援不继，死于阵。监军使者上其事，赠指挥佥事，世袭指挥同知。岳无子，弟嵩承袭，今为总兵。"④于岳不愧为一代英烈之后。

于氏家谱已佚，于嵩之后再难考证，令人浩叹。

万历十七年（1589），浙江巡抚傅孟春以于谦原谥号"肃愍"不能表其人品勋业，因上疏改谥，疏中言及"谦曾孙于昆具呈乞颓祠"⑤。这与王世贞《议处于肃愍公谥号后裔修葺祠墓稿》似有矛盾，王世贞文未署时间，但据文中两句话即"盖己巳之变一百二十年"，"嘉靖三十九年修葺祠墓至今九年以上"⑥，可知此文当作于明穆宗隆庆三年（1569）左右，先于傅孟春上改谥疏约20年。由此推测，于昆可能是于岳或于嵩之子，但因于氏家谱散佚，无法考证。

于氏家谱散佚于何时也很难确定。为查询于氏家谱，笔者曾经寻访浙江杭州的于学勤老先生。1980年底，于老先生以于谦后裔的身份向浙江省博物馆捐献了于家世代珍藏的于谦和夫人董氏的双人画像，1981年1月22日《杭州日

---

① 〔明〕于冕：《先肃愍公行状》；又，康熙《仁和志》，见〔清〕丁丙：《于公祠墓录》卷末。

② 〔明〕杨守陈：《诰封宜人邵氏墓志铭》，见〔清〕丁丙：《于公祠墓录》卷末。

③ 〔明〕王世贞：《弇州山人四部稿》卷一〇九《议处于肃愍公谥号后裔修葺祠墓稿》，台湾伟文出版社有限公司1976年版。

④ 〔清〕丁丙：《于公祠墓录》卷末。

⑤ 〔明〕傅孟春：《请改谥疏》，见〔清〕丁丙：《于公祠墓录》卷三。

⑥ 〔明〕王世贞：《弇州山人四部稿》卷一〇九《议处于肃愍公谥号后裔修葺祠墓稿》。

报》刊登了《于学勤捐献于谦夫妇画像摹本》一文，对此事作了报道。此外，王斯琴《于谦夫妇画像新发现》一文也提到"于谦及夫人董氏的双人画像，系于氏世代祖传，平时从不轻易示人。最近，其二十二代裔孙于学勤，为了保护国家历史文物，将原件送浙江省博物馆保存"①。1998年，笔者拜访于老先生时，他已年逾90，患病多年，且已经丧失与人交谈的能力，他的家人向笔者提供了他编撰的《于忠肃公史迹》手稿，厚厚的上下两册，用工整的蝇头小楷誊抄而成。在手稿的附录中，于老先生介绍了于氏家谱散佚的经过："于氏家谱两册，'民国'三、四年间，由先父幼章公交居于西湖三台山本宗乃玉公。'文革'期间，西湖公社双峰大队的红卫兵，强迫乃玉公夫人马芝芳交出而掠去。1976年至1984年，文物普查工作者吴月清以及公安部门多方查找，已无着落。"②如若于老先生所说的于氏家谱果真为于谦及其后裔的家谱，那么在数百年沧海桑田的历史变迁中，于谦家谱仍得保存，却在"文革"中遭遇劫难，不幸散佚，令人浩叹不止。

如果于学勤所言的于氏家谱不是于谦及其后裔的家谱，那么真正的于谦家谱又散佚于何时？由于于氏家谱的散佚，许多疑问难以解释，于学勤先生自称为于谦的二十二世孙，这一点很难确认，从于一芳至于学勤之间的家族延承脉络也很难厘清。于学勤先生《于忠肃公史迹》手稿还提供以下信息：广西贺州市桂岭有于谦后裔1000余户，约6000余人。湖南、广东等地也有于谦后裔。于老先生的家属还提供一条信息：1981年1月22日《杭州日报》刊登了于老先生捐献于谦夫妇画像的消息后，河南开封于姓者曾来电称开封也有谦后裔。如前所述，近年来，河北井陉、邯郸，以及浙江富阳都有于姓者声称是于谦的嫡系后裔。凡此种种，皆因于谦及其后裔家谱的不存而难以考证。于谦家谱的散佚不能不说是于谦研究中无法弥补的一大缺憾。

---

① 王斯琴：《于谦夫妇画像新发现》，《文化娱乐》1981年第3期。
② 于学勤：《于忠肃公史迹》（手稿），现存杭州名人纪念馆。

归葬故里

并非所有的历史风流都会被风吹雨打去。

杭州西湖的西面有三座隽秀的小山峰，居中者海拔156米，称为中台山；居北者海拔86米，称为左台山；居南者海拔87米，称为右台山，这就是三台山。尽管对于谦而言"何处青山不埋骨"，但是于谦的追随者和后代还是设法将其遗骨迁回故里，埋葬在三台山的于氏祖茔。

对于在于谦遇害后设法收敛其遗体并扶归故里的人来说，这是一段怎样艰险而曲折的经历？而于谦故乡的人们将永远记住并感激他们。

于谦在刑场遇难时，他的儿子于冕、养子于康、女婿朱骥等都已经被谪戍龙门，无法为父亲收敛遗体并使之入土为安了。此时，搜捕于谦"同党"的行动还在继续，刑场周围到处都是石亨、徐有贞、曹吉祥、张軏的人，但是，当英雄伟岸的身躯在刽子手的鬼头刀下轰然倒下时，他的追随者毅然站了出来，这个人就是陈逵。项笃寿《于谦传》记载："都督陈逵密赂守者，收谦尸瘗之。"①一个"密"字承载了陈逵当年收敛于谦遗体需要面对的困难和承受的压力，作为京营军中的一个军官，直接受制于石亨、张軏，陈逵此举无疑是在拿前程甚至是生命做代价，但是，当英雄含冤横尸刑场，他已经顾不得自己的前程乃至生命了。史书对陈逵的生平事迹的记述极为简略，《明史》在讲述"都督同知陈逵感谦忠义，收遗骸殡之"②的史实后，对陈逵作了非常简略的介绍："逵，六合人。故举将才，出李时勉门下者也。"③但是，人们将永远记住这个心怀正义的陈逵。

陈逵秘密将于谦遗体安葬于京师的西郊，并嘱托当地居民善加看护。④三年

① 〔明〕项笃寿：《于谦传》，见〔清〕丁丙：《于公祠墓录》卷二。
② 《明史》卷一七〇《于谦传》。
③ 《明史》卷一七〇《于谦传》。
④ 〔明〕于冕：《先肃愍公行状》。

后，养子于康将于谦的遗骸扶归杭州三台山安葬，纵然当时是"荒坟埋骨山腰路，驻马令人一叹伤"①，但毕竟叶落归根了。

　　这里有必要交代一下各种史书在何人将于谦遗骸扶归故里安葬这一问题上的不同说法：一为于谦嫡子于冕，薛应旂《于肃愍公传》称："都督陈逵收公遗骸。逾年，冕诣逵扶归，葬于西湖之南。"②翟灏《湖山便览》云："旌公祠，在三台山，祀明少保于公谦。公遭诬死，其子冕奉丧，归葬于此。"③一为于谦的女婿朱骥，《明史》记载朱骥将于谦归葬杭州，兵部右侍郎吴宁"尝为谦择婿，得千户朱骥。谦疑之，宁曰：'公他日当得其力。'谦被刑，骥果归其丧，葬之"。④一为于谦养子于康，陈善《于谦传》称于谦死时，"遗骸莫收，都督逵密赂守者，收付养子康瘗焉。"⑤《万历钱塘县志》说："都督陈逵密赂守者收遗骸，付养子康瘗焉。"⑥

　　笔者经过对文献的梳理，认为前两种说法与历史事实相左。于冕《先肃愍公行状》很明确地告诉我们："公之遗骸，都督陈逵密赂守者收殡城西浅土，且嘱居民守之。又逾年，冕遣义兄康谒逵，逵复备棺衾，康扶归葬祖茔。"⑦倪岳的《太傅忠肃于公神道碑》文亦称："公之遗骸赖都督陈逵悯公无辜，赂守者收瘗。逾年，冕遣义兄康诣逵，逵乃具棺衾，俾康扶归杭，葬于祖茔，即今建祠地也。"⑧于冕是当事人，倪岳所述应该是得自于冕，该有绝对的可靠性。因此，于谦遗骸由其养子于康扶归故里安葬应当是确凿无疑的。

　　还有一个需要厘清的问题是：于谦遗骸何时回到故土？

　　①　〔明〕于谦：《于肃愍公集·文集》卷三《过韩信冢》。
　　②　〔明〕薛应旂：《于肃愍公传》，见〔清〕丁丙：《于公祠墓录》卷二。
　　③　〔清〕翟灏：《湖山便览》卷八，上海古籍出版社1998年版。
　　④　《明史》卷一七〇《吴宁传》。
　　⑤　〔明〕陈善：《于谦传》，见〔清〕丁丙：《于公祠墓录》卷二。
　　⑥　《万历钱塘县志》，见〔清〕丁丙：《于公祠墓录》卷二。
　　⑦　〔明〕于冕：《先肃愍公行状》。
　　⑧　〔明〕倪岳：《青溪漫稿》卷二一《太傅忠肃于公神道碑》。

于冕、倪岳等未提及于谦遗骸归葬故里的时间，在其余史料中也难以找到明确的记载。于谦蒙冤下狱时于冕、于康等就一起被谪戍边卫，成化元年（1465）于冕获赦。①假设于谦遗骸归葬故里在成化元年之后，那么由嫡子于冕来料理此事更合情合理，而不太可能是养子于康一人，笔者据此推断，于谦遗骸归葬故里当在成化元年之前。

史书明确记载于康和于冕一起远戍边卫，于康怎么能有机会扶于谦遗骸归葬故里呢？这里只有一种可能，即于康的获赦应早于于冕亦即早于1465年。这一推测在倪谦的《赠于永亨南还序》中得到了进一步证实。倪谦，以"主考顺天乡试，斥黜权宪之子"而被贬谪龙门，与于冕"卜邻几四载"。②《赠于永亨南还序》曰："于君永亨，乃前少保兵部尚书于公之子也，尝与其弟故府军户侯景瞻同谪戍塞垣，永亨遇宥南迁，而景瞻独留马营。永亨不胜白昼看云之思，两度居庸来视之。天顺己卯，收其先人遗骸，归葬西湖之埾。"并称于康料理完安葬于谦遗骸事宜后，又北上数千里探望于冕，倪谦深为感动，遂问其因，于康对曰："余自幼赖先人教育，以底成立，抚爱不啻所生，况先人无他嗣，惟余与景瞻耳矣。余幸荷恩麻，获葬先人，少伸罔极之报。至念吾弟独谪于斯，忍一日而忘于心耶？是以亟来亟往。惟见有可乐而不见可畏，见有可欲而不见可惮也，尚遑恤其他乎？"③

因此可以得出这样的结论：于谦嫡子于冕远戍边卫长达八年（1457—1465），其间没有机会将亡父遗骸扶葬归杭。而于康则因为其养子的身份远谪不久即获赦，回到京师后经多方打听，或是知情人主动告知也未可知，获悉陈逵收敛亡父遗体，在天顺三年（1459）设法找到陈逵，并由陈逵备足棺衾，将于谦的灵柩扶归故里，安葬于西湖之滨三台山。于谦终于长眠于故乡的土地上。

"青山有幸埋忠骨"——一代英雄魂兮归来，三台山幸甚，西湖幸甚，浙江幸甚！

---

① 〔明〕于冕：《先肃愍公行状》。
② 〔明〕倪谦：《倪文僖集》卷四；又，〔明〕过庭训：《本朝分省人物考》卷三《倪谦》。
③ 〔明〕倪谦：《倪文僖集》卷二一。

遗迹、谥号及其他

于冕从偏远的龙门获释回来后，于成化二年（1466）上书朝廷，请参照宋岳飞之例，赐给谥号，春秋庙祀，明宪宗朱见深即恢复了于谦生前官爵，并派遣行人司行人马暄南下杭州，谕祭于谦墓，并特赐诰谕：

> 卿以俊伟之器，经济之才，历事先朝，茂著劳绩。当国家之多难，保社稷以无虞；惟公道而自持，为权奸之所害。在先帝已知其枉，而朕心实怜其忠，故复卿子官，遣行人谕祭。呜呼！哀其死而表其生，一顺乎天理；厄于前而伸于后，允惬乎人心。用昭百世之名，式慰九泉之意。灵爽如在，尚其鉴之。①

为了表彰于谦的功绩，也为了让京城百姓有纪念于谦的场所，明宪宗将京师那处"仅蔽风雨"的于谦故宅改为"忠节祠"。到万历二十三年（1595），太常寺少卿钟化民上《乞赐祭典京师建祠疏》，称："天祥既祠于吉安，又祠于顺天，于谦死于燕都，与天祥同，而其功存社稷，又不止任纲常之重者，燕京可无祀乎？"因奏请照文天祥之例，岁仲春秋遣官致祭，并赐祠额之名，庶使"既往之忠贞以慰，而朝廷崇德报功之典咸正罔缺；将来之节烈可风，而臣子感恩怀德之义殁世不忘矣"②。明神宗朱翊钧下诏于京师崇文门裱褙胡同景帝所赐于谦旧寓建祠，赐额"忠节"，遣钟化民谕祭，制词为：

> 惟卿扶舆间气，社稷孤忠。当己巳之虏氛，属家邦之多难，矢精诚而殉国，竭心力以回天。扶危定倾，皇舆再造，排迁主战，神鼎不摇。惜大功之未酬，憾群奸之肆害。沉冤虽白，特典当稽。魂游武穆之西湖，血洒

---

① 《明宪宗谕祭文》，见〔清〕丁丙：《于公祠墓录》卷一。
② 〔明〕钟化民：《乞赐祭典京师建祠疏》，见〔清〕丁丙：《于公祠墓录》卷末。

文山之燕市。恤恩宠被，旌未泯之忠勋；敕祀专崇，励将来之风教。爰颁谕祭，庶慰英灵。①

于谦雪冤的消息传到杭州，百姓"莫不感奋兴嗟"，他们聚集起来，前往巡按御史刘魁处，要求按成化帝诰谕中的"朕心实怜其忠"之语，将太平坊南新街的于谦故第改为"怜忠祠"，这就是"怜忠祠"的由来。于冕手录先父一生的辉煌功绩，并请同乡、大理寺卿夏时正撰《怜忠祠记》，勒石刻碑。②

河南百姓为纪念于谦，在开封城马军衙桥西原于谦官署建"庇民祠"，此后，百姓每年往祭。到明武宗正德十年（1515），"庇民祠"仅存三间门屋，且屋漏梁颓，鸽雀扰扰，鼠走鸱啸，不忍目睹，监察御史张君等下令重修，李梦阳有《重修开封府于公祠记》。③李梦阳另有《庇民祠》诗，云："朱仙遗庙已沾衣，少保新宫泪复挥。金匮山河丹券在，玉门天地翠华归。平城岂合留高祖，秦相何缘怨岳飞？最怪白头梁父老，哭栽松柏渐成围。"④明熹宗天启六年（1626）对"庇民祠"又进行了修葺。⑤

位于杭州三台山的于谦祠的肇建则在弘治二年（1489）。其时，于冕已经67岁高龄，他上疏说自己"孤身无子，伶仃衰老，诚恐一旦身先朝露，乌鸟私情无由再伸"，先父"生前官居一品，例得谥赠，及死之日，臣等俱从迁谪，遗骸尚在浅土，未能以礼安葬。况今原籍民祠窄隘，不足以光恩典，又在城内，与臣父坟茔两不相依，日久无人看守，恐至颓废，是使臣父生虽效劳于时，殁则无闻于后，实可哀怜"，轸念先父"功在社稷，被诬枉死，乞照例赐以赠谥，仍命所司营葬，并将原籍民祠移建坟前，颁赐祠祭文，加赐一祭，有司量拨附近人户看守"⑥。儒学训导储衍奏称凭于谦之功绩应该以相应之礼安葬，礼科给

① 《明神宗赐祀典谕祭文》，见〔清〕丁丙：《于公祠墓录》卷一。
② 〔明〕夏时正：《怜忠祠记》，见〔清〕丁丙：《于公祠墓录》卷四。
③ 〔明〕李梦阳：《重修开封府于公祠记》，见〔清〕丁丙：《于公祠墓录》卷末。
④ 〔明〕李梦阳：《庇民祠》，见〔清〕丁丙：《于公祠墓录》卷末。
⑤ 〔明〕瞿士达：《重修开封府于公祠记》，见〔清〕丁丙：《于公祠墓录》卷末。
⑥ 《礼部题准于冕乞恩疏照会》，见〔清〕丁丙：《于公祠墓录》卷三。

事中孙需也奏请将汉诸葛亮、唐张巡、宋文天祥以及当朝的李时勉、刘球和于谦一并遣祭立庙。贤明而又极富同情心的明孝宗朱祐樘恩准了于冕所请，复赠于谦特进光禄大夫、柱国、太傅，谥"肃愍"。明孝宗的诰谕为：

> 惟功大者褒典宜隆，行伟者扬名必远。惟显忠于既往，斯励节于方来，古今攸同，岂容缓也。故少保兵部尚书于谦气禀刚明，才优经济，兼资文武，茂若声猷。当皇祖北狩之时，正国步艰危之日，乃能殚竭心膂，保障家邦，选将练兵，摧锋破敌，中外赖以宁谧，人心为之晏然。回銮有期，论功应赏，不幸为权奸所构，乃陨其身，舆议咸冤，恤恩已锡，兹复赠特进光禄大夫、柱国、太傅，谥"肃愍"，命有司立祠致祭，用昭钦崇之义。呜呼！执羁靮，守社稷，劳盖均焉；表忠直，愧回邪，理则明矣。诞敷嘉命，永贲幽扃，灵爽如存，尚其歆服。①

朝廷又令有司在三台山于氏祖茔立祠，赐额曰"旌功"②，这就是"旌功祠"的由来，于谦墓地祠墓合一的格局也由此形成。

到弘治七年（1494），于冕为于谦立神道碑。由于倪氏和于氏两家为姻亲，倪岳此时官礼部尚书，于冕致信嘱其作神道碑文。倪岳的碑文如下：

> 惟天纯佑，贤俊挺生，实商昭周，为国之桢。唯公之生，允济斯世，雄才卓识，孤忠正气。始镇两藩，迄司五兵，民困毕苏，边尘肃清。时方晏安，虏忽窃发，皇曰往哉，执梃以挞。公疏恳留，六师已陈，越关而北，曾未浃旬。虏敢犯顺，皇舆远狩，公独治兵，痛心疾首。浮议詥詥，公斥正之；人心摇摇，公镇定之。内决廷论，外当虏冲，一时安危，万目视公。国步载宁，皇舆遂复，名高毁来，功大弗录。公存以功，公亡以冤，于惟圣明，克俾昭宣。万世之名，一日之厄，失短获长，公亦何责。穹祠显号，

---

① 《明孝宗赠官谕祭文》，见〔清〕丁丙：《于公祠墓录》卷一。
② 〔明〕张宁：《旌功祠碑记》，见〔清〕丁丙：《于公祠墓录》卷四。

报祀无穷，西湖之堧，岳庙攸同。庙貌俨然，公其如在，嗟嗟后人，守视
无懈。[①]

遗憾的是于冕所立的这块神道碑早已不存于世了。

弘治十三年（1500），于冕病卒于杭州。于冕死后的几十年时间里，于谦祠
宇常常处于乏人看管修葺的状态，因此毁坏严重，"庙貌颓甚，栋挠垣阙，诸所
庀陈，漫漶刊落，而宰木蔽芾黔霾，群鸥啸哀"，满眼的破败、萧条和苍凉。嘉
靖十六年（1537），巡按御史周汝员祭扫于谦祠墓，面对此景，不禁喟然而叹，
于是下令钱塘县令李念修葺，辟祠左为别室，塑于谦父母于仁和刘氏画像于内，
地方官傅凤翔、阎邻、王绅、高莘相继协修，断断续续，前后凡五年，"悉撤圮
敝，新而大之"，"役襄无棘，工无缩费，增者崇，关者邃，葺者固，饰者翚，
望之揭揭，即之严严，不独祠可世守"[②]。于谦祠墓规模渐趋扩大。

转眼到了万历十八年（1590），当时巡抚浙江的都察院右佥都御史傅孟春以
谥号"肃愍"不足以概括于谦平生之功绩，特上《请改谥疏》，奏请改"肃愍"
为"忠愍"，以使"名称其实，足以慰九泉之忠魂，而彰往功来，有以定万世之
公典"[③]。万历皇帝朱翊钧赐谥"忠肃"，制词说：

惟卿钟灵间气，著望先朝。属多难以驰驱，矢孤忠于板荡。社稷是守，
力摧城下之要盟；樽俎不惊，坐镇道傍之流议。返皇舆于万里，维国祚以
再安。赤手扶天，不及介推之禄；丹心炳日，宁甘武穆之冤。[④]

又遣傅孟春代表朝廷祭扫于谦祠墓，告以改谥之意，重光精忠大节，励劝
后世人臣。就这样，于谦的谥号从此确定为"忠肃"。

万历四十二年（1614），御史杨鹤到杭州看到于谦祠如"陋巷矮屋"，于是

① 〔明〕倪岳：《青溪漫稿》卷二一《太傅忠肃于公神道碑》。
② 〔明〕张鳌：《重修旌功祠记》，见〔清〕丁丙：《于公祠墓录》卷四。
③ 〔明〕傅孟春：《请改谥疏》，见〔清〕丁丙：《于公祠墓录》卷三。
④ 《明神宗赐谥忠肃谕祭文》，见〔清〕丁丙：《于公祠墓录》卷一。

捐出俸禄，令人鸠聚工料，加以修建。当时，陈继儒作《重修于公祠碑记》，记曰："属镂之剑赐而胥涛立，风波之狱构而岳庙尊，迎立外藩之冤酷而于墓修，公至是一腔热血始真有洒处矣。"①

经过明清易代的沧桑巨变，到了清康熙三十四年（1695），于谦祠已经衰败不堪，满目疮痍，墓前是残垣断壁，碎石朽木，杂草茅苋；连同于谦坟茔在内的于氏墓群荒蔓蓁芜，几成废墟。由于所占基址狭窄，杭州知府李铎考虑设若在原地重葺，很难有根本性的改观，于是在故祠的右面营治新祠。建成后的新祠巍峨壮观，朗然开畅。于谦祠墓修葺工程竣工后，李铎自撰《重修于公祠墓记》为记，希望"后之人与我同志，继而新之，则庶几祠墓之恒如今日"②。

乾隆皇帝曾经在乾隆十六年（1751）下江南驻跸杭州时，来到于谦祠墓，亲自祭奠前朝英雄，御书"丹心抗击"额，以示褒扬。③遗憾的是，乾隆题字匾已经不知去向，仅留下对此事的书面记载，现今杭州三台山于谦祠大厅的"丹心抗击"匾额乃集字而成。

雍正七年（1729）、乾隆十一年（1746）对于谦墓进行了两次小规模的修葺。但是到道光元年（1821），于谦祠又显破败迹象，当时的杭州府花费银800余两重修祠宇。次年，时任浙江盐运使的林则徐怀着对于谦的崇敬，捐献自己的官俸，又倡议募捐集资，整修了于谦祠墓。林则徐所作的"公论久而后定，何处更得此人"成为于谦祠墓的著名楹联，他还撰写了《重修于忠肃公祠墓记》，字里行间充溢着英雄相惜之情："如公浩气不磨于宇宙，祠墓之有无，初不足为加损，然守土者顾听其陨剥而莫之省，尚奚以言治哉？余拜公墓累累然凡七，盖公祔于先茔，而子弟孙曾以次祔焉。惟祠文信国于墓左，其义无考，岂以公生平向慕信国，尝悬画像拜之，故为是以成公志耶？九原而有知也，公方尚友信国，进而尚友岳忠武，相与徜徉于湖光山色间，感余志事，抚膺言怀，亦庶乎其不孤已！"④

---

① 〔明〕陈继儒：《重修于公祠碑记》，见〔清〕丁丙：《于公祠墓录》卷四。
② 〔清〕李铎：《重修于公祠墓记》，见〔清〕丁丙：《于公祠墓录》卷四。
③ 〔清〕丁丙：《于公祠墓录》卷首、卷一。
④ 〔清〕林则徐：《云左山房文钞》卷一《重修于忠肃公祠墓记》，藏上海图书馆。

又是30年过去，于谦祠墓"飘摇风雨，岁久阙修"，部分建筑"倾圮成墟""栋折榱崩""大门亦岌岌乎殆"。周澍、沈拱辰等杭州乡贤自发捐钱对于谦祠墓进行整修，重新修葺飨堂，装修神像，但因时间紧、经费缺，修葺工程仅为"扶持之计，未及全庙重新，所有后堂并大门工程不得不有望同志之踵而行之"。①

咸丰十年（1860），太平军李秀成部攻破杭州城，所到之处，砸毁庙宇、焚烧古迹，包括于谦祠在内的许多杭州历史文化古迹都未能幸免于难，浩劫之后的于谦祠"祠堂被毁，宰木无存"②。

同治八年（1869），吴煦、濮讳孙等请款在几近废墟的墓地上重建旌功祠，现存三进建筑以及南北厢房即此旧迹。③

清末民初，虽然兵燹连连，生灵涂炭，但于谦祠墓并没有遭遇多少战争的浩劫。光绪三十四年（1908）浙江布政使颜钟骥、民国三年（1914）浙江都督朱瑞分别两次修建了于谦祠墓。自称是于谦二十二代裔孙的杭州人氏于学勤对当时的于谦祠墓有这样一段记述：

> 民国十一年（1922）农历四月二十七日，随父幼章公步往拜祭谦公墓。其时，墓道起于杭州清波门外净慈寺相近，建有"于公墓道"石坊一座，循小道屈折而进，达赤山埠三台山，祠、墓在焉。祠名"旌功"，祠外有旌功石坊一座；祠分前后三进，悬有名人匾额、碑碣；后进，塑公座像于龛，座前置供桌，陈设烛台、香炉等；祠后左侧门外，即公墓座。当时据居当地本宗乃玉公说起："此处原系于氏祖上墓地，旧有坟墓七座，惟所葬何人？既未立碑示明，谱上亦无载出，因此无由得知。"自谦公葬于此，人们始称："于少保墓"，或曰"于坟"。墓前竖碑，镌文曰："大明少保兼兵部尚书赠太傅谥忠肃于公墓"十八字，碑前设玄色石质祭桌、油麻石香炉、

---

① 〔清〕周澍：《于忠肃公祠重修飨堂记》，见〔清〕丁丙：《于公祠墓录》卷四。
② 《光绪杭州府志》，见〔清〕丁丙：《于公祠墓录》卷一。
③ 《光绪杭州府志》，见〔清〕丁丙：《于公祠墓录》卷一。

烛台，墓座前，左右两行，列立翁仲、石马等等。①

　　1957年适逢于谦殉难500周年，史学家吴晗在《新建设》上发表了《明代民族英雄于谦》一文，由此掀起了宣传于谦的热潮。1962年，浙江省排演了绍剧《于谦》，开设了"民族英雄纪念馆"，陈列展览了"西湖三杰"岳飞、于谦、张苍水的事迹。于谦墓被列入浙江省第一批重点文物保护单位，拨款重修，加宽墓道，整修墓门、石坊和碑亭，对墓园内的七座坟茔也作了比较全面的修缮。

　　短短四年之后，于谦一代英雄的地位就被"文革"彻底颠覆了。1966年，浙江省"彻底摧毁反革命修正主义文艺黑线联络站"专门成立了"于谦问题调查组"，开始了以"北海瑞、南于谦"为批判目标的运动。次年，《浙江日报》发表了长篇特写《浙江的于谦黑风是怎样刮起来的?》，将1962年前后杭州人民纪念英雄于谦的全部活动以及与于谦相关的文章、戏剧、书籍等统统说成是"借于谦之'尸'，还右倾机会主义分子之'魂'"的"吹捧于谦的大黑风"；该文还将《石灰吟》列为大毒草来批判。②据于学勤记载：当时的于谦墓"墓碑全被破坏，石板石条全部被窃，墓冢几乎被夷为平地，荒草丛生。墓前遗有长方形碑座，再前有石供桌一方，尚完整，斜倒地下。墓基前已种满瓜葵。旌功祠虽年久失修，还基本完整，现被一家废品收购站使用。第一进北次间后壁面上有刻石一方，字迹被石灰覆盖。第二进厅堂前有'忠泉'刻石一方，为铁岭李铎题，正做洗衣板用。第三进后厅存碑五块，其中三块已倒压在重物下，碑文不能见"。而"祠内外一应陈设，全被毁尽，残墙断垣，目睹伤心"③。至于祠宇的完整部分，又为西湖区供销社所占用。

　　但是，"天地之间有杆秤，那秤砣是老百姓"，在百姓心中，于谦一代英雄的地位永远不容颠覆。于谦祠墓遭破坏后，杭州人民自发地在墓基正中堆立起三个未竖墓碑的小土堆，作"品"字形排列，并年年凭吊祭奠。

---

① 于学勤：《于忠肃公史迹》（手稿），现存杭州名人纪念馆。
② 《浙江日报》1967年8月8日。
③ 于学勤：《于忠肃公史迹》（手稿），现存杭州名人纪念馆。

梦魇般的十年浩劫结束后，历史终于再一次向英雄致以崇高的敬意。

1979年，由双戈、魏峨创作的绍剧《于谦》进京参加新中国成立30周年献礼演出，由十三龄童扮演于谦，受到首都观众的热烈欢迎。[①]1982年，于谦墓被修复。1989年，位于杭州市上城区清河坊祠堂巷的于谦故居被修复并对外开放。1998年，于谦祠正式开放，前殿陈列前言、年表、世系表、于谦夫妇画像等；大殿突破了祠庙陈列泥塑加神龛的窠臼，正中即为于谦全身塑像，总长度约60米的三面墙以大型壁画浮雕形式展现了"土木之变""京师保卫战"两大历史场景，而后殿由"少年壮志""勤政廉明""保卫京师""名垂青史"等版面组成，介绍了于谦"为人刚正""为官清廉""为国忠贞""为民办事"的生平事迹。墓道周围栽种了桧柏、银杏、桂花等植物，铺设了草皮，配置了明式石翁仲、石兽、牌坊等。2001年，杭州市大刀阔斧地将于谦墓景区的建设开发工作推向深入，新建了诗碑廊、休息亭、管理用房等，整个景区占地面积从6000平方米扩大到了31000平方米，而占地110.9平方米的诗碑廊，立碑17块，既有于谦本人所撰之诗，也有时人或后人如文徵明、王思任、朱彝尊、姚鼐、翁方纲等人缅怀于谦的诗。2003年，于谦景区得到了大规模的扩展，其范围东至眠牛山与乌龟潭坟山间的山谷线，西达三台山路，南到八盘岭路，北及眠牛山脚，占地面积已有42000平方米，若加上乌龟潭水系，总面积共92000平方米，先后搬迁了西湖区双峰电子有限公司、西湖区供销社、西湖农村信用社、农贸市场等，拆除各类房屋10600平方米，整理国有山林29700平方米，共征地40300平方米，栽种了桂花、杜鹃、五针松等多种植物，绿化面积32272平方米，新建了眠牛山脚乌龟潭边码头、"丹心托月"牌坊、休憩亭廊等。[②]

至此，从政府的投入以及由高投入产生的美丽环境和富丽建筑而言，于谦祠墓已经堪与岳飞庙一起称为西湖伟观了。但是，于谦墓前依然冷清，无法和岳飞庙游人如织的盛况相比。2003年之后，于谦墓的游客量有所增加，遗憾的是，这种游客量的增加很大程度上是得益于杨公堤和三台山的休闲文化定位。

---

① 《浙江日报》1979年8月6日。

② 项文惠：《于谦祠墓》，杭州出版社2004年版，第31—51页。

至于于谦故居，则更在人们的视野之外了。

值得庆幸的是，经过了数百年的战火和自然灾害，于谦祠墓和故居仍然以整饰的风貌呈现在世人面前，仅此一点，当感谢杭州！

著述存稿

于谦一生所著颇丰，因晚年遭际祸难，家被籍没，所以多有散佚。《明史·艺文志》载于谦"奏议十卷、文集二十卷"①，惜未署编辑者和版本。倪岳为于谦墓所撰的《神道碑文》称："于谦平生著述甚多，今仅存节庵诗文稿、奏议各若干卷，祸变之余，盖千百中之十一耳。"②

关于于谦的奏议，据清藏书家丁丙称有三种刻本："余家藏杭州府刊《奏议》十卷，为南京礼部尚书温阳李宾所编，初刻于成化丙申（1476）。迨嘉靖辛丑（1541），监察御史王绅命杭州知府陈仕贤集资，属郡人张乾元校刊，绅自为序，是为再刊本。万历间吴立甫又为重刊，叶向高为之序，称其从公署架中得李公旧本，复遍搜他牍，增益其所未备，付之梓。惜世鲜传本，未知其若干卷，此三刻也。"③四库全书本《忠肃集》中有《奏议》10卷，据李宾辑本而成。辑录于谦自景泰元年（1450）至景泰四年（1453）的奏议计131篇，其中北伐类25篇、南征类33篇、杂行类73篇。《四库全书总目提要》评价于谦的奏疏"明白洞达，切中事机，较史传首尾完整，尤足觇其经世之略"④。

关于于谦的诗文作品，版本也较多，"世所刊行者，乃出后人掇拾而成，故其本往往互有同异"⑤。由于阎崇年先生在《于谦〈石灰吟〉考疑》一文中已经对于谦诗文的各种版本作了综述，并对其源流、异同等都进行了辨析，因而本

① 《明史》卷九十九《艺文志·四》。
② 〔明〕倪岳：《青溪漫稿》卷二十一。
③ 〔明〕于谦：《于肃愍公集·拾遗·附言》。
④ 《四库全书总目》卷一七〇《忠肃集提要》，中华书局1965年版。
⑤ 《四库全书总目》卷一七〇《忠肃集提要》。

书仅以时间为序将于谦诗文集的主要版本作简略介绍：①

　　1.《先少保存稿》，不分卷，明成化十二年（1476）于冕辑，成稿后由南京大理寺少卿夏时正为序，更名为《节庵先生存稿》（又称《节庵存稿》），现藏上海图书馆古籍部。共收录于谦诗414首，各体篇数如下：杂体61首、五律46首、五绝40首、七律195首、七绝72首。

　　2.《于肃愍公集》，明嘉靖六年（1527），河南大梁书院刻本，王定斋辑，河南、山西道监察御史简霄序，上海图书馆古籍部藏。此本辑录于氏诗文8卷、附录1卷。诗620首，其中杂体诗73首、五律61首、五绝53首、七律346首、七绝87首；文40篇，其中赋2篇、序8篇、记4篇、赞10篇、铭1篇、祭文11篇、表1篇、书信3篇。附录卷收有李宾《奏议序》、程敏政《旌功录序》、李梦阳《于公祠重修记》、叶盛《水东日记》中和于谦相关内容2篇及祭于谦之诗文若干。此本又有钱塘丁氏光绪二十五年（1899）重刊本，现存《武林往哲遗著后编》第19—20册，浙江图书馆古籍部藏本，丁氏重刊本增添补遗1卷，《入京》《石灰吟》《桑犬二咏》等诗歌为丁氏增补。

　　3.《徐文长评于节庵集》，明刻本，有嘉业堂藏印。共9卷：奏疏4卷、文1卷、诗3卷、补遗1卷。此本存《三异人文集》（"三异人"乃方孝孺、杨继盛和于谦）。

　　4.《李卓吾评于节庵集》，8卷、附录1卷、补遗1卷，明刻本，北京大学图书馆藏。收录于谦诗歌224首：杂体56首、五律14首、五绝43首、七律63首、七绝48首。李贽（1527—1602）在卷首称于谦"具二十分识力、二十分才气、二十分胆量"。李贽评点本与徐文长评点本《于节庵集》所收录于谦作品基本一致。

　　5.《于肃愍公集》，5卷、附录1卷，明隆庆（1567—1572）刻本、配清刻本，浙江省宁波市天一阁藏。《序》称此本为于谦养子于康五世孙于懋勋校正重刊本。此本残缺，收录于谦诗歌凡386首，其中：杂体73首、七律211首、五

①本书关于于谦作品版本的介绍参考阎崇年：《于谦〈石灰吟〉考疑》，《于谦研究》第二辑，中国文史出版社2001年版，第181—185页。

律49首、五绝53首，缺七绝。此外有赋2篇、赞9篇、祭文11篇、表1篇。

6.《于忠肃公集》，12卷、附录4卷，明天启元年（1621），孙昌裔刻本，中国科学院图书馆藏。"天启辛酉孙昌裔刊本即从公子应天府尹编辑本出也。先是，成化丙申（1476），府尹访求旧稿，仅存什一，属夏时正重加校订，序而刊之。又辑公行状、碑铭、祭文、挽诗为《旌功录》，程敏政为序。天启间，杭州知府孙昌裔得公奏议、诗文合梓为全集十二卷。又重编《旌功录》列于后，为附录四卷，里人李之藻为序"①。此本收录于谦诗歌620首和奏议若干，诗歌分体篇数如下：杂体73首、五律61首、五绝53首、七律346首、七绝87首。

7.《于忠肃公集》，于继先辑，康熙六十年（1721）刻本，福建省图书馆藏。康熙五十四年（1715）"学院刘公按试归德，命举前代名臣后裔"，于继先以于谦十世孙之身份被举荐，朝廷又命访求遗书，于继先遂辑录《于肃愍公集》，由南阳太守沈公捐资刻印，并请王贯三、黄洵等为序。②此本收录于谦奏议和诗文若干，并增以年谱、挽诗，编入正集，收录诗歌凡182首，其中五古17首、七古24首、五律17首、五绝26首、七律61首、七绝37首。丁丙称此本"奏议、诗文不全，而增以挽诗，编入正集，非善本也"③。

8.《忠肃集》，乾隆（1736—1795）文渊阁四库全书本。④凡13卷：奏疏10卷、诗1卷、文1卷、附录1卷。诗文部分有：诗418首，其中杂体诗62首、五律46首、五绝46首、七律195首、七绝69首；文18篇，其中序7篇、赋1篇、记4篇、赞5篇、祭文1篇；附录辑有于冕《先少保存稿跋》、明宪宗（朱见深）《谕祭文》、明孝宗（朱祐樘）《诰命》、明神宗（朱翊钧）《赠谥忠肃谕祭文》、于冕《先肃愍公行状》、倪岳《于谦墓神道碑文》。

---

① 〔明〕于谦：《于肃愍公集·拾遗·附言》。
② 〔清〕丁丙：《于公祠墓录》卷七。
③ 〔清〕丁丙：《于公祠墓录》卷七。
④ 〔明〕于谦：《忠肃集》。

第七章 结 语

由于谦想到岳飞

论及于谦，笔者总是不由得联想起岳飞。两人都是名垂青史的英雄，建立了不朽的功勋，而且最终都惨遭枉杀。宋高宗绍兴十一年（1141），岳飞被赵构、秦桧诬以"莫须有"的谋反罪名遇害；于谦最终也以"意欲谋立外藩"之罪被害。岳飞是河南汤阴人，死于杭州，葬于杭州；而于谦则生于杭州，长于杭州，归葬杭州。正是基于此，人们特别是生长于斯的杭州人更容易将他们放在一起比较。对这一话题，廖可斌教授在为拙作《于谦年谱》所作的序言中已经有全面而独到的论述，他认为：就两人在历史上所处的位置来看，岳飞是南北宋之交抗金斗争中一个方面军的指挥官，于谦则是明代"土木堡事变"发生后全国军队的统帅，于谦的地位显然高于岳飞。就两人所建立的历史功绩而言，岳飞功败垂成，中国陷入宋金对峙南北分裂状态100多年，南宋最后灭于新崛起的元朝；于谦则挽狂澜于既倒，击退了蒙古部落的进攻，维护了明王朝的统一，使中华民族避免了一次改朝换代或南北分裂的浩劫，使无数生灵免遭涂炭，使社会生产力和文化免遭一次大破坏大倒退。京师保卫战取得胜利当然是许多因素综合作用的结果，但于谦作为关键人物起了至为关键的作用是毫无疑问的，对其历史功绩无论给予多高的评价也不为过；就两人成就的多样性而言，岳飞的一生都在军伍中度过。除此之外，他还留下了两首脍炙人口的词，但著作权归属一直存在疑问。他曾说过"文官不爱钱，武官不怕死，则天下太平矣"的名言，但据近代史学名家陈寅恪先生解读，这句话除了表面的意思外，还有另外一层意思，就是"文官不妨怕死，武官有点爱钱也没关系"，这是由他们所承担的责任不同和所从事的工作特点不同决定的。岳飞既然这么说，他在金钱方面不拘小节可以想见。于谦除了是杰出的军事家外，还曾长期在中央和地方政府任职，多有建树。特别是巡抚晋豫18年，治理有方，两袖清风，深受百姓爱戴。晚年虽身居高位，仍廉洁自律，死无余财，其高风亮节，令人唏嘘。除此之外，他也颇有文学才华，留下了数百首诗作，包括《石灰吟》等名篇。就两人的结局来看，他们都是受奸臣诬陷，蒙冤被害，而且死因都与最高统治者内部的权力争夺有关。由上述比较可知，于谦品德之高尚，才能之出类拔萃，历史功绩之辉煌，结局之悲剧性，与岳飞相比都有过之而无不及。但岳飞的故事在中国家喻户晓，妇孺皆知，他作为中国历史上抗金英雄的代表人物，享有崇高的地位。相形之下，于谦的知名度和影响力便黯然失色。这种情形到底是由什么原因造成的？人们曾提供多种答案。或曰岳飞的故事成为通俗文艺的重要题材，《说岳》等通俗小说戏曲的流行对扩大岳飞的知名度起了巨大作用。而于谦虽也有《于少保萃忠全传》等通俗小说为之传扬，但其数量和艺术水平都不能与《说岳》等作品相比，由此造成了岳飞和于谦两人知名度和影响力的差异；或曰中华民族近几百年来遭遇的苦难太多，而成功太少，因而国人更容易对岳飞这样的悲剧英雄产生同情。于谦虽然个人的结局也很悲惨，他所领导的京师保卫战则取得了胜利，但这恰恰使他难以引起后人的共鸣；或曰中国古代国民文化水平总体上较低，下层农民多不识字，他们对武将们一刀一枪的较量比较感兴趣，对高级统帅运筹帷幄的重要性则不太理解，由此造成了在评价岳飞和于谦上的偏好。这些说法或多或少都有一些道理，最后一种说法尤其值得我们深思，它牵涉对历史的理性认识问题。所谓对历史的理性认识，一是指对整个历史要有一种理性的认识和理性的态度，二是指对具体历史人物和历史事件的评价也要有一种理性的认识和理性的态度。[1]

---

[1] 廖可斌：《于谦年谱·序》，见钱国莲：《于谦年谱》，吉林文史出版社2005年版，第3—4页。

笔者想补充一组数据和一个现象。一组数据是：《中国近八十年明史论著目录》收录了从 1900 年至 1978 年共 79 年间所有公开发表的明史论著，有关于谦的论著仅 15 种；[1]在《八十年来史学书目（1900—1980）》中，有关于谦的著作仅 3 种，而岳飞有 19 种。[2]从 1998 年以来，杭州市政府多次组织召开于谦学术研讨会，由此带来了于谦研究的相对繁荣，但总体情况是数量的膨胀甚于研究的深入。一个现象是：杭州西湖风景区旅游的"北热南冷"——岳飞庙前人头攒动，而于谦墓前游客稀少。即使近年来这种状况有所改善，但仍与于谦的功绩和地位不相符合。

岳飞作为伟大的抗金英雄理应享有如此崇高的地位，但于谦同样应该享有与他的历史功绩相称的崇高地位。于谦一生的嘉言懿行、丰功伟绩、伟大的人格精神及诗歌都是中华民族文化传统尤其是浙江区域文化传统中的一份宝贵遗产；于谦研究之于弘扬中华人文传统，特别是浙江人文精神的意义自不待言。清代诗人袁枚说："江山也要伟人扶，神化丹青即画图。赖有岳于双少保，人间始觉重西湖。""浙江文化名人传记丛书"工程将于谦列入其中，也正是看到了他作为浙江籍英雄、清官、著名诗人的意义，是一项"补旧学之未密，发潜德之幽光，为生民立典型，善莫大焉"的举措。[3]

于谦与浙江人文传统

正如一个民族的人文传统是这个民族文化的精华和民族精神的精髓，是这个民族赖以生存的精神依托和实现共同理想的精神支柱一样，一个地域的人文传统也具有同样的特质和意义。浙江是文化之邦，浙江文化在中华民族文化中一向占据重要席位，经过几千年历史的大浪淘沙和积淀，浙江形成了博大、精

---

① 中国社会科学院历史研究所明史研究室编：《中国近八十年明史论著目录》，江苏人民出版社 1981 年版。

② 中国社会科学院历史研究所明史研究所编：《八十年来史学书目（1900—1980）》，中国社会科学出版社 1984 年版。

③ 廖可斌：《于谦年谱·序》，见钱国莲：《于谦年谱》，吉林文史出版社 2005 年版，第 5 页。

深、丰厚的人文传统，这是浙江人宝贵的精神财富和思想财富，弘扬浙江人文传统，并使之得以赓续绵延，是所有深深热爱浙江、期待浙江繁荣者的使命。

于谦是浙江山水哺育出来的、在浙江人文传统的浸润和濡染之下产生的杰出人才，他的高风亮节和不朽精神及其一生的嘉言懿行、丰功伟绩，一方面是浙江人文传统的集中体现，另一方面又为浙江人文传统注入了新的质素。于谦对于浙江人文传统的吸收和延承主要在如下几个层面：

第一，"锐意取功名"——追求行事立功，渴望经世济民。

地域的文化、家族的文脉、家庭的环境和教育从来都是影响人成长的重要因素，于谦的成长经历再次印证了这一定律。"修身、齐家、治国、平天下"这一儒家入世的价值取向渗透在于家几代人的血液里，浙江地域文化中经世济用的人文传统、于氏家族深厚的儒家文化底蕴对于谦的浸染、父亲于仁的嘉言懿行对于谦的熏陶以及家庭给于谦提供的良好教育，造就了于谦。于家从于谦祖父起就开始供奉文天祥的画像，这种绵延在祖孙三代间的对于文天祥等古代仁人志士的敬慕是于谦崇高理想得以形成的基础，文天祥那种"人生自古谁无死，留取丹心照汗青"的慷慨意气始终在于谦胸中激荡。于谦长大后为文天祥画像撰写赞词，并将其悬挂在自己的座旁，赞词说：

> 呜呼文山！遭宋之季，殉国忘身，舍生取义。气吞寰宇，诚感天地，陵谷变迁，世殊事异。坐卧小阁，困于羁系，正色直辞，久而愈厉。难欺者心，可畏者天，宁正而死，弗苟而全。南向再拜，含笑九泉，孤忠大节，万古攸传。载瞻遗像，清风凛然。①

于谦一生所为正是他经世济民理想的外化。为了实现这一理想，他选择了求学和科举之路，并最终得以步入仕途。出使湖广、扈从出征、巡按江西、巡抚晋豫乃至"土木之变"后执掌兵部都是于谦实现崇高理想的平台，他在每一个平台上都将他的非凡抱负和才能发挥到了极致，从而成就了光照千秋的伟大

---

① 〔明〕叶盛：《水东日记》卷三〇。

事业。

第二，"粉骨碎身全不惜，要留清白在人间"——甘愿为国家和百姓牺牲自我。

于谦追求为国家和百姓牺牲自我的境界，他将自己的一切都献给了国家和百姓。巡按江西期间，他惩治恃势骄横、为害一方的宁王府官属。从33岁到50岁，于谦将人生最美好的18年都献给了河南、山西的土地和百姓，他夙兴夜寐、焚膏继晷、耗尽心力和体力，帮助河南、山西百姓度过了多少灾荒岁月，救活了多少濒于死亡的饥民，他自己则先后痛失妻子、父亲、母亲；为了解救百姓于苦难而得罪权要，正统六年（1441），于谦下都察院狱，出狱后继续为民请命；为了尽快从河南赶到山西，单骑夜登太行山，遇群盗抢劫；①渡黄河"遇恶客劫舟"②。于谦都无所畏惧。

"土木之变"发生，于谦临危受命，执掌兵部，成为处于危难之际的明朝的中流砥柱，他殚精竭虑于刷新内政、整顿军队、巩固边防，终于挽狂澜于既倒，赢得了抗击瓦剌的胜利，避免了国家的分崩离析，使千万生灵免遭涂炭。于谦的雄韬伟略是取得战争胜利的重要因素之一，但是更重要的因素则是誓死战守、绝不议和的意志和必胜的信念，当他的这种意志和信念成为朝廷的主流和全军将士的共感乃至所有百姓的共同意志时，瓦剌就必输无疑了。他在大敌当前之际表现出的大无畏气概，感染和激励了朝廷百官和京城军民，因此，虽然英宗北狩的消息传到京师之初，朝廷上下、京城内外一片恐慌混乱，但是在于谦的努力和影响下，很快就同仇敌忾，这种情绪也是军民共济国难的支柱。

第三，"名节重泰山，利欲轻鸿毛"——坚守名节操守，一生清正廉明。

德、能、勤、廉都是考察官员的标准，四项皆备者才能提拔、继任乃至升迁——至少理论上应该如此。有关部门经过严格的考察程序产生的结果以白纸黑字记录下来，并赫然盖上大红印章，以示结果的真实性和权威性，然而，有时候考核结果和官员的德、能、勤、廉会发生互相乖违的情况。自古以来，在

---

① 〔明〕过庭训：《本朝分省人物考》卷四二《于谦》。
② 〔明〕郎瑛：《七修类稿》，中华书局1959年版。

"廉"字上栽倒的官员尤其多，不说远的，明朝就有很多——如前所述，朱元璋虽然以雷霆手段惩治贪赃官吏，但是仍然没有能够彻底遏制官员贪污受贿的恶疾；朱元璋死后，政策不似明初那样严急，加上明朝的官俸相对较低，所以贪污受贿的风气更是蔓延开来。

关于于谦的德、能、勤，本书已经叙述得较为完备，更令后人仰慕的是他一生都执守着"清正廉洁"这一为官的道德准则，鄙视追名逐利。他长期身居要职，但一辈子食不重味，衣不重裘，乡庐数椽，仅蔽风雨，"而廉清方正，一钱不私，世所罕知"①。巡抚晋豫18年，始终是"清风两袖"。"土木之变"后，于谦执掌兵部达七年之久，但志操弥坚，从不计较个人名利得失：几辞少保之封；力辞二俸；朝廷召他唯一的儿子于冕赴京任职，于谦固辞；身居显位，但自奉俭约；居所非常简陋，景帝怜惜这个曾经拯救国家命运的朝廷重臣，就赐给一所宅邸，于谦力辞，虽未能获允，但仍然住在旧宅。景泰初年，朝廷中屡有官员弹劾于谦权柄过重，景帝身边的太监兴安曾经为于谦辩护说："日夜与国分忧，不要钱，不爱官爵，不问家计，一子一女且不顾。朝廷正要用人，似此等寻一个来换于某。"②英宗复辟后，派人抄没于谦居所，竟然搜不出任何财产，只有正室上一锁，打开之后，室内唯有景帝当年赐给他的蟒衣、剑器，别无他物，一个兵部尚书家贫如此，就连置于谦于死地的明英宗朱祁镇也为之唏嘘，遑论天下仁人志士。

于谦是后世为官者永远的丰碑，他的"清风两袖朝天去，免得闾阎话短长"③也成了后世清官永远的座右铭。

第四，"社稷为重，君为轻"——勇于为民请命的胆魄。

"社稷为重，君为轻"的思想由孟子最早提出，这位一生都孜孜不倦于让王者行"仁政"的理想主义者说："民为贵，社稷次之，君为轻。是故得乎丘民而为天子，得乎天子为诸侯，得乎诸侯为大夫。诸侯危社稷，则变置。牺牲既成，

① 〔明〕张瀚：《松窗梦语》卷七《忠廉纪》，中华书局1985年版。
② 《明英宗实录》卷二四一；〔明〕王世贞：《弇州续稿》卷八五《于太傅公传》；〔明〕夏时正：《怜忠祠记》，见〔清〕丁丙：《于公祠墓录》卷四。
③ 〔明〕于谦：《入京》，见《于肃愍公集·拾遗》。

粢盛既洁，祭祀以时，然而旱干水溢，则变置社稷。"①他认为国君可以变更、社稷可以变置，只有"民"才是最重要的，因而一旦"民""社稷""君"三者之间的利益发生冲突时，应该首先考虑"民"的利益，其次是"社稷"的利益，最后才是"君"的利益。

于谦在巡抚晋豫期间，以赤诚之心和绵薄之力忠实地践行着"民为贵"的思想，他忧念百姓，关心民瘼。这样的事例实在太多，如不惜牺牲朝廷利益，推行轻税养民政策；为了使无数灾民存活，他设立预备仓、开官仓赈济、开办药局；为了遏制旱灾，他为祈雨吃素戒酒、风餐露宿；为了治理黄河，他带领百姓筑坝、植树，黄河决堤，他甚至跳入黄河以血肉之躯去阻挡汹涌的水流；飞蝗肆虐，他率领官吏并亲自下地捕捉；等等，不一而足。

而于谦领导的抗击瓦剌斗争则将"社稷为重"的思想演绎得淋漓尽致。土木堡一战中，也先俘获了英宗朱祁镇，将其作为与明朝军事对峙和交易的筹码，以为可以逼胁明朝投降，至少可以不断勒索财富，但于谦为社稷生存计，果断地拥立郕王朱祁钰为帝。当也先扬言要送英宗归明廷，而朝廷上很多大臣力主议和、迎归英宗，于谦独排众议，主张"社稷为重，君为轻"，由此稳定了朝廷上下和军民的斗志，也使得明朝掌握了战争的主动权，终于赢得了战争的胜利。

明朝的中央专制集权已经达到了登峰造极的程度，帝王心目中"朕即国家"，所谓"天佑下民作之君，父有天下传之子"②（景帝易储诏书语），对至高无上的皇权的任何冒犯都会招致杀身之祸。在这种语境下，于谦仍然能够坚持"民为贵，社稷次之，君为轻"的思想，其意义犹如一颗耀眼的流星划过黑暗的长空，虽然流星过后，天空又重归黑暗，但是它在那一刹那给宇宙带来的光明永远让人怀想。

第五，"将军不解避锋芒"——坦荡的胸怀、刚直的品性。

"将军不解避锋芒"是于谦评价韩信的诗句，可他本人何尝懂得"避锋芒"。他最终以悲壮的形式陨落，原因很多，而太坦荡的胸怀、太刚直的品性无疑是

---

① 《孟子·尽心章句下》。
② 〔清〕谷应泰：《明史纪事本末》卷三五《南宫复辟》。

主要原因之一。英宗北狩后，于谦联合诸大臣启奏皇太后孙氏："国有长君，社稷之福"，要求郕王朱祁钰即皇帝位以安人心，太后允准众大臣所请，朱祁钰辞让再三，于谦正色道："臣等诚忧国家，非为私计。"①只有胸怀坦荡、一心为社稷和黎民计者才敢于作出这样的行动，因为在当时的情况下英宗很有可能随时被放回，而一旦英宗南返，皇位之争能否避免就很难说，拥立朱祁钰者的处境就很难预料。事实上，于谦的悲剧结局就此埋下了伏笔。也先以英宗为人质要挟明朝时，于谦以"社稷为重，君为轻"为辞拒绝也先，于谦也因此再一次因为国家利益而得罪了英宗，又向悲剧走近了一步。于谦的坦荡胸怀更表现在迎归英宗的决策上，如果为自己的个人安危和前程考虑，于谦完全可以阻挠英宗南返，而且以他当时的地位和景帝的心态，完全可以做到这一点；但是当也先提出欲放英宗南归，景帝又出于对英宗回来抢夺自己皇位的担忧反对迎回英宗时，于谦力劝景帝迎回英宗，英宗终于得以南返。于谦自然明白英宗南返对自己必定是一个巨大的隐患，而于谦从国家大局和尊严出发，决然置自己的安危于不顾，而英宗发动"夺门之变"时，完全不念于谦在他返回明朝过程中所起的关键作用，报复心切，于谦就作为第一个牺牲品被推上了刑场。于谦的坦荡胸怀在他人生谢幕的那一刻显得尤为悲壮：儿子于冕告知其英宗复辟，但是他仍然整搠朝服毅然决然地上朝，犹如一条鱼决绝地扑向那张它早已看见的渔网。他太坦然了，以至于在审讯时都不屑于一辩。

于谦一生"无欲则刚"，这一品性是促成于谦人生悲剧的重要因素，也使于谦的人格更加闪烁着绚丽的光芒。

第六，坚忍不拔、永不言败、敢于革新的精神。

当我们表述"浙江精神"或者"浙江人文传统"的内涵时，总是将坚忍不拔、永不言败、不拘窠臼、敢于革新作为其中的重要构成部分，而这些精神都可以在于谦身上找到注脚。巡抚晋豫所取得的辉煌政绩和京师保卫战的胜利都需要有坚忍不拔的毅力和永不言败的意志的支撑。整整18年里，于谦都是孤身一人巡抚在远离家乡与京城、远离亲人和朋友的晋豫大地上；18年中，每年至

---

① 〔清〕谷应泰：《明史纪事本末》卷三三《景帝登极守御》。

少两度攀越巍巍太行山，跋涉于两省之间；18年中，要对付频仍不断的旱灾、水灾、蝗灾、霜灾、雪灾以及由此带来的瘟疫和饥荒……如果没有发自内心的对晋豫大地的热爱、对百姓的忧念，没有超乎寻常的意志与毅力，难以成就如此辉煌的人生。

清人马志元曾说：于谦"行人之所不敢行，作人之所不敢作"①，这句话很精确地概括了于谦不拘窠臼、敢于革新的精神，而于谦在巡抚晋豫和执掌兵部的过程中有不少做法就体现了他的这一精神。为使灾荒之年有更多的饥民存活，他创设了预备仓，施行平粜制度；又命令各县设置两仓，施行了贷粮制度；他开设药局，向百姓发放药品，遏制灾后瘟疫的流行。他在山西、河南各县的交通大道两侧种上树木，每距三五里开凿一口井，这样既可以在夏天为路人遮蔽烈日，又可以给百姓提供饮水之便。景泰初，为了加强军队的战斗力，他创立团营，京军之制为之一变；又对武器等进行改革。在以因循相袭、萧规曹随为明哲保身之道的朝廷中，于谦的上述做法是需要一种胆魄的。

诗人于谦

虽然因为于谦晚年的不幸遭际，其著作散佚较多，但仍留存几百首诗歌。②作为诗人的于谦在明前期诗坛上具有特殊的价值和意义。从明朝建立（1368）至正统十四年（1449）的土木堡事变属于明代文学的前期。这一时期，在政治与文化的高压环境中，作家的主体意识遭到了前所未有的压制，文学丧失了其描摹社会生活、歌咏人生、抒写真情实感的功能，而沦落为歌功颂德、粉饰太平的工具，无论是作家还是作品都鲜有个性。于谦却秉承传统文人的理想品格，以诗人的社会良知和卓越的才情创作出了超然独立于这一语境的诗歌作品，对沉寂的文学趋势起到了一定的反拨作用。

---

① 〔清〕马志元：《重修于公铁犀祠记》，见〔清〕丁丙：《于公祠墓录》卷末。
② 明嘉靖六年（1527），王定斋所辑，河南大梁书院刻本《于肃愍公集》辑录于谦各体诗歌凡620首；乾隆文渊阁《四库全书》本《忠肃集》，辑录于谦诗为418首。见拙作《于谦年谱》，吉林文史出版社2005年版，第210—215页。

　　朱明王朝建立伊始，为巩固独裁专制的中央集权，在思想文化领域实行空前的高压政策。朱元璋清醒地认识到思想文化专制之于加强皇权的重要作用，强调"治本于心"，认为"本于心者""其用无穷"①。为强化思想统治，将程朱理学尊奉为官方学说，"令学者非《五经》、孔孟之书不读"②。明朝规定各级学校诸生"所习自《四子》本经外，兼及刘向《说苑》及律令、书、数、《御制大诰》"③。明代的科举制度，规定以八股文取士，专取《四书》《五经》命题，且《四书》要以朱熹的集注为依据。这种固定程式、规定字数、只能"代古人语气为之"④而绝不许考生发表个人见解的八股文，把知识分子的思想严格控制在程朱理学的范畴之内，由此禁锢了知识分子的精神自由，强化了对知识分子思想与精神的控制。与此同时，统治者对知识分子实行了空前的压制，洪武、永乐两朝对知识分子的制裁与迫害可谓令人发指。朱元璋颁布一条法令："率土之滨，莫非王土。寰中士夫不为君用，是自外其教者，诛其身而没其家，不为之过。"⑤这一做法彻底剥夺了知识分子选择"隐"或"仕"的自主权。对于拒绝和朝廷合作或者藐视皇权的知识分子，朱元璋就用严刑峻法予以制裁，如"贵溪儒士夏伯启叔侄断指不仕，苏州人才姚润、王谟被征不至，皆诛而籍其家"⑥。高启、张羽、杨基、王彝、徐贲等文士因为政治原因纷纷凋零，朱元璋通过对高启等名士的摧残向天下知识分子发出了警告：只有投靠政权、顺从朝廷才是知识分子全身远祸的唯一出路。朱棣发动"靖难之变"并于建文四年（1402）攻下南京，时称"读书种子"的方孝孺因为拒绝给朱棣写登基诏书，而被"株连十族"，即九族而外，再加上朋友门生一族，共有873人株连被杀，"谪戍绝徼死者不可胜计"，造成历史上空前绝后的"株连十族"案。⑦朱元璋和

---

　　① 《明太祖实录》卷六六。

　　② 〔清〕陈鼎：《东林列传·高攀龙传》，康熙刊本，江苏广陵古籍刻印社1982年版。

　　③ 《明史》卷六九《选举志一》。

　　④ 《明史》卷七〇《选举志二》。

　　⑤ 《大诰三编》"秀才剁指第十""苏州人才第十三"，转引自南炳文、汤纲：《明史》，上海人民出版社1985年版，第103页。

　　⑥ 《明史》卷九四《刑法志二》。

　　⑦ 〔清〕谷应泰：《明史纪事本末》卷一八《壬午殉难》。

朱棣对于文人肆无忌惮的摧残和迫害使得他们噤若寒蝉，文人们只有隐藏起自己的理性和情感，俯首听命于朱明王朝，文人的主体意识荡然无存。

朱元璋还通过文字狱摧毁知识分子的自由意志与独立人格。《廿二史札记》记载，浙江府学教授林元亮、北平府学训导赵伯宁、福州府学训导林伯璟、桂林府学训导蒋质、澧州学正孟清等因所撰贺表有"作则"语被诛（"则"嫌于"贼"）；常州府学训导蒋镇因其《正旦贺表》有"睿性生知"语被诛（"生"嫌于"僧"）；怀庆府学训导吕睿因其《谢赐马表》有"遥瞻帝扉"语被诛（"帝扉"嫌于"帝非"）；亳州训导林云因其《谢东宫赐宴笺》有"式君父以班爵禄"语被诛（"式"嫌于"弑"）；尉氏县教谕许元因其《万寿贺表》有"体乾法坤，藻饰太平"被诛（"藻饰"嫌于"早失"）；德安府学训导吴宪因其《贺立太孙表》有"天下有道"语被诛（"道"嫌于"盗"）。①这种妄加诛杀的残酷行径给知识分子的思想带来了巨大的震慑与窒息作用。

总之，洪武、永乐两朝令人窒息的政治与文化环境，对知识分子的空前高压政策以及残酷的迫害与杀戮，摧毁了文人的主体意识，造成了文坛万马齐喑的局面。明前期文人一方面出于全身远祸，另一方面因受程朱理学的熏陶，思想趋于麻木僵化，他们的作品既远离社会现实，又没有作者自己的真情实感，唯以宣扬程朱理学、为统治者歌功颂德为职志，文学由此丧失了其描摹社会生活、歌咏人生、抒写真情实感之本职。文人以及文学的主体精神和独立品格的沦丧导致了明前期文学的衰微与文坛的黯淡。

明前期文坛文学性的丧失，其典型标志有二：其一是以宋濂、刘基、王祎、胡瀚等人为代表的浙东诗派，"基本上是南宋以来一直兴旺的浙东理学宗派的附生物"②。在宋濂等人的文学观念里，文学只能作为程朱理学的附庸物而存在，而基于这样的创作理论，他们的作品必然充斥着理学话头，寡于情致，质木无文，丧失了文学作品的审美价值。其二是在永乐初年到正统十四年（1449）在文坛占垄断地位的"台阁体"。"台阁体"作家继承了明初诗人宋濂等提出的

---

① 〔清〕赵翼：《廿二史札记》卷三二《明初文字之祸》，中国书店1987年版。

② 廖可斌：《明代文学复古运动研究》，上海古籍出版社1994年版，第33页。

"文以明道"的主张，创作上以宣扬程朱理学、为统治阶级歌功颂德、粉饰太平为能事，艺术上缺乏创造激情和个性，一味追求雅正平和以及所谓的雍容风度，致使作品流于枯燥乏味、萎弱不振。因其核心人物杨士奇、杨荣、杨溥皆系台阁重臣，推举"台阁体"，终使"台阁体"成为一种典范，广泛地影响着全国的文坛。

于谦历仕永乐（1403—1424）、洪熙（1425）、宣德（1426—1435）、正统（1436—1449）、景泰（1450—1457）五朝，经历了"台阁体"几乎垄断整个文坛、文学的主体性和审美价值沦丧的主要时期。但是于谦却能抗拒这种流行文风的浸染，别标一格，创作出与"台阁体"作家风格迥异的作品。考察其原因，主要有三：

第一，如第三章所述，于谦中进士后没有被选为庶吉士而进入翰林院，客观上使他得以摆脱"台阁体"诗风的浸染。明朝内阁大臣和翰林院庶吉士及由庶吉士升迁的翰林院史官和掌院官往往有师生之谊，其文风往往一脉相承。更为重要的是庶吉士的升降去留基本取决于内阁大臣，所以庶吉士及翰林院官员大多对内阁大臣极尽阿谀奉承之能事，包括模仿他们的创作风尚。而于谦的锋芒毕露与"台阁体"的四平八稳相去甚远，自然不会被选为庶吉士而入翰林院，这是于谦诗歌能避免流于"台阁体"诗风的客观原因。

第二，于谦的为官经历是于谦诗歌迥然不同于"台阁体"诗文的主要原因。"台阁体"的创作群体——台阁大臣及翰林院官员和庶吉士深居殿阁，远离生活，其诗文自然内容贫乏。而于谦在永乐二十一年（1423）即出使湖广。宣德元年（1426）授为山西道监察御史。宣德二年（1427）又为江西巡按，他所看到的是豺狼当道、饿殍盈歧的残酷现实。巡抚河南、山西期间，他看到的是农村的凋敝，感受的是农民的痛苦。尤其是英宗正统以来，王振擅权，开矿、增税不断，国势日蹙，当政者对百姓的剥削可谓敲骨吸髓，极富社会责任感的于谦亲见亲历了百姓的苦难；"土木之变"后于谦又身处战争风云的中心。这样的经历使于谦自然不会去创作那些歌功颂德、粉饰太平的诗文，从而使其作品与"台阁体"诗文的雍雍穆穆迥然不同。

第三，独立的人格、刚直的品性、为民请命的情怀，是于谦独立于流行文风之外的根本原因。如前所述，"台阁体"的创作主体主要是庶吉士及翰林院官员，他们的升降去留几乎完全取决于台阁大臣，他们只要四平八稳就能官运亨通、青云直上。明代"凡史官在禁近者，皆媛媛姝姝，俯躬低声，涵养相体，谓之女儿官"[1]。这种怯懦卑贱的人格势必影响诗文创作的风格，他们在诗文中深藏锋芒，唯恐流露自己的真实心态而得罪台阁重臣。而于谦有独立的人格，为人刚正不阿，为官任事敢言，不断为民请命，从不为升迁之事阿附权贵，正统六年（1441）就因此被害下狱。[2]做人如此，作诗更是敢于针砭时弊、指责权贵、披露自己的真情实感，因而得以超然于台阁诗风之外。

于谦虽然经历了"台阁体"几乎垄断整个文坛、文学的主体性和审美价值沦丧的主要时期，却能秉承文人的传统品格，谨守诗歌的传统使命，创作出描摹社会现实、抒写真情实感的诗歌作品。具体而言，于谦的诗歌对于明前期文风的超越与反拨意义体现在如下几个层面：

第一，与"台阁体"作品丧失了文学歌咏人生的传统使命不同，于谦的诗歌真实地体现其非凡的抱负和伟大的人格。

于谦有很多作品展示了他的抱负和追求。《咏煤炭》抒写要像煤炭一样将光和热奉献给天下的愿望：

> 凿开混沌得乌金，藏蓄阳和意最深。爝火燃回春浩浩，洪炉照破夜沉沉。鼎彝元赖生成力，铁石犹存死后心。但愿苍生俱饱暖，不辞辛苦出山林。[3]

于谦的《无题》赞扬了坚守名节的志士，鞭笞了贪图利欲之流：

---

① 〔清〕钱谦益《列朝诗集小传·丁集中·孙承宗》。
② 《明英宗实录》卷七七；又，《明史》卷一七〇《于谦传》。
③ 〔明〕于谦：《于肃愍公集》卷三。

名节重泰山，利欲轻鸿毛。所以古志士，终身甘温饱。胡椒八百斛，千载遗腥臊。一钱付江水，死后有余褒。苟图身富贵，胺剥民脂膏。国法纵未及，公论安所逃。作诗寄深意，感慨心切切。①

《北风吹》以北风中的柏树自拟，表明自己无论处在怎样的逆境中都会不屈不挠的坚贞气节以及对逆境的蔑视：

北风吹，吹我庭前柏树枝。树坚不怕风吹动，节操棱棱还自持。冰雪历尽心不移，况复阳和景渐宜。闲花野草上葳蕤，风吹柏树将何为！北风吹，能几时？②

《题苏武忠节图》六首则歌颂苏武持节不辱的高尚气节：

南北分携别意深，相看彼此泪沾巾。马蹄就道还乡国，雁足传书到上林。耿耿孤忠天地老，萧萧衰鬓雪霜侵。按图讲诵文山句，千古英雄共一心。（其一）

河梁执手泪如丝，一别从今万古思。秉节还朝功独显，投生降俘罪何辞？雁飞汉苑通音信，马入秦关失路歧。富贵傥来君莫问，丹心报国是男儿。（其三）③

第二，和"台阁体"文学作品远离社会现实与民众生活，以歌功颂德、歌舞升平为职志迥然有别，于谦的诗歌表达了他对社会的关注和对百姓的悲悯，敢于向世人披露处于朱明王朝统治之下的下层民众的困苦和各级官吏的腐败，抒发了国难当头时一个爱国志士的情怀。

于谦现存诗作大多作于巡抚晋豫时期，许多诗歌直接描写了农民的贫困。

① 〔明〕于谦：《于肃愍公集》卷一《无题（三）》。
② 〔明〕于谦：《于肃愍公集》卷一。
③ 〔明〕于谦：《于肃愍公集》卷四《题苏武忠节图（三）》。

《收麦》说：

> 大麦收割早，二麦收割迟。带青摘穗不候熟，老稚藉此聊充饥。去年夏旱秋又水，谷麦无收民受馁。今年种来十二三，纵有收成无积累。了却官租余几何？女嫁男婚债负多。①

以苍生为念的赤子情怀始终渗透在于谦的诗歌中，在巡抚晋豫任上，于谦最关注的是百姓祸福、庄稼丰歉，最欣慰的是物阜民康、苍生有望。《喜雨行》用近似民谣的朴素语言抒发了对丰收有望的真诚喜悦：

> 夏田得雨苗青青，秋天得雨容易耕。夏田秋田俱得雨，农家不用愁收成。收成有望人心悦，四方万国腾欢声。嗟予菲才忝巡抚，惭无德泽被苍生。但愿风调雨顺民安业，我亦走马看花归帝京。②

眼前是大好春光，但于谦并不快乐，因为他担忧着气候对庄稼的影响：

> 谩说春光好，关心别有愁。雨悭禾未种，土渴麦难抽。吏牍勤披检，民风肆访求。寻芳游冶子，争识庙堂忧。（《春愁》）③

于谦人生最辉煌的阶段是在"土木之变"后。遗憾的是，这一阶段留下的诗歌很少，原因有二：一是值此危难之际，戎马倥偬，军务丛集，无暇顾及写作；二是"夺门之变"时，家遭籍没，作品散佚颇多。于谦现存诗歌中治军守边之作只有十余首。《出塞》《阅武》等诗都极写出征将士的豪迈勇武、壮怀激烈：

---

① 〔明〕于谦：《于肃愍公集·文集》卷一。
② 〔明〕于谦：《于肃愍公集·文集》卷一。
③ 〔明〕于谦：《于肃愍公集·文集》卷二。

　　健儿马上吹胡笳，旌旗五色如云霞。紫髯将军挂金印，意气平吞瓦剌家。瓦剌穷胡真犬豕，敢向穷边扰赤子。狼吞鼠窃去复来，不解偷生求速死。将军出塞整戎行，十万戈矛映霜雪。左将才看收部落，前军又报缚戎王。羽书捷奏上神州，喜动天颜宠数优。不愿千金万户侯，凯歌但愿早回头。(《出塞》)

　　圣主当天致太平，守城阅武向边城。一川花弄旌旗影，八面风传鼓角声。羽镞穿云夸电疾，戈矛映日斗霜明。三军锐气能如此，会缚戎王献玉京。(《阅武》)①

　　《夜坐念边事》则从另一角度表达了对国家的深沉忧念和对战争的痛苦思索，公余夜阑，念及边事，想到那些边将只顾自己恣意享乐而不以士卒为念，于谦发出了深长的感喟，渴望军中有像西汉三杰(张良、萧何、韩信)和北宋名将韩琦一样的人物，使百姓不再遭受战争之苦：

　　萧然一室如僧舍，秉烛焚香坐夜阑。却笑酒酣毡帐暖，谁怜漏水铁衣寒。安知天下无三杰，但愿军中有一韩。世事关心成感慨，旋移书卷就灯看。②

　　第三，与"台阁体"作品竭力掩藏个人思想、力求四平八稳不同，于谦的诗歌体现了丰富、细腻、真实的情感。

　　于谦是一个情感细腻而丰富的人，常常在诗歌中抒发对家乡的思念以及对家人的眷恋和内疚，《夏日忆故乡风景》《夏日忆西湖风景》《远别离》《寄内》《冬至日思亲》《登太行思亲》等都属于这类作品。于谦锋芒毕露、刚正不阿，以致在布满陷阱的官场中屡遭猜忌。到了晚年，于谦更是一再上疏辞官又始终得不到允准，因此，宣泄对人生的感慨、对功名的淡漠、对仕途的厌倦是其诗

---

① 〔明〕于谦：《于肃愍公集·文集》卷三。
② 〔明〕于谦：《于肃愍公集·文集》卷三。

歌的又一主题。

今宵是除夕，明日又新年。爆竹惊残梦，寒灯照独眠。风霜催腊尽，梅柳得春先。抚景情无限，那能不怅然？（《除夕》）①

十年踪迹厌红尘，功业无成白发新。梦里不知身是客，觉来惟有影相亲。夕阳衰草梁园暮，细雨闲花沁水春。马足经行今几度，溪山应笑未归人。（《客中感怀》）②

平明走马入京畿，杨柳飞花点绣衣。山外有山频入望，客中送客转思归。红云高拱天门邃，绿树深藏驿路微。渡却黄河知己少，临岐杯酒莫相违。（《送吴绣衣还朝》）③

九日炎蒸一日凉，晚来无事立徜徉。松簧月印当窗影，荷芰风传隔浦香。京国虽饶非故土，梁园徒好是他乡。何时谢老西湖上，为傍云上构草堂。（《晚凉书怀》）④

垂杨飞白花，飘飘万里去。多情蜂蝶乱追随，不问依栖向何处。一生漂泊无定踪，一似杨花趋暖风。今朝马足西边去，明日车轮又向东。可怜不识归来路，一去江山千万重。杨花本是无情物，懊恼人生在客中。（《杨花曲》）⑤

小楼十二阑干曲，曲曲阑干见远山。望尽夕阳芳草色，天涯游子几时还。（《小楼春望》）。⑥

临风长啸岸乌纱，宾主相望醉眼花。千里逢人俱是客，十年持节未还家。欲将海水添杯量，却笑秋霜入鬓华。酒醒更阑成独寐，梦魂依旧绕天涯。（《与顾、赵、范三绣衣晚酌，醉后偶题》）⑦

① 〔明〕于谦：《于肃愍公集·文集》卷二。
② 〔明〕于谦：《于肃愍公集·文集》卷三。
③ 〔明〕于谦：《于肃愍公集·文集》卷三。
④ 〔明〕于谦：《于肃愍公集·文集》卷四。
⑤ 〔明〕于谦：《于肃愍公集·文集》卷一。
⑥ 〔明〕于谦：《于肃愍公集·文集》卷六。
⑦ 〔明〕于谦：《于肃愍公集·文集》卷三。

世间白发最无情，才近中年次第生。碌碌俄惊四十载，萧萧初见两三茎。黄花晚节依然好，金液还丹岂易成。贪得由来戒迟暮，何须辛苦事功名。（《见白发偶题》）①

第四，"台阁体"作品大多为应制、唱和之作，情感表达上力求雅正平和，这种艺术创造激情与个性的被遏制导致了作品的雕饰造作、僵直板滞、了无生趣，而于谦的诗歌在创作上表现出了在"台阁体"作品中业已丧失的文学意趣。

于谦从不刻意为诗，只是把诗当作政事军务之余遣兴抒怀的工具，因此不刻意追求精致的技巧和华丽的辞藻，使其诗有率直天然、清新秀丽的特点。他在《玉岑诗集序》中说："诗岂易言哉？发于心，形于歌咏，尽乎人情物变，非深于理而适于趣，则未易工也。"②他注意到了诗歌的本质，从而能在创作中自觉追求诗歌内容和情感的真实性，而较少关注诗歌的创作技巧，因而他的诗歌呈现出一种清新朴素的天然本色，《本朝分省人物考》称于谦"诗词清丽，脍炙人口"③，正是基于其诗歌的这一创作特色而作出的评价。于谦的古体诗大多涉及当时的社会现实，在对整个社会现状与民众生活情状的摹写上，力求简练准确，不着力渲染、铺排。其近体诗以写景记行、抒情言志为多，他对自然景物有较敏锐的观察和感受力，善于发现大自然的美并融进自己因时因地而异的真实感受，写得情景交融、意趣清盈。如"新月似银钩，弯弯挂客愁。相思万里外，薄暮倚层楼"（《见新月有感》），遥想妻子伫立层楼，见一钩新月而引起无限思念，简练含蓄，意味深长。《山行》一诗中"云从树梢起，水绕竹根流。酒旗摇村舍，钟声出寺楼"等句以浑然天成的语言描摹如画的景色、恬适的心境，臻于艺术胜境。于谦的诗歌在抒情上往往直写胸襟、率直自然、不事雕饰。如《悼内》诗不借助词句的铺排和渲染，而在低回往复中抒发对亡妻的愧疚和悼念，凄婉悲切，催人落泪。《忆璚英》先写自己常常梦见女儿依绕膝下，字里行间包含着对女儿的宠爱和思念，更显一代英雄于谦柔情的一面。

---

① 〔明〕于谦：《于肃愍公集·文集》卷三。
② 〔明〕于谦：《忠肃集》卷一二。
③ 〔明〕过庭训：《本朝分省人物考》卷四二《于谦》。

　　如果说明代前期文学是漫长的寒冬里枯寂的荒野，那么于谦的诗歌就如同一缕春光给文学的复苏带来了希望，虽然恢复文学的独立价值、振兴文学的传统精神有俟弘治（1488—1505）之后前七子、唐宋派、后七子等文学复古流派来完成，但是于谦的诗歌使得文学又承担起了描摹现实、歌咏人生的传统使命，它给缺少生机与活力的明前期文坛所带来的反拨作用与矫枉价值是不容忽视的。

大事年表

1398（洪武三十一年）　1岁

农历四月二十七日（公历5月13日）午时，生于杭州府钱塘县太平坊南新街于氏祖居（今浙江省杭州市上城区清河坊祠堂巷42号"于谦故居"）。

1404（永乐二年）　7岁

王世贞《于太傅公传》载：是岁，僧兰古春见而大奇之，曰："所见人无若此儿者，异日救时宰相也。"

1405（永乐三年）　8岁

读经书，通大旨，善属对。

1407（永乐五年）　10岁

孜孜于古文诗词，笃学不倦，颇受父母及邻里称赏。

1409（永乐七年）　12岁

读书于慧安寺。

1410（永乐八年）　13岁

少年于谦智慧过人，每遇难事，辄得奇计。文誉日起，留心诗赋之学，亦更仰慕诸葛亮、文天祥等先贤之忠义，有题咏赞跋。

1412（永乐十年）　15岁

充钱塘县儒学生员，以文行名。

1413（永乐十一年）　16岁

就读于吴山三茅观。

喜读唐陆贽之奏疏以及北宋苏轼之作，究古今治乱兴亡之道，慨然有天下己任之志。

1414（永乐十二年）　17岁

乡试不第。仍读书于三茅观，更潜心求学。

1415（永乐十三年）　18岁

巡按御史视学，惊异于谦的举止，乃召使讲书，于谦肃揖讲高皇帝《大诰》篇，御史不得不撤席跪听。

1417（永乐十五年）　20岁

再应乡试不第。

1420（永乐十八年）　23岁

乡试中举。赴京参加会试。

1421（永乐十九年）　24岁

中进士，列第三甲第九十二名。为主考官大学士杨士奇、侍读周述所器重。

本年前后娶夫人董氏。董氏系翰林庶吉士董镛之女。

1423（永乐二十一年）　26岁

奉敕赍金帛使湖广，犒劳官军，兼招抚川贵瑶僮。以廉干著称。

1424（永乐二十二年）　27岁

长子于冕生。

1426（宣德元年）　29岁

授山西道监察御史。

扈从宣宗朱瞻基亲征汉王朱高煦之叛。高煦投降之际，受命口数高煦之罪。返京后，所得赏赉与诸大臣同。

1427（宣德二年）　30岁

为江西巡按。

轻骑简从，遍历所部，延访父老，清理积案，雪冤囚数百人，深受江西百姓称颂。

1428（宣德三年）　31岁

仍巡按江西。惩治江西宁王府官属借"和买"之名掠夺商民货物之祸。

江西百姓奉祀其生主于郡学名宦祠。

1429（宣德四年）　32岁

巡按告竣，返京复命。

率锦衣卫官校查缉长芦一带马快船之夹带私盐者。

奏劾陕西等处官校行为放纵，不自约束，屡屡扰害百姓。奏准，明宣宗遣御史查捕不法官校。

生女，名璚英。后嫁锦衣卫千户朱骥。

1430（宣德五年）　33岁

明宣宗知于谦可担重任，又逢增设各部右侍郎为直省巡抚，管理诸镇税粮兼练卒抚民，乃御书于谦名授吏部，超迁兵部右侍郎，巡抚河南、山西。

单车赴任。夫人董氏以及子冕、女璚英留住京城。

自本年始至正统十二年（1447）止，巡抚晋豫共计18年。

1431（宣德六年）　34岁

二月，于卫辉、新德等地置仓，收贮秋粮，以赈济灾民。

八月，奏明黄河灾情。

1432（宣德七年）　35岁

六月，请免开封府所属祥府等八县该纳秋粮5.6万余石，马草7.6万余束。

八月，会同巡按监察御史考察地方官吏。

十月，请添置布政司官。朝廷起复丁忧家居之魏源为河南左布政使，入佐于谦。

1433（宣德八年）　36岁

二月，发官仓储粮赈济河南卫辉、开封等处受灾之饥民。

在山西烈石祠、城隍庙、晋祠等处祈雨，有《望雨无寐晓起偶题》《祈雨蔬食》等诗。

1434（宣德九年）　37岁

八月，明宣宗诏敕于谦等两京、湖广、江西、河南巡抚，巡按御史等官巡视当地灾情。

九月，奏请处决21名强盗。

防治河南、山西两省蝗灾，有《延津县》《荒村》等诗。

1435（宣德十年）　38岁

三月，奏准免去河南1.7万人营建山陵之劳役。

五月，考察南北直隶府州县官及各布政司、按察司堂上官。

六月，抚恤河南彰德等府共计5万余户复业逃民，并奏准朝廷悉免逃民复业者所欠税粮。

七月，请朝廷派遣御史一名，纠举大同军官私役军人、克扣军资粮饷等不法之事。

九月，各处督粮总兵及巡抚官每年八月当进京议事。于谦以巡抚事多，未及抵京。户科都给事中卜祯奏劾于谦不按期来朝之罪。朝廷以于谦巡抚河南、山西尽心竭力，不可罪，特宥之。

1436（正统元年）　39岁

正月，将考察布政司、按察司及府州县官之结果上报朝廷。

五月，奏准裁革各处既无军卫又不当冲要而设之仓局及每年收粮不足5000石、收钞不及5万贯之课司局。

闰六月，上言便民十事：一、接济边储，二、优养军士，三、减省吏役，四、清理军伍，五、查勘逃户，六、禁止揽纳，七、中纳盐粮，八、取用监生，九、辩理刑名，十、存恤孤贫。

遣子冕归杭州，侍奉父母。有《示冕》诗。

1437（正统二年）　40岁

四月，奏准免河南开封、彰德、河南、怀庆、卫辉五府所属州县受水灾田地粮草。

五月，奏准暂时免征河南诸处税粮丝绢。

十一月，奏准将原定充军粮米29.8万余石存留河南所辖各府州县，以备赈济。

同月，前往各府州县，核实被灾田亩，查明确系缺粮民户，开仓赈恤。

十二月，奏准请将河南布政司所收宣德十年以前负欠粮米及正统二年起运草束改折米麦，俱留受灾府县，以备凶年赈贷。

有《初度》《夜寒不成寐起坐观书》《见白发偶题》等诗。

1438（正统三年）　41岁

二月，督同巡按监察御史并布按二司委官视察河南开封等七府所属州县遭受水灾情况，查明淹没田地7万余顷。

三月，奏准免去河南开封等七府所属受灾州县之税粮。

同月，刑部尚书魏源奏请朝廷将于谦改任副都御史，镇守宣府、大同，明英宗以于谦巡抚河南、山西，责任重大，驳回魏源所奏。

四月，奏准从原定运往万全等卫所粮食中改拨6万石运赴大同府仓，收纳备用。

六月，上言六条整饬边防之策：一、保障边民，二、休整边军，三、积蓄边储，四、挑选边马，五、修理城池，六、端正风俗。

同月，奏准蠲免河南受灾州县该纳食盐两年。

七月，上报开封府阳武县黄河决堤、怀庆府武陟县沁河决堤、归德州遭蝗灾等灾情。修筑沁河。

十二月二十八日（除夕），奏准量拨钞50万贯给山西大同府，积贮支给。

1439（正统四年）　42岁

闰二月，以山西边境政务繁剧，奏请增设山西太原等府州县99处佐贰官。

六月，任巡抚职满九年，升为兵部左侍郎，仍巡抚河南、山西。食二品俸，并封父母三代。

七月，因河南、山西的水灾、旱灾、蝗灾相继不断，日夜巡视河南、山西受灾各地，赈恤百姓。

1440（正统五年）　43岁

三月，山西大同府等处以折粮金银成色不纯为由，抑令百姓重新煎销，于谦奏准以银一两折米二石，金六钱折银一两收库支用，以减轻百姓负担。同月，奏准免山西正统四年夏税和秋税未征之数、正统四年以前拖欠之数以及逃民所欠税粮马草。

四月，治理河南开封、彰德等府蝗灾。

七月，置仓积谷以备饥荒，浚陂筑堤以备旱涝。

安抚河南、山西、南北直隶流民3.4万余户。

有《与顾、赵、范三绣衣晚酌，醉后偶题》《客中感怀》《和余吾驿壁间诗》《郑州遇学正沈平之》《郑州留别沈平之》等诗和《绿筠书舍记》一文。有书法《题〈公中塔图赞〉》一帖。

1441（正统六年） 44岁

二月，创设预备仓制。预备仓粮预支给河南、山西各州县缺粮之民户，待秋成偿还官仓；确系贫乏及老弱病残无力偿还者免其所借，由官府设法补足，保证预备仓储备的充足。奏准令州府县各级官吏设法预备官仓粮储，朝廷派风宪官稽考，预备粮储未完成者不得离任。

三月，被六科十三道奏劾其因久不得迁而生怨愤，擅举王来、孙原贞自代，无人臣礼，下都察院狱，论斩。于谦获罪实为不交接权贵，每次进京议事，辄空囊示人，且赋诗曰："手帕蘑菇与线香，本资民用反为殃。清风两袖朝天去，免得闾阎话短长。"（《入京》）

五月，获释，降为大理寺左少卿。此前，右都御史陈智等以暑盛复审重囚冤抑者，录于谦名以进，遂得释。

六月，作《挽兵部柴尚书》诗，悼同乡、兵部尚书柴车，并赞其清廉。

八月，以大理寺左少卿仍巡抚河南、山西。此前，于谦甫出狱，河南、山西数千吏民伏阙上书，请留于谦继续巡抚晋豫，周、晋诸王亦请留于谦。时山西频岁旱荒，民多转徙河南就食，户部尚书刘中敷奏请遣大臣前往安抚，英宗以于谦素历其地，遂有此命。

十一月，奏准从简营葬晋宪王，使军民免于劳扰。

1442（正统七年）　45岁

二月，吊唁山西按察使徐永达。徐永达为官清廉，于谦见其官舍萧然，深为敬佩，解束带金赙之。

三月，应仁和（今属杭州市）褚福之请，作《仁和褚氏重修族谱序》。

四月，督捕河南开封等府蝗虫。

七月，以河南水灾、旱灾、蝗灾相仍不断，奏准免河南当年赋税。

1443（正统八年）　46岁

四月，翰林侍讲刘球因上言十事，为王振所害。于谦后有《刘侍讲画像赞》一文。

1444（正统九年）　47岁

五月，奏准免征当年河南、山西夏税。

七月，奏准减征河南开封、卫辉、南阳等府受灾州县的上年税粮，共30万余石。

九月，巡访灾情，招抚安顿山西逃亡河南的难民，使其安居乐业。

十一月，奏准河南、山西所欠税粮折钞缴纳。

1445（正统十年）　48岁

二月，奏准将河南、怀庆二府官仓81万石粮储粜与大量流至河南的陕西、山西饥民，并严令禁止富庶之家乘机囤积牟利，使流民无饥饿之患。

五月，会同有司捕除河南开封府阳武县蝗虫。

六月，请复守丧去任的河南睢州知州仲广之职，获允。同月，查勘河南可牧马之地，得17处。

七月，奏准减免山西平阳府等地当年该征布花、秋粮等。

八月，以河南各府逃民众多，奏准委派一名官员专理安抚逃民之事，并免除逃民复业者三年粮差。同月，荐擢河南右参议宋兴九为本司左参政。

十月，奉敕行移河南、湖广，委派右布政使年富等督责所属卫所，安顿山东、山西、陕西等处逃民7万余户。令无田之逃民耕种闲田及河水退后之滩田，并由官府赈济贫困无食者。数十万逃民得以安居。

1446（正统十一年）　49岁

正月，因山西太原府阳曲县知县燕云抚民有方，于谦荐举其为潞州知州，升正六品。

四月，奏准暂停征收山西逃民所欠税粮。

七月，此前，以各处税课司局收钞数少，官吏俱旷职役，虚费俸禄供给，于谦已奏准革除直省税课司局，领其税于有司。是时，复设各处所罢税课司局，征榷渐繁。

八月，奏准免河南开封、卫辉二府受水灾田地之粮草二分，其余八分准令折钞缴纳。

治理黄河水患，于汴城黄河岸铸镇河铁犀。并作《镇河铁犀铭》和《祭河神文》两则。

夫人董氏卒于京。是时，于谦虽年未五十，竟不再娶妻纳妾。董氏卒后，于谦有《悼内诗》十一首、《祭亡妻淑人董氏文》《五七祭文》《寒食祭文》《七夕祭文》《除服祭文》等。

遣子冕赴京扶董氏灵柩回杭州府钱塘县，安葬在西湖边三台山于氏祖茔。

1447（正统十二年）　50岁

四月，奏准从简营造代王朱桂陵墓，且从今往后诸王及嫔妃薨，陵墓皆须从简从省。

同月，请究诸王府擅自买仆，并将其净身以为内使之罪，诏令严禁此事。

五月，安抚近20万自山东、山西逃往河南的饥民，并奏准减免受灾地方之税粮，停免历年拖欠之税粮等。同月，父于仁卒，享年80。

七月，得悉父亲病故，累章泣请回乡终制。英宗不许，仅命回乡奔丧，并遣行人汪琰谕祭，令有司营葬。于谦将先父葬于杭州三台山于氏祖茔，墓表由吏部尚书王直撰，靖远伯王骥书，都察院右都御史陈镒篆刻。

十一月，擢为兵部右侍郎，留部理事。先是，于谦奔父丧，及是起复返京，适罢山西、河南巡抚官，遂有此命。

有《奔丧途中感怀》《漫书》等诗。

1448（正统十三年）　51岁

五月，母刘氏卒，回杭奔丧。朝廷遣官致祭，命有司营葬。

六月，奔母丧毕，回任视事。

1449（正统十四年）　52岁

七月，也先率瓦剌诸部，起兵衅边，分四路大举入侵明朝。

七月十一日，瓦剌也先进犯大同，大同守军失利。宦官王振怂恿英宗亲征。于谦和兵部尚书邝埜力言"六师不宜轻出"，吏部尚书王直率群臣谏阻。不纳，诏亲征。

七月十六日，英宗命其弟郕王朱祁钰居守北京，率官军50万人亲征。于谦留兵部理事。

八月十五日，明朝军队遭遇惨败，数十万将士在土木堡阵亡，英宗北狩，是为"土木之变"。噩耗报至京师，京师大震。于谦北望号哭："誓不与虏俱生！"

八月十七日，明朝立皇长子朱见深为皇太子，时年2岁，因命郕王朱祁钰监国。

八月二十日，群臣在朝堂上击杀王振党羽马顺等三人，一时朝廷喧哗。百官惊恐不安，郕王亦恐慌，屡起欲退。于谦挺身而出，请郕王降旨奖谕群臣，制止了混乱。

八月二十一日，升为兵部尚书，总督军务。是时，朝廷上下皆倚重于谦，太后以于谦为众望所归，遂有是命。时朝廷劲甲精骑皆随英宗亲征，在土木堡庶几悉数覆没，所剩羸马疲卒不足10万，京师戒严，人心惶惶。当日，于谦调取两京、河南备操军，山东及南京沿海备倭军，江北及北京诸府运粮军，驰赴京师。

八月二十四日，请封都督杨洪为昌平伯，镇宣府；荐都御史陈镒往通州等处，安抚畿内军民；擢广东东莞河泊所闸官罗通任兵部员外郎，提督守备居庸关；遣四川按察使曹泰守紫荆关，杨信民往白羊口守备。荐擢石亨为右都督，总京营兵。

八月二十九日，与文武百官合辞请立郕王朱祁钰。

九月初六，朱祁钰正式登基，是为景帝。遥尊英宗朱祁镇为太上皇，以翌年为景泰元年。

也先获悉明朝已立皇帝，扬言"行当决战"。于谦泣谏景帝：火速招募义勇民夫；内外局厂昼夜赶工，成造攻战器具；孙镗、卫颖等守备京师九门；将郭外居民徙于城内，随地安插。

九月初七，荐举辽东都指挥佥事范广为副总兵，佐理京营军操练。调山东都指挥韩青往居庸关协同镇守。

九月初八，遣都督孙安往雁门关，修筑城垣壕堑，以断来敌之路。

九月十五日，荐举郭登充总兵官镇守大同。

九月十七日，朝廷褒奖于谦等有功之臣，固辞。

九月二十三日，令修龙门、独石、紫荆、居庸等各边境关隘。

九月二十四日，令明军更换新制标号。

十月初一，瓦剌军大举入寇，也先挟英宗率主力掠过大同城东门外，并扬言将攻取京师，消灭大明。

十月初三，瓦剌前锋抵紫荆关北口，朝廷敕谕兵部造赏功牌，分奇功、头功、齐力三等。

十月初七，瓦剌至大同城下，挟英宗胁迫明军打开城门。守将郭登对瓦剌军大喊："赖天地祖宗之灵，国有君矣。"拒开城门。

十月初八，诏命于谦提督各营军马，将士皆受于谦节制，都指挥以下不听命者可先斩后奏。于谦分遣众将率兵22万列阵京城九门。

十月初九，瓦剌劲骑自紫荆关、白羊口两路大举进犯京城，一时朝野上下，人心惶惶。侍讲徐珵（后改名有贞）倡言迁都南京，遭于谦呵斥。

十月初十，上疏请求战守，奏劾徐珵妄言南迁，当斩。景帝出榜告谕天下，固守京师。同日，恐近关各处数万计储备粮草，为敌所夺，即先遣人焚毁，事后奏明朝廷。

十月十一日，也先列阵至西直门外，将英宗置于德胜门外。是时，或主战或主守，众论不一。于谦力主出城迎战，并率先士卒，躬擐甲胄，出营德胜门外布阵，以示必死，且"泣以忠义谕三军"，明军人人感奋，士气倍增。

十月十二日，也先攻城受挫，遂以讲和为名，邀明廷遣于谦、石亨、王直、胡濙等重臣出城见朱祁镇。朝廷以于谦等大臣系国家所倚仗，也先又无善意，拒绝也先之邀。也先不罢休，更索要金帛财物。于谦拒绝讲和之议。

十月十三日，和石亨等率军大败瓦剌于德胜门外。

十月十四日，瓦剌寇彰义门，于谦率部反攻，大败瓦剌。也先引兵由良乡退去。十三日、十四日之战，重创瓦剌之兵力及士气，而明军则士气大振，此役遂成明朝和瓦剌交战形势之转折点。

十月十五日，遣人侦知瓦剌将趁黑拔营逃遁，而英宗不在敌营中，遂急令石亨等率军用大炮猛轰敌营，击死瓦剌万余人。是日，封为少保。于谦力辞。不允。

十月十七日，调兵遣将，追剿余寇，明军夺回瓦剌所掳百姓万余人。

十月二十八日，于谦再请辞去少保、总督，仍任兵部尚书。不允。

十一月初，瓦剌退出塞外，京城解严。景帝下诏抚安天下。于谦指挥的京师保卫战终于告捷，明朝转危为安。同月，也先声言欲送英宗归明廷，朝廷大臣多主议和，迎归英宗。于谦独排众议，称"社稷为重，君为轻"，并部署各关隘守将。

十二月十三日，遣将官操练京师官军。

1450（景泰元年）　53岁

正月初七，派署都指挥佥事石彪、都指挥梁泰统领官军，抵大同，协助大同总兵官郭登剿杀敌人。

正月十一日，杨洪请敕总督军务少保于谦以将权。景帝答复："于谦已总督军务，即将权也，其余军务，兵部即计议行之。"

正月十七日，诏令于谦会同兵部以及五军、三千、神机三营将官计议官军操练之事。

正月二十二日，奏请增添怀来、永宁两处兵力，仍令都指挥杨信往来提督，修葺城池，筑立墩台，预备粮草，提防贼寇。

正月二十三日，也先驻扎断头山，于谦、石亨等议，令都督佥事石彪率军往雁门关，相机剿杀。同日，奏劾杨洪之子杨俊擅自弃城脱逃之罪。

正月二十五日，奏劾镇守雁门关都督佥事孙安纵寇殃民之罪。

正月二十七日，都察院右副都御史罗通奏劾于谦、石亨等苟全性命、保守爵禄。于谦请辞罢少保、总督。不允。同日，奏请令石亨、杨洪各领4万精锐马步官军，分别前往大同、宣府镇守御寇。

闰正月初七日，边境战报屡至，奏请军队应以操练为重，不可随意调遣，并将2万名起运粮草赴宣府之京营士兵调回京城。

闰正月初九日，瓦剌侵扰宁夏边境，杀掠甚众。

闰正月十二日，奏请武清侯石亨等仍旧免朝，每日下校场操练士兵，诏令石亨继续免朝，于谦每三天下教场，总督操练官军。

闰正月二十五日，景帝诏敕于谦：原先于德胜门、西直门和彰义门等处抗击瓦剌之官军，战功多有不明，但既往不咎。今后要如实奏明战功，不许徇私舞弊。

闰正月二十九日，向朝廷提出防守四大要务：一、请怀来、永宁守备将官严督军士，不准擅自弃城逃跑；二、添拨军士到各关口修筑城墙、抵御敌人；三、请令总兵官石亨等于京师各营官军中拣选精锐者组成营阵，加强操习；四、请于京城四面修筑墩台。

同月，授计侍郎王伟，除去叛贼小田儿。

二月初六，派遣官军在鹞儿岭、土木一带寻找明朝阵亡将士的遗体，善加安葬。

二月初八，请令石亨率官军往大同安边守备，防御敌寇，屯种田地。

二月十七日，投降瓦剌并充当奸细的太监喜宁伏诛。

二月二十四日，再辞总督、保傅之职。不允。同日，荐擢戎亨、陆祥、邓斌等为署都指挥佥事，分别协同守备紫荆关、白羊口、倒马关。

二月二十九日，请令勋臣后代随各营总兵官操练。

三月初，也先、赛刊王入寇大同、阳和，大同王入寇偏头关，答儿不花王入寇乱柴沟，铁哥不花王入寇大同八里店，铁哥平章入寇天城，脱脱不花入寇野狐岭及万全。所过之地，掠夺人畜，烧毁民房。

三月初八，诏令于谦整捫军马，护卫京师。

三月十三日，朝廷赐于谦亡父于仁葬地粮米。

三月十五日，明军所用长枪杆长刃短，于谦以为此种兵器难以回转攻刺，奏准改为刃长杆短。

三月二十日，奏准停止宫内遣宦官往真定、河间等地采办野味，往直沽、海口收集干鱼等扰民之事。

四月初五，奏劾都督佥事张轨骄奢淫逸、临阵脱逃之罪。

四月十五日，瓦剌屡屡犯边，声息不绝，于谦请增添京师之守兵。

四月十八日，请令有司增拨武器给紫荆关、白羊口、倒马关、天寿山及黄花镇诸关隘。

四月十九日，大同参将许贵奏请遣使者与瓦剌求和，于谦愤而请诛之。景帝从于谦之议，于是边将人人言战守。

四月二十三日，镇守浙江太监李德奏劾文武廷臣于御前捶死马顺等有乱祖宗法度。于谦等甚为愤慨。

四月二十六日，易州、涿州、保定、真定、通州等俱为京师藩屏，于谦奏请增兵镇守。

五月初一，奏请供足官军口粮。

六月十五日，以四方多故，国步维艰，建言景帝应"益谨敬天之诚，益推仁民之心，益遵法祖之训"。

六月十八日，请令边关守将严加防范泰宁、朵颜、福余等三卫。

六月二十日，朝廷命罗通前往镇守山西。罗通非但不领命，还奏请朝廷令于谦、杨洪与其同往。于谦遂请往山西。景帝不允，仍令罗通往。

六月，会同太监曹吉祥部署京师九门将士军马和战守方略。

七月初一，景帝召文武大臣议也先请和及迎复英宗事。于谦力主迎复英宗。

七月十八日，朝廷遣右都御史杨善、工部侍郎赵荣，赍金银书币，出使瓦剌。

八月初二，英宗朱祁镇启程南归。

八月十五日，朱祁镇抵京，入居南宫。

八月十九日，诏令将土木之变后调来京师的各地运粮官军发回原地，而于谦以为瓦剌虽已请和，但反复无定，不可放松戒备。

八月二十八日，请敕石亨、杨洪等各率精锐马步官军四万名前往守备大同、宣府。

九月二十七日，景帝赐于谦诰命，并封赠其曾祖、祖父母、父母及妻。

十月二十八日，于谦以为瓦剌虽已纳款请和，但仍存诡诈之心，遂上守边方略若干。

十二月初四，荐举陕西都司指挥使马让为都督佥事，充副总兵，协同总兵官张泰镇守宁夏。

本年前后，有《出塞》《入塞》《闻甘州等处捷报有喜》《阅武》《夜坐念边事》《塞上即景》等诗。

1451（景泰二年） 54岁

二月十五日，因南京大报恩寺塔遭雷击损，于谦请辞少保、兵部尚书及总督军务之职。是日，奏请严整军队，革除受贿卖军之弊。

二月二十七日，因于谦自奉俭约，居所简陋，仅蔽风雨，景帝赐第西华门，于谦固辞。不允。乃取景帝所赐玺书、袍铠、冠带、弓、剑之属于堂，悉加封识，偶往省视，仍居旧宅。

三月初一，为殿试读卷官。

三月十一，奏劾宣府总兵等官擅自纵放士兵。

四月十五日，请令各镇守等官及附近军卫遇警互为策应。

六月初三，奏准疏放老弱病残兵士，另选壮勇之士充实行伍。同月，会同石亨将考核京师各营坐营把总、管队等官的结果奏报朝廷。

七月，此前，石亨荐举于谦之子于冕。朝廷授于冕府军前卫副千户之职。于谦力辞，并奏劾石亨："不闻举一岩穴幽隐，拔一行伍微贱，以裨军国之务，顾乃荐臣之子，于公义安在？"由此结怨石亨。

九月二十七日，此前，右副都御史年富巡抚大同，因执法甚严而遭人诬陷，于谦为年富辩，朝廷遂令年富继续整饬边务。

十一月初八，六科给事中十三道监察御史交章奏劾于谦、石亨、柳溥等治军无法。

十一月十六日，奏准由礼部出资赎回被瓦剌掳走的边关百姓。

十二月十二日，景帝以罗通牵制于谦兵权，于谦又屡受罗通猜忌，故再辞总兵之权。景帝不允，仍令于谦总督军务，罗通协赞提督操练。

1452（景泰三年）　　55岁

正月二十二日，脱脱不花王与也先相互杀戮。于谦会同石亨等建言趁机率兵剿灭瓦剌部。不允。

四月初八，请令京师五军、三千、神机等营，及各边关总兵等官整搠人马，加紧训练，有备无患。

四月十六日，请令辽东、永平、山海、宣府、大同、延绥、宁夏总兵等官部署兵力，加强守备。

四月二十四日，景帝欲易储，命于谦、王直、胡濙、陈循等俱兼支二俸。于谦、王直等力辞。不允。

五月初二，朱祁钰废皇太子见深，立己子见济为皇太子。

五月初四，再辞二俸。不允。

六月二十七日，劾陕西都司管操都指挥同知杨得清贪图财贿，卖放私役军士，请治其罪。

七月初四，奏劾广东副总兵都督董兴、广西副总兵都督武毅纵寇长奸、卖军贪财之罪。

七月二十七日，请敕南京守备官员部署守备之策，整饬军务，用心提备。

九月初一，荐擢兵部郎中王伟为兵部右侍郎。

九月初七，奏准减免河南、山东两省受灾州县应纳马匹。

十月十四日，遣人查得各营军士自团营外多为权要及所管官旗私纵役使，请令法司究治其罪。

十一月十九日，请辞总督军务之职。

十二月二十七日，会同太监阮简及监察御史、给事中等官整点各营官军，查得官军不到者动以万计，于谦以为此系总兵官及坐营把总等官苟且因循、管束不严所致，奏请量加黜罚。

同月，改革军队建制，创立团营制。

有《新年客怀》等诗，屡有致仕归乡之愿。

1453（景泰四年）　56岁

二月，奉敕选拔精锐官军舍余15万余人，列营操练。

七月二十三日，朝廷赐于谦诰命，并封赠其曾祖父母、祖父母、父母及妻。

十一月，部署官军防备受制于也先的朵颜三卫袭击北部边境。

1454（景泰五年）　57岁

正月十三日，奏准由朝廷出资赎回被瓦剌掳走的边境百姓。

二月初五，各处边境累报声息，奏请令三营总兵官石亨、柳溥、张軏共同计议战守方略。

三月初一，为殿试读卷官。

三月中，在十团营中挑选精壮军士，作为先锋；又在五军营中选拔精壮军士，以备策应。

十二月，痰疾发作，景帝令兴安、舒良携御医往视，并赐金五十两及羊酒、白米等。景帝还特幸万寿山，伐竹取沥为其和药。

自总督军务以来，屡遭怨谤。是岁，兵科都给事中苏霖奏劾于谦权势过重，却推诿责任；十三道监察御史李琮等奏劾于谦恃权蒙蔽，善举乡里亲戚；吏科都给事中林聪劾于谦擅举同乡。太监兴安为其辩护，曰："日夜与国分忧，不要钱，不爱官爵，不问家计，一子一女且不顾。朝廷正要用人，似此等寻一个来换于某。"

1455（景泰六年）　58岁

正月初三，以病在告。朝廷调工部尚书石璞为兵部尚书，协理部事，于谦仍执掌兵部。

正月初五，因病辞兵部掌印。不允。

十二月初九，自请前往湖广讨伐蒙能之叛。

1456（景泰七年）　59岁

五月，请致仕。不允。

十二月，因来年正月郊天在迩，文武群臣、各营军马俱在城外，奏准推迟瓦剌来京入贡日期，以保京城安全。

1457（景泰八年）　60岁

正月十六日，景帝病重而储位未定，群臣请复立沂王。不允。

正月十七日，石亨、徐有贞、张𫐐、曹吉祥等拥英宗朱祁镇复辟。

于谦与王文、范广等下狱。被诬以"意欲"迎立外藩之罪，论斩。

家被抄没，毫无余资，仅有书籍，独正室上一锁，启视，乃景帝所赐之蟒衣剑器，别无他物。

嫡子于冕、养子于康、婿朱骥谪戍龙门。

明英宗天顺元年（1457）正月二十二日，遇害。终年60岁。

参考文献

〔明〕于谦撰：《节庵存稿》，明成化十二年刻本，上海图书馆藏。

〔明〕于谦撰：《于肃愍公集》，《武林往哲遗著后编》第19—20册，钱塘丁氏重刊大梁书院本。

〔明〕于谦撰：《忠肃集》，影印文渊阁四库全书本，台湾商务印书馆。

《李卓吾评于节庵集》，明刻本，北京大学图书馆藏。

〔明〕过庭训纂辑：《本朝分省人物考》，天启二年刊本。

〔明〕王直撰：《抑庵文后集》，影印文渊阁四库全书本，台湾商务印书馆。

〔明〕倪谦撰：《倪文僖集》，影印文渊阁四库全书本，台湾商务印书馆。

〔明〕倪岳撰：《青溪漫稿》，影印文渊阁四库全书本，台湾商务印书馆。

〔明〕王世贞撰：《弇州山人四部稿》，台湾伟文图书出版有限公司1976年版。

〔明〕王世贞撰：《弇州续稿》，台湾伟文图书出版有限公司1976年版。

〔明〕顾起元撰：《客座赘语》，中华书局1987年版。

〔明〕张岱撰：《快园道古》，浙江古籍出版社1986年版。

〔明〕田汝成辑撰：《西湖游览志》，上海古籍出版社1998年版。

〔明〕田汝成辑撰：《西湖游览志余》，上海古籍出版社1998年版。

〔明〕叶盛撰：《水东日记》，中华书局1980年版。

〔明〕陆容撰：《菽园杂记》，中华书局1985年版。

〔明〕李贽撰：《续藏书》，中华书局1959年版。

245

〔明〕张瀚撰：《松窗梦语》，中华书局 1985 年版。

〔明〕焦竑撰：《玉堂丛语》，中华书局 1981 年版。

〔明〕余继登撰：《典故纪闻》，中华书局 1981 年版。

〔明〕孙高亮撰：《于少保萃忠全传》，道光十五年刊本。

〔明〕郎瑛撰：《七修类稿》，中华书局 1959 年版。

〔明〕张志淳撰：《南园漫录》，影印文渊阁四库全书本。

〔明〕廖道南撰：《殿阁词林记》，影印文渊阁四库全书本。

〔明〕谈迁撰：《国榷》，中华书局 1958 年版。

〔明〕查继佐撰：《罪惟录》，浙江古籍出版社 1986 年版。

〔明〕刘侗、于奕正著：《帝京景物略》，北京古籍出版社 1980 年版。

《万历钱塘县志》，万历三十七年刻本，浙江图书馆藏。

〔明〕沈节甫辑：《纪录汇编》，商务印书馆 1938 年版。

〔清〕张廷玉等撰：《明史》，中华书局 1974 年版。

〔清〕王鸿绪编撰：《明史稿》，雍正元年敬慎堂刻本。

〔清〕谷应泰撰：《明史纪事本末》，中华书局 1977 年版。

〔清〕夏燮撰：《明通鉴》，中华书局 1959 年版。

〔清〕孙承泽撰：《春明梦余录》，江苏广陵古籍刻印社 1990 年版。

〔清〕于敏中编撰：《日下旧闻考》，北京古籍出版社 1981 年版。

《江西通志》，影印文渊阁四库全书本，台湾商务印书馆。

《山西通志》，影印文渊阁四库全书本，台湾商务印书馆。

《河南通志》，影印文渊阁四库全书本，台湾商务印书馆。

〔清〕赵翼撰：《廿二史札记》，中国书店 1987 年版。

〔清〕梁维枢撰：《玉剑尊闻》，上海古籍出版社 1986 年版。

〔清〕吴庆坻撰：《蕉廊脞录》，中华书局 1990 年版。

〔清〕孙承泽撰：《天府广记》，北京出版社 1962 年版。

〔清〕翟灏辑：《湖山便览》，上海古籍出版社 1998 年版。

〔清〕黄宗羲撰：《明夷待访录》，中华书局 1981 年版。

〔清〕林则徐撰：《云左山房文钞》，上海图书馆藏。

〔清〕朱一新辑撰：《京师坊巷志稿》，北京古籍出版社1982年版。

《四库全书总目》，中华书局1965年版。

《康熙钱塘县志》，康熙五十七年刊本。

〔清〕古吴墨浪子辑：《西湖佳话》，康熙年间刊行。

〔清〕陈鼎撰：《东林列传》，江苏广陵古籍刻印社1982年版。

〔清〕钱谦益撰：《列朝诗集小传》，中华书局1959年版。

〔清〕丁丙辑：《武林掌故丛编》第二十三辑《于公祠墓录》，光绪戊戌刊本。

〔清〕于继先辑：《于忠肃公集》，康熙六十年刻本，福建图书馆藏。

林语堂著：《中国人》，郝志东、沈益洪译，学林出版社2000年版。

〔清〕吴荣光著：《历代名人年谱》，李宗颢补遗，林梓宗点校，北京图书馆出版社2002年版。

朱保炯、谢沛霖编：《明清进士题名碑录索引》，上海古籍出版社1980年版。

《于谦诗选》，林寒、王季选注，浙江人民出版社1958年版。

于谦研究会、杭州于谦祠编：《于谦集》，中国文史出版社2000年版。

〔美〕牟复礼、〔英〕崔瑞德编：《剑桥中国明代史》，张书生等译，中国社会科学出版社1992年版。

廖可斌著：《明代文学复古运动研究》，上海古籍出版社1994年版。

南炳文、汤纲著：《明史》，上海人民出版社1985年版。

赖家度、李光璧著：《于谦和北京》，北京出版社1951年版。

吴晗主编：《中国历史小丛书·于谦》，中华书局1959年版。

刘显栋著：《于少保演义》，中国曲艺出版社1987年版。

林佩芬著：《两朝天子》，中国友谊出版社1998年版。

位同亮著：《于谦传》，泰山出版社1999年版。

郭永学、袁福珍、金海威著：《于谦大传》，长春出版社1999年版。

钱国莲著：《于谦年谱》，吉林文史出版社2005年版。

于谦研究会编：《于谦研究》（第一辑），中国文史出版社1998年版。

于谦研究会编：《于谦研究》（第二辑），中国文史出版社2001年版。

于谦研究会编：《于谦研究》（第三辑），杭州出版社2005年版。

于学勤著：《于忠肃公史迹》（手稿），杭州名人纪念馆藏。

王国平主编：《西湖文献集成》第19册《西湖风俗专辑》，杭州出版社2004年版。

浙江考古所文保室编：《于谦墓调查报告》。

潘一平著：《西湖人物》，浙江人民出版社1982年版。

项文惠编著：《于谦祠墓》，杭州出版社2004年版。

林明哲主编：《中国历代名人画像汇编》，台湾伟文图书出版有限公司1977年版。

韦庆远、柏桦著：《中国官制史》，东方出版中心2001年版。

中国社会科学院历史研究所明史研究室编：《中国近八十年明史论著目录》，江苏人民出版社1981年版。

中国社会科学院历史研究所编：《八十年来史学书目（1900—1980）》，中国社会科学出版社1984年版。

李树著：《中国科举史话》，齐鲁书社2004年版。

《大明律》，怀效锋点校，法律出版社1999年版。

邱云飞、孙良玉著：《中国灾害通史（明代卷）》，郑州大学出版社2009年版。

章培恒、骆玉明主编：《中国文学史》，复旦大学出版社1997年版。

陆侃如、冯沅君著：《中国诗史》，百花文艺出版社1999年版。

后　记

此书再版，百感于心。

回望很多年前那个满腔赤忱、孜孜伏案的自己，于宁静的深夜借由诗文触摸、评述着于谦滚烫的一生，神游在数百年前的太行山下、黄河岸边以及烽火硝烟的皇城，追寻于谦的踪迹，感受于谦的呼吸，感喟于谦的命运。走笔行文之时，心绪随于谦的际遇而波动，或慷慨激愤或凄婉悲怆，感时溅泪，难禁唏嘘。也许拙笔万千，依然描绘不出鲜活的于谦，但我以我心荐于谦，希望他的精神和风骨永存人间！

杭州三台山于谦祠有一副无名氏写的楹联——"血不曾冷，风孰与高"，这是对于谦人生遭际与清风傲骨的最深慨叹和最高礼赞，本书再版之际，仍以其后半句为书名。

从明代孙高亮所撰的《于少保萃忠全传》问世以来，关于于谦的传记已经为数不少，但它们大多是历史小说；笔者数年前发心为于谦作传，力求从第一手的史料出发，做到学术性和通俗性、可读性和准确性相融合，呈现给读者一个符合历史真实的于谦。当然，缺憾和错陋一定难免。再次诚恳期待专家和读者的指正。

自1997年在《杭州大学学报》发表关于于谦研究的第一篇论文《于谦归葬杭州考》，之后出版《于谦年谱》《风孰与高——于谦传》，发表《于谦子嗣考辨》《论于谦的诗歌》等近20篇论文，一腔炙热终有斩获。如今此书再版，笔者年届花甲，掐指一算，竟然已过二十七载。

感谢我的导师廖可斌教授。廖老师视野开阔、治学严谨、造诣精深，令我终身仰视；他给予我的恒久勉励和指引使我能够执守这份学术追求，并将人生最美好的岁月献给了于谦研究。

感谢我的老师肖瑞峰教授。肖老师的鼓励和支持，使我不敢以各种借口放弃学术追求；而我也唯有置身于肖瑞峰教授倾力构建的学科平台上，才有可能取得现有的些许成绩。

感谢浙江省社会科学院卢敦基研究员的信任，使本书得以再版。浙江省社会科学院吴寒，浙江人民出版社为本书的再版付出了劳动，一并致谢。

钱国莲

2024年3月于杭州